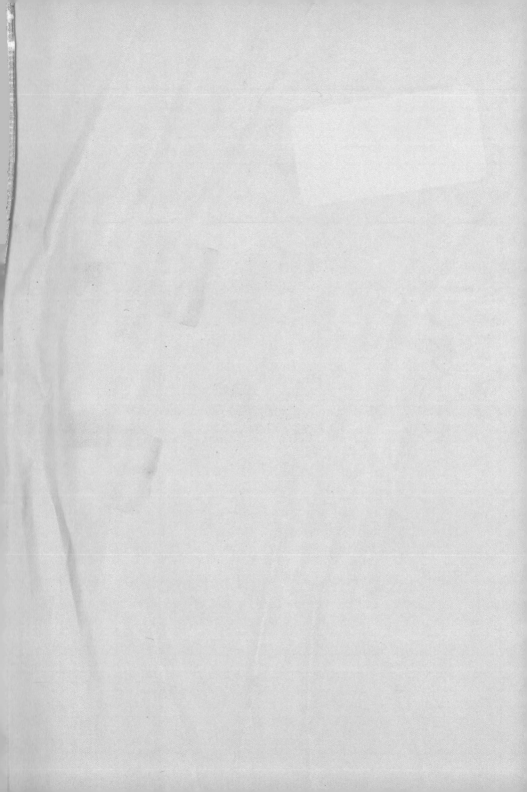

向誰效忠

關於一種更高層次的忠誠，以及這種忠誠的考驗

A HIGHER LOYALTY: Truth, Lies and Leadership

詹姆斯・柯米（James Comey）——著
陳佳瑜、柯宗佑、范明瑛——譯

遠流出版公司

目次

Contents

目次

Contents

向誰效忠

關於一種更高層次的忠誠，以及這種忠誠的考驗

A HIGHER LOYALTY: Truth, Lies and Leadership

推薦序

更高的忠誠是什麼？

王健壯　上報董事長

美國前任聯邦調查局長柯米（James Comey）被川普開除後，寫了一本回憶錄《向誰效忠》（A Higher Loyalty），書中有句話「永遠不要把情報與政治混在一起」，值得台灣情治首長警惕在心。

台灣在二〇一八年的選舉祇不過是一場地方選舉，但民進黨政府卻幾乎集體總動員，連與選舉不相關的一些政府首長，也不甘寂寞動輒介入選舉。柯文哲祇不過談了一些他對波蘭轉型正義的感想，卻招來黨產會副主委的譏評；吳敦義祇不過在光復節當天感念一下蔣介石，卻被促轉會發聲明痛批一頓；比黨產會與促轉會更應嚴守中立的情治機關，不知是出於故意或無知，這段期間也經常跨越了政治中立那條紅線。

當總統與閣揆一再指控中國介入台灣選舉後，調查局長不但如響斯應立即證實，而且還加碼主動「洩密」，說他們正在偵辦卅多件中國金援候選人的案件，甚至在偵辦仍未結束前，就敢言之鑿鑿下結論指稱「中國透過台商金援候選人，台商背後的金主就是國台辦」。

調查局長這些談話，不但把情報與政治混在一起，更嚴重的是把情報與選舉混在一起。如果中國金援台灣選舉屬實，金援對象當然是非民進黨候選人，調查局長以泛稱方式提出指控，豈不是讓非民進黨候選人都可能變成「嫌犯」？而且不管調查局長這些指控是真是假，就像促轉會前副主委張天欽所說「間接影射殺傷力更強」，其結果當然有利於民進黨選情。

國安局長公開證實國安局在監控臉書等網路社群，雖與選舉無關，但卻是把情報與政治混在一起的另一例證。尤其是國安局長坦承監控重點包括「詆毀國家元首」與「扭曲政府政策」的言論，更讓人懷疑國安局的效忠對象究竟是誰？是「這個政府」、「這個國家」，或者是「這個總統」？

台灣刑法早已廢除侮辱元首罪，國安局何以要把詆毀元首的言論列為監控重點，情蒐目的為何？難道真如國安局所說「境外敵對勢力藉不實訊息汙衊我國元首，意圖影響總統三軍統帥權施行」？但問題是，境外敵對勢力本來就以汙衊我國元首為常態、為能事，何其何怪之有？至於總統統帥權施行有效與否，操之於總統自己，與境外敵對勢力何關？如果來自境外的一則汙衊我國元首的言論，最後竟能影響總統統帥權的施行，這樣的統帥權也未免太不堪一擊了吧？

更令人憂心的是，國安局雖然說監控的是境外敵對勢力言論，想當然爾也會監控境內敵對勢力言論。但詆毀元首是民主常態，美國情治機關雖然經常非法濫權監控，但他們絕不會把詆毀總統的言論列為監控重點，否則建制性媒體與網路社群上每天書寫詆毀言論的那些人，豈不人人自危？如此哪還有言論自由與新聞自由可言？

國安局監控扭曲政府政策的言論，更是不可思議，難道國安局認為政府政策都是完美無瑕，不能被任意扭曲？反對黨的存在目的，就是要反對政府政策，反對當然就是扭曲；輿論的存在目的，就是要批判政府政策，批判當然也是扭曲，扭曲政策比詆毀元首更屬民主常態，國安局投入大量資源監控民主常態之言論，真不知所為何來。

柯米這本《向誰效忠》的中譯本在台灣出版，台灣情治首長都該讀之學之，庶幾才不至於一再犯下混淆政治與情報的錯誤，才知道「更高的忠誠」究竟是什麼。

推薦序

對照台灣，我們最大的困境是……

楊志良　亞洲大學榮譽講座教授

《為誰效忠》的作者柯米（James Comey），是美國前聯邦調查局（下稱FBI）局長，因為無預警被美國川普總統開除，成為第一位在任內「非因操守」卻被總統開除的FBI局長，而聲名大噪。

FBI是美國法務部之下一個超黨派獨立的調查單位，但其影響力之大眾所皆知，因此國會規定FBI局長任期十年，至少跨過一位總統任期（總統任期至多八年），為的是讓新總統有一位幹練且超黨派的局長，可以協助國家內部的安全。

傳統上，FBI局長是總統任命，但直屬法務部。為求中立性，不受政治影響，總統盡量不與FBI局長交往或單獨見面。然而川普多次跳過副總統及法務部長，單獨召見柯米，口頭讚揚他，要求他不再調查通俄門，放過川普任命的前國家安全顧問弗林，並且要柯米對川普「真誠的效忠」。

但柯米認為ＦＢＩ效忠的對象，應該是「美國人民及憲法」，而非深受懷疑的總統個人，因此不為所動，然後就在洛杉磯ＦＢＩ召募新員工的演講大會上，從電視螢幕上看到自己被川普開除，並且即刻生效。

對照台灣，我們目前最大的政治困境，就是「不問是非、只問藍綠」。現任總統蔡英文提名的監察委員，竟然公開宣稱「辦藍不辦綠」，實在令人匪夷所思。就算以往真的有所謂「辦綠不辦藍」情事，但口口聲聲說要改革的蔡政府，是否明白公務員的效忠對象應該是國家，而非政黨？不論藍綠，只要不法，對國家有危害，就該一律嚴辦，不然怎麼能說是改革？

這位監委的公開宣稱，根本是明明白白的鬥爭與撕裂社會，又如何要國人團結？更令人心寒的是，「辦藍不辦綠」監委的提名，在「在野黨」缺席下，綠委全票通過，對照美國司法的運作，怎不叫國人汗顏。

柯米離開ＦＢＩ後，很快完成了這本書，闡述司法獨立及司法人員努力「效忠國家而非個人」的真義。此書的出版震撼全美，各民主國家也議論紛紛，其後續影響，包括美俄等國際關係，尚待塵埃落定。若干章節，敘述對抗司法介入，讀來驚心動魄，甚值得我國各級司法人員，甚至部長、政務官們閱讀。

獻給

我以前在司法部、聯邦調查局的專業同事

他們恆久持守真理

使得我們國家持續偉大。

作者序

我有什麼資格，能在此告訴大家有關「領導倫理」這件事呢？若有作家宣稱自己正在撰寫一本有關領導倫理的書，難免會給人一種自以為是、甚至是故作清高的感覺。尤其是，那位作家不久前「被離職」的事件弄到大眾皆知，而且社會對此事還記憶猶新呢。

我也明白，大家可能直覺認為，作家書寫自己的人生經歷，其實沒什麼實質的效用。也就因為這個原因，我一直不太想撰寫一本與我自己有關的書。不過，為了一個重要的因素，我改變了心意：我們的國家此刻正面臨著極危險的時刻，在這樣的政治環境裡，**連最基本的事實也有人要爭執，連最核心的真理也有人質疑，說謊已是家常便飯；至於不道德或不誠信的行為，要嘛大家見怪不怪，要嘛找藉口開脫，甚至還有人因為不道德或不誠信的行為而得到獎賞**。而這些怪象，不單單出現在國家的首都之內，不單單存在於國境之內，更成了全國與全球各組織、各單位、各機構裡一種惱人的趨勢；不管是大公司的董事會、媒體的編輯台上，還是大學校園、各大娛樂公司內，或者是奧運賽事、職業運動圈裡，到處可見到這種歪曲的趨勢。有些壞蛋、撒謊者、操弄者最終受到制裁；

但另有些壞蛋還在找藉口，還在找理由，他們身邊的人還在頑固的護航，對這些惡事故意視而不見，甚至鼓勵這些壞行為持續發生。

所以，假如有哪一個世代亟需重新檢視領導倫理，那現在正是時候。

雖然我不是專家，但我從大學時代開始，就曾研究、閱讀、深思過這個主題，且在之後的幾十年間努力實踐。世上沒有完美的領袖可以教導我們領導倫理的課程，因此責任就落在我們這些關切這個議題的人身上，我們必須推動相關的對話，督促我們自己與我們的領袖拿出更佳的表現。

擁有高超品格的領袖絕不會躲避批判，不會停止自我檢視，更不會排拒那些令他們尷尬的質疑——他們反而是樂於面對這些。天下每個人都有缺點，我自己的缺點就很多，本書當中你可以看見我的許多缺點，例如頑固、自傲、自信過了頭、只想到自己而不考慮別人。其實，我一輩子都在和這些缺點奮鬥。回首過去，不知有多少次我希望當時我的處理方式不是那樣，更有好多次是連回想起來都覺得丟臉的時刻。許多人可能也有同樣的經驗。但重點是，我們從這些錯誤的過去學到教訓，日後可望改進。

我當然不喜歡被批評，但我知道我不可能永遠是對的——就連我確信自己沒錯的時刻，可能我就錯了。為了突破這種「確定自己沒錯」的盲點，最重要的就是要聆聽那些和我意見不同的人，聆聽那些願意批評我的人。我年紀越來越大，也越來越不敢鐵齒堅持自己沒錯。那些從不相信自己有錯、從不質疑自己判斷或觀點的領袖，將為組織及他們領導之下的群眾，帶來極大的危害。甚至有時候，這些領袖會變成國家之害、全球之禍。

我也逐漸發現，**那些有高超品格的領袖們，在領導眾人的時候會把眼光放遠，不被眼前急迫的事務所限制；無論採取何種作為，總不偏離永恆的價值**。這些永恆的價值或許來自他們的信仰傳統，或許來自一種道德的世界觀，甚或一種對歷史的體悟。無論如何，這些價值（包含真理、正直、互敬互重等）是品格領袖們做決策時的外在指引——特別是在面臨困難決策、舉目不見適當做法的關鍵時刻。這些價值，遠比當下眾人所接受的共識來得重要，也比團體共有的迷思更重要。這些價值，遠比你上層老闆的衝動來得重要，也比你底下員工的盲目熱情來得重要。這些價值，遠比公司的獲利重要，也比組織的考量重要。有高超品格的領袖們面對自身的利益時，會轉而選擇一種更高層次的忠誠，效忠於那些永恆的核心價值。

領導倫理也牽涉到對於人性真相的理解，以求建立一個高標準、無恐懼的工作環境。在這樣的工作文化裡面，大家都不會害怕說出真話，同時竭力使自己及周圍的同事都能達成卓越。

若機構或組織（尤其是公部門以及公部門的領導者）沒有牢牢信守真理，則我們就一定會不知所從。「事實」是極其基本的法律原則，如果人們不說實話，司法制度就無法運作，法治社會就會崩解。「真理」也是極其重要的領導力原則，如果領導者不說實話，或者拒聽真話，就無法做出健全的決策，他們自己也無法進步，更不可能激發底下群眾彼此信任。

幸好，我們可以培養「正直」與「說真話」的習慣，讓它們發揮極大的功效，塑造出誠實、坦率、透明的文化。品格高尚的領導者光靠自己的言語以及（這點更重要）行為，就能打造出一種文化，因為人們永遠在觀察、在注意領導者的言行舉止。不幸的是，這個道理，反面也通：虛偽的領導者同樣擁有能力，可以透過在人民面前表現出撒謊、貪腐、欺瞞的行為，塑造出一種截然不同的文化。「品格高尚的領導者」和「僥倖取得大位的領導者」之間最大的不同，就是前者高度重視正直廉潔，且向真理效忠。兩者差別之大，人人皆可見。

關於這本書的書名，我想了好久。一方面，《向誰效忠》這幾個字源於一場詭異的白宮餐會，在這場餐會中新任的美國總統要求我展現忠誠——向他個人效忠。這樣不符合我身為聯邦調查局長對美國人民所負的義務。從另一個更深沈的層面來看，這本書的名字源自於過去四十年我的法律實務經驗：不管是身為聯邦政府的檢察官，企業集團裡的律師，或者是三任美國總統身邊的幕僚。在這些工作崗位上我從其他同事那裡學到了很多，也盡量把我的信念傳遞給其他同事，**那就是，我們的生命當中，應當有一種更高層次的忠誠，這種忠誠的對象不是一個人，不是一個政黨，不是一個團體。這種更高層次的忠誠，其歸屬的對象乃是永恆的價值，而最重要的永恆價值就是真理。**

我盼望這本書能發揮一個效用，那就是激發我們去思考「到底是哪些永恆的價值在支撐著我們」，並且去探究到底是什麼樣的領導風格，才能將這些永恆的價值具體展現出來。

前言

人類懂得正義，因此民主制度才可能發生。人類天性就不公不義，因此民主制度才顯得必要。

——雷恩霍爾・尼布爾（Reinhold Niebuhr），美國神學家

聯邦調查局，簡稱FBI，距離它的總部大樓十條街以外，就是國會山莊。我在華府連接這兩者的賓州大道上面來來回回不知跑了多少趟，連閉上眼睛都能摸過去。車隊行經國家檔案館大樓，外面的觀光客排隊等待入場參觀美國最重要的歷史文件；再經過新聞博物館，館外高聳的石牆面刻著美國憲法增修條文第一條；販賣T恤的小販，賣食物的餐車……這一切如此熟悉，有如某種儀式。

時間是二〇一七年二月，我坐在聯邦調查局的全裝甲大型雪福蘭休旅車最後面一排座椅。中間那排座椅已經拆除，最後排則是單獨的兩張椅子。我早已習慣坐在這個位置，透過一扇小小的加黑防彈玻璃，看著窗外的世界飛掠。那一天，我正前往國會參加一場

秘密的閉門簡報，內容有關俄羅斯介入二〇一六年美國大選的事。

通常來說，和國會議員開會是樁苦差事，常會弄到自己情緒低落。每個議員各有立場，老想把別人的話斷章取義，誘導到他們想要的結論，而且他們彼此攻訐的時候，還會用你的話來當武器：「局長先生，如果有人說了XX，你會不會覺得他是個大白癡？」反方則會這樣回擊：「局長先生，若有人跟你講：『如果有人說了XX，你會不會覺得他是個大白癡？』這種人才是真正的大白癡，你說對不對？」

而我這次前往國會，要討論的主題是最近剛結束、記憶所及最慘烈的選舉，預期對話的內容會更恐怖，沒人能夠（也沒人想要）放下自己的政治利益，轉而聚焦在真理上。共和黨員拼了命想要確認「川普不是由俄國人選出來的」，民主黨剛遭逢敗選而還在暈頭轉向，拼了命想要確認「川普就是由俄國人選出來的」。要說意見共識？恐怕沒有。場面就像是一家人在法院的命令下聚集在一起吃團圓飯那麼的僵硬、不自然。

而聯邦調查局以及我這個局長，正好身陷在這次政黨惡鬥的交叉火網當中。其實這種情況已經不是第一次了，我們早在二〇一五年七月就已經捲入爭端，那時局裡好幾位幹練的專家針對希拉蕊·柯林頓使用她個人電郵帳號來處理機密資料一事，發動了刑事偵察。在那樣的時空下，光是「刑事」、「偵察」等等遣詞用字的問題也會引來不必要的爭端。整整一年後，我們在二〇一六年七月再度發動調查，這次主題則是俄羅斯是否採用了中傷希拉蕊、暗助川普以求影響選民投票行為的手段，大規模介入美國總統大選。

對聯邦調查局來說，出面處理這種情況實在相當不幸，但也好像不可避免。在立法、司法、行政三全分立的體制下，聯邦調查局雖屬於行政機關，依其本質卻必須保持政治中立，並以「發見事實」為使命。為了達成使命，聯邦調查局不能支持任何政黨，只能全心效忠國家。當然，個別的聯邦調查局成員可以擁有自己的政治立場，這點與所有國民一樣，但如果聯邦調查局成員在國會殿堂、在法庭上起身報告調查成果的時候，則此時他不是民主黨員，不是共和黨員，也不是任何黨派的成員。

四十年前，國會創建了「聯邦調查局長任期為十年」的制度，旨在強化聯邦調查局超越黨派的獨立性格。然而今日我們的首都、我們的國家卻被政黨惡鬥所撕裂，聯邦調查局的超然獨立特性也就顯得格外怪異，格外難以理解，而且不斷有人意圖挑戰這份獨立的必要性。

在車裡，我瞅了葛瑞格．布勞爾（Greg Brower）一眼，他是局裡新任的國會聯絡人，正和我一起搭車去國會。五十三歲的他來自內布拉斯加州，頭髮黑白交錯，我們剛從一家法律事務所把他挖角過來。先前他是內布拉斯加州的聯邦檢察官，也是該州的民選州議員，對於執法程序瞭如指掌，同時對於「政治運作」這個完全不同、充滿凶險的系統也很瞭解。他的工作是代表聯邦調查局，在可怕的國會裡面進行協調。

但是布勞爾加入本局之初，完全沒料到他即將面對的，竟會是二〇一六年結局出人意外的大選之後所衍生的政治風暴。布勞爾才剛進局裡不久，我有點擔心現在國內政局的瘋狂壓力會影響到他，不知道他下一刻會不會突然打開車門衝出去，往遠處的山丘狂奔。假如我再年輕一點，政壇經歷再少一點，我想這就是我會做的事。我看著他，以為他心裡的想法和我一樣。

布勞爾的臉上似乎出現了擔憂的表情。這時我打破沉默。

「真是糟糕，」我低沈的聲音無疑驚動了前座另一位探員。

布勞爾看著我。

「幹，我們麻煩大了，」我說。

布勞爾的表情有點迷惑。聯邦調查局長剛剛說了「幹」字？

沒錯，是我說的。

「幹，我們的處境，這下麻煩真的大了，」我臉上擠出誇張的笑容，還伸出手比了個動作。「我們的處境，」我引用莎士比亞《亨利五世》裡面的「聖克列斯賓日演講」，不過稍微扭曲了他的話，「現在在英格蘭睡覺的紳士們，都想來到此地。」

布勞爾爆笑出來，整個人明顯放鬆下來。我也放鬆了。雖然我相信他心裡依舊想著要打開車門狂奔出去，至少車裡的氣氛不再緊張。我們一起深深吸了一口氣，瞬間感覺到我們兩個就像是普通人，坐車出遊，一切都會ＯＫ的。

接著這個瞬間消失了，車隊抵達了美國國會大廈，我們即將面對普丁總統、川普總統、共謀指控、秘密檔案等等議題，預計又是一個高度緊繃的壓力會議。

這段時間是我人生當中——也有人說是我們國家——所遭遇過最瘋狂、最重要、最有教育意義的時刻。而在這一切當中，我不止一次自問：我怎麼會落入今天這個處境？

第一章

生命源於謊言：黑道課程I

不願思考死亡，就是不願思考生命。

——加拿大歌手珍亞頓（Jane Arden）

生命，從一個謊言開始。

一九九二年，我在紐約市擔任助理檢察官，從全國最有名的犯罪家庭裡一位資深成員口中，首度聽聞「人生是從謊言開始的」這句話。

沙瓦托雷·葛瓦諾（Salvatore “Sammy the Bull” Gravano），人稱「公牛山米」，是史上擔任聯邦證人的最高層級黑道人物。他叛逃加入政府陣營的原因有二，一個是為了免除終身監禁之刑，另一個則是我們播放了政府監聽錄音給他聽，裡面有他的老大約翰·葛提（John Gotti）在他背後說他壞話的情節。我的黑手黨知識，就是正由政府保護中的

「公牛山米」教我的。

所有黑手黨的新進成員需先在一個秘密儀式當中宣誓效忠，儀式由黨老大主持，老二及老三在場見證，儀式結束後，這個惡棍就會被宣告已經是「新造的人」，會員資格正式生效。儀式當中，新成員會先被問到：「你知不知道你為何站在這裡？」正確答案是「不知道」。不過「公牛山米」向我補充說明：黑幫大老們群聚在某個夜店地下室開會，只有白癡才會不知道這是在幹嘛。

全國黑手黨的領袖們曾經有將近二十年的時間，都不願讓黑幫成員增長。時間回到一九五七年，老大們擔心新進成員資質低落，加上政府滲透行動越來越積極，於是「封印了會員名冊」。所謂的會員名冊，就是流傳在黑手黨各家族之間、內載每個堂口成員真名與綽號的名錄。到了一九七六年，老大們同意每個黑手黨家族新增十名成員，補充過去二十年間死掉的成員，然後會員名冊就將再度封印。

至於這新增的十名成員，當然就是過去二十年來戰力最強的菁英份子，但苦於長時期的新增會員禁令，一直未能正式入會。「公牛山米」就是以全明星成員的身份，在這個時期加入黑手黨。

經過這麼長一段時間沒有新血入會，現在突然每個家族新增十位新成員，就算是黑手黨的犯罪企業也有點措手不及。傳統的入會典禮當中有個儀式，新加入者以雙手捧著一張燃燒中的天主教聖人畫像，畫像上面還有他自己的鮮血，從他刺破的食指滴下。新人一面捧著這張燃燒的聖像，一面開口朗讀：「若我背叛家族諸戰將，願我靈魂焚燒如聖像。」可是「公牛山米」卻記得，他入會當天進行到最後這個壓軸儀式時，手上捧著的不是天主教聖人像，而是一張沾染了他鮮血的衛生紙。因為當天黑道家族準備的聖像不夠。

「公牛山米」的黑道生涯不但是從謊言開始，最後的終結點也是謊言。老大帶著他瀏覽了黑手黨的規矩：不用炸藥殺人、不殺執法人員、不殺同黨人員（除非上級同意）、不睡同黨的女人、不碰毒品。一般來講，黑手黨成員都有遵守不用炸藥殺人、不殺執法人員這兩條，因為只要有人用炸彈殺害無辜群眾，或者是膽敢殺害執法人員，都會受到政府嚴厲的制裁。但「不殺同黨、同黨之妻不可戲、不碰毒品」這三條就是徹頭徹尾的謊話，「公牛山米」及其他黑手黨員經常觸犯這三條規矩。我的檢察官同事派崔克・費茲傑洛（Patrick Fitzgerald）說，這三條規矩就等於「禁止在曲棍球賽當中打架」一樣，規定不可以，但人人都這樣幹。

另外一支黑幫，結構緊密的西西里黑手黨則有另一套不同的規矩。在大西洋兩岸歐洲和美國的西西里黑幫全體成員，都知道「撒謊」的嚴重性。新入幫的西西里黑手黨成員都被告知，絕對不可向同黨的「新造人」成員（在西西里島上的西西里黑幫則稱之為

「榮譽人」）撒謊，除非——這個除非很重要——是要誘他去領死。有次我曾針對這個問題，詢問西西里黑幫的殺手法蘭科．馬力諾．曼諾亞（Francesco Marino Mannoia），另一位政府目擊證人。

「法蘭科，」我問他：「這個規矩的意思是，『你可以信任我，信任到我們要把你殺掉之前』，是這樣嗎？」

「是啊，」他說，顯然不太瞭解我幹嘛問這個問題。「榮譽人只有在碰到最重要的事情時，才能撒謊。」

為一條性命而撒謊。無聲的同意。老大完全掌握。忠誠誓言。一種「我們和他們」的世界觀。為了服務某種隱晦的忠誠，而在大大小小的事情上說謊。這些規矩、標準就是黑手黨的註冊商標。

可是，**在我長年的執法生涯裡，我卻常常很驚訝地在其他圈子裡，看到同樣的規矩**。

早年我擔任檢察官的經驗，尤其是處理黑手黨案件的經驗，強化了我的信心：我選擇了一條正確的職業道路。我並非從小就想往法律這條路上走，但我最終選擇了執法，因為我相信這是幫助他人的最佳途徑，特別是那些被有權者欺壓的人，被犯罪首腦欺壓的人，以及被壞蛋欺壓的人。

十六歲那年，我經歷了一次被槍指著頭的事件，那次事件改變了我的人生，而且很可能使我後來無可避免地選擇了執法這條路。只是事發當時我並不理解。

II

那天晚上，持槍歹徒不知道我在家。歹徒在門外透過地下室的窗戶向內窺探，在電視銀幕的光線映照下，可看見一個人形躺在起居室地板上，接著我父母對這個人形說再見。歹徒可能以為那個人形就是我姐姐翠旭，但其實是我弟弟彼特（翠旭放完假已經回學校了，另一個弟弟克里斯去參加童軍活動）。我們家是棟簡樸的牧場風格房屋，我爸媽的車才剛開走，歹徒就踢破前門闖進來，直奔地下室。

一九七七年十月二十八日，禮拜五，從這一天起，我的生命再也不一樣。那陣子整個大紐約地區發生了連續殺人事件，兇手在都市與郊區專挑車裡的男女下手。同一段時間，紐澤西州北方則是籠罩在「蘭賽鎮強暴犯」的陰影之下，連續發生十於起性侵事件。而我們家位於偏僻的艾倫戴爾小鎮，正好就在蘭賽鎮的南方。

彼特在地下室，聽見我們家狗狗的吠叫，又聽見通往地下室的階梯傳來吱嘎的沈重踩踏聲，立刻躲了起來。但歹徒知道他在哪裡，於是拔槍喝令我弟弟滾出來，還問彼特說家裡是否有其他人在。彼特謊稱沒有。

那時的我才高三，書呆子一個，常宅在家裡沒人約。當晚我也在家，正在閱讀學校的文學雜誌，其實雜誌是過期的，文章好難讀，不過在這週末夜晚我也沒地方去，只好在小小的房間裡坐在桌前邊讀邊寫。

歹徒在地下室命令彼特帶他上樓到主臥。我從房間門外聽到兩個人的腳步聲，朝著我父母房間去。接著是更多噪音，衣櫃、抽屜開開關關。我還在好奇怎麼這麼吵，於是站起來打開我房間的浴室門（我和爸媽的房間可以從共用的浴室連通），看見爸媽的房間裡燈光全開，彼特躺在爸媽的床上，頭轉向我這邊，可是他的雙眼緊閉。

我走進爸媽的房間，往右一看，整個人瞬間僵在那裡：一個壯碩的中年男，白人，頭戴毛織帽，手中拿著槍，正在翻我爸媽的衣櫃。整個世界的時間變慢下來（我一輩子只有經歷過這一次這種時間感的劇變），眼前昏黑了一陣子，等到視線再回覆時，竟是詭異的模糊，全身脈搏暴跳，心臟好像漲大到要從胸腔裡面衝出來似的。持槍歹徒一看到我，立刻走到彼特身旁，單膝跪下壓著彼特的背，用槍抵著我十五歲弟弟彼特的頭。然後，歹徒轉向我。

「小鬼，你敢動一下，我就轟爆他的頭。」

我動也不敢動一下。

持槍歹徒開始惡言斥罵彼特：「你他媽不是說家裡沒別人？」

歹徒站起來，喝令我去躺在弟弟旁邊，他又用腳踩著我的腳，問我家裡的錢藏在哪裡。後來我才知道，彼特當時牛仔褲口袋裡就有錢，但他一句話也不講。我則是乖乖的全部交代清楚，把我所知道家裡可能有錢的地方全部說了出來：撲滿在哪、皮夾在哪、祖父母送的節慶小禮金……全都說了。歹徒於是按照我的指示去找錢，而我們兩兄弟繼續躺在那裡。

不久他又回來，站在我們前面，用槍指著我們，什麼話都沒說。我不知道他這種姿勢維持了多久，但一定是久到足以在我的生命裡造成永久的變化。我相信他就要殺掉我們了。一股無助、驚慌、畏懼的感覺竄流全身，我還默默做了個臨終前的禱告。一轉眼，突然又一股奇異的冷靜竄出來，我不再害怕了，我反而開始想：如果他先開槍打彼特，那我就要猛轉身滾下床，抱住歹徒的雙腿撂倒他。

然後我開口說話，其實是說謊。我告訴歹徒，爸媽對我們很不好，我們其實很恨他們，所以一點也不在意他從我們家搶了什麼，我們也絕對不會告訴任何人他有來過。我的謊言源源而出，一個又一個。

歹徒叫我閉嘴，命令我們兩人站起來，然後推著我們走過窄窄的走廊，從我爸媽的房間為起點，每經過一個房間就進去翻箱倒慨一番，衣櫃什麼的全不放過。那時我覺得應該不會馬上死，我要看清楚他的長相，然後描述給警察聽。結果他用槍管推我的背，叫我頭轉過去，不准看他。

我又開始說話，告訴他說他應該叫我們兩個人待在一個地方就好，我們一定會乖乖待著不動，這樣他就可以安全離開。我邊說邊苦思：家裡哪個地方適合我們兩人待呢？哪裡可以讓我們安全地被鎖在裡面？後來我建議他把我們鎖在地下室廁所裡，還向他保證，我們絕不會設法打開那個廁所的對外小窗，因為我爸爸已經為了冬天防寒而把那個小窗封死了。我這番話只對了一半，我爸爸確實有處理窗框以求防風，但只要把窗戶下半部稍微抬高，就可以打開了。

歹徒把我們帶到地下室廁所，示意我們進去，一面說：「你們可以告訴媽咪爹地，你們這兩個小孩有乖乖的。」然後再找了個東西把門從外卡住，免得我們脫逃。

我們聽見通往車庫的門打開又關上的聲音，歹徒走了。腎上腺素消退，我開始發抖，一面抖，一面看著那扇小窗，突然窗外出現歹徒的臉，原來他正從外面測試窗戶是否容易打開。這個景象讓我嚇到缺氧。然後他的臉消失了，我告訴彼特我們應該待在這裡等爸媽回來。不過彼特可不這麼想，他說：「你剛才也看到了，這個歹徒一定會傷害其他人，我們一定要對外求助。」我還在抖，而且抖到無法完全理解彼特在說什麼，也無法想像假如十九歲的姐姐翠旭在家的話，情況又會怎樣。

於是我告訴彼特不要這樣。因為我怕極了。彼特跟我爭執了一下之後就說，那他自己想辦法出去。他把窗戶上的防風塑膠片取下，轉動窗戶下半部的插銷鎖，打開了窗，雙腳先伸出去，接著整個人爬進了後院。

印象中我好像站在那裡好久，雖然實際上可能只有一、兩秒，一面呆站一面看著打開的窗戶和窗外的夜色一面思考。我要不要跟著爬出去？還是待在這裡？算了。我從窗戶伸出雙腳，兩腳才剛碰觸到花園裡冰冷的泥土，就聽見歹徒的喊叫。我嚇得手腳並用，瘋狂地爬進後院濃密的灌木叢裡，原來歹徒已經抓住彼特了，現正對我喊：「快出來吧，小鬼，否則你老弟就要受傷了喔。」我只好現身，歹徒責罵我剛剛怎麼可以騙他說我們會乖乖待好。我又立刻撒了一個新謊：「那我們回去好了。」邊說邊朝著打開的窗戶走。

「太晚了！」歹徒叫道：「面對圍牆站好。」

我想，這下要死了。這是當晚第二次有這種感覺。可是這時又聽見鄰居養的巨型西伯利亞哈士奇「日舞」跑進我們家後院的聲音，鄰居史帝夫．慕瑞緊跟在後面，他是我們高中的德文老師兼足球教練。

接下來發生了什麼事，在記憶中有點模糊，我記得我和彼特瘋狂跑進家裡，教練跟在後面，砰一聲關上門，鎖好。教練的太太和媽媽也聽到混亂聲而朝我們家跑過來，但歹徒還在外面，可能會去傷害教練的家人——這麼多年以後，每當想到這裡，我心裡還是充滿愧疚。

我們跑上樓，先把所有燈光關閉，然後開始找武器自衛，我找到一把大型開山刀。那個年代我們鄉下沒有「一一九緊急電話」這回事，只能拿起話筒先接通接線生，要接線生幫我們轉警察局。警局接電話的人一直叫我冷靜，冷靜，我說我不能冷靜，我們家外面有個持槍歹徒，隨時會闖入，我們需要救援，現在！

黑暗中，我們躲在門後面，討論了一下要不要主動出擊去打壞人。然後一輛警車駛近家門口，我們趕快把前廊的燈光開關幾次，警車停了，我們馬上打開門，朝著警車狂奔，我連鞋子都沒穿，手上竟還拿著那把開山刀。警察下車見狀，立刻伸手要拔槍。我狂喊：「不是不是，」用手指著教練家的方向：「他往那裡去了。他有槍！」歹徒這時從教練家大門衝出來，朝著附近的樹林跑去。

來自各轄區的警車蜂擁進入我們這條小小的街道，這時我顧不得自己連鞋子都沒穿，就跳上我那輛史溫牌十段變速腳踏車，朝著六百公尺外的教堂猛踩，我爸媽正在那裡學交際舞。到了教堂我跳下腳踏車，直接讓它倒在地上，推開教堂大門開始大叫：「爸！爸！」大家都停下了動作朝我走過來，爸媽在人群的前方。結果我媽媽一看到我那張狼狽的臉，就哭了。

當晚警察並沒抓到「蘭賽鎮強暴犯」，而是好幾天以後才逮捕一個嫌犯，但尚不足以到起訴的程度，因此又放了他。不過從當天晚上開始，先前一連串的性侵、搶劫事件就不再發生。

那次與「蘭賽鎮強暴犯」面對面的經驗，使我往後長期活在痛苦中，每晚都會想到那個可怕的經驗，時間長達五年之久——是「每晚」都想起，而不是「許多夜晚」都會想到。而我也養成了「每晚握刀入睡」的習慣，一直到很多年以後都是如此。

還有，雖然當時不明白，但那次可怕的經驗本身卻可視為一個上天的賜與——那時我心裡知道，也相信，自己馬上就會死，然後又僥倖逃過一死，因此生命這件事就格外顯出其寶貴的價值，或說生命本身就是個奇蹟。那年我高三，從此學會了欣賞夕陽之美，觀看樹枝新芽綻放，隨處留意我們這個大千世界的美麗。這種珍惜的感覺成了我畢生的習慣。當然，有些人會覺得我這種習慣很矯情，尤其是那些幸運到從來沒有看著自己生命一分一秒流逝的人。

回想起來，「蘭賽鎮強暴犯」事件讓我年輕的心靈學到一件事：很多我們以為貴重的東西，其實一點價值也沒有。每當我有機會和年輕人分享的時候，我都會建議他們做一件有點奇怪的事：閉上眼睛，我會告訴他們，靜靜坐著思想：假如現在就是你生命的最後一刻。這個時候就像是生命的制高點，從這裡往下看：努力追求財富，努力追求名聲……這些努力都將如煙塵般消失。豪宅、名車、牆上懸掛的榮譽獎狀，到了要死的那一刻，還有誰在乎呢？在那一刻，你會希望別人口中的你是如何呢？我告訴年輕人，希望在座的各位有人立志成為**「善用自己能力幫助他人」的人，幫助那些軟弱的、那些掙扎於人生道途上的、那些恐懼戰驚的、那些受欺壓被逼迫的人。勇敢守住某個價值。讓世界因你而不同。這才是人生永恆的財富。**

II

我並不是因為小時候家裡被「蘭賽鎮強暴犯」搶劫，才立刻下定決心往法律這條路走，年輕的我還是想學醫，進入了威廉與瑪麗學院主修化學，成為醫學預科生。有天正在去實驗室的路上，看見布告欄上面寫了一個大大的「死」字。我停下腳步，發現那是宗教系開的一門課程，地點正好就在化學系館裡，於是我就修了那門課。

這堂課改變了一切。它帶領我探索一個非常有趣的主題，讓我得知世界上各種不同的宗教如何看待生與死。於是我開始雙主修宗教。

在宗教系裡，我學到哲學家、神學家雷恩霍爾·尼布爾的觀點，而且深深被他打動。尼布爾雖然看透了世上的邪惡，也明瞭人類天性的限制使得我們無法真誠地愛人如己，但他仍然描述出一幅動人的現實畫面，鼓勵我們在這個有缺陷的世界裡面竭力追求正義公理。

或許尼布爾不聽鄉村音樂，從不知道樂手比利・克林頓（Billy Currington）唱過「上帝偉大，啤酒美味，人類瘋狂」。但我相信他應該會欣賞這樣的歌詞，而且我相信他應該會想在後面加一句「你還是要努力，在這不完美的世界裡，追求正義公理」。

而且尼布爾相信，追求正義公理的最佳方法，就是透過政府的各項功能來達成。於是，我慢慢明白了，當醫生不會是我畢生的志業，反而是律師能有機會直接參與正義公理的尋求。我相信，這條路才是改變世界的最佳途徑。

第二章

忠誠為何物：黑道課程II

親近你的朋友，更要親近你的敵人。

——艾爾．帕西諾（飾演麥可．柯里昂），《教父三部曲》第二部

美國共分成九十四個聯邦司法轄區，每區都有一位經過總統提名、參議院通過的聯邦檢察官。不同地區的檢察署所擁有的規模和影響力，有很大的差別，而位於曼哈頓的紐約南區檢察署不僅規模龐大，辦案能力也備受讚譽。這間檢察署辦案是出了名的拼命，什麼案子都要管，多年來大家都說這間檢察署在判斷自己的管轄權時，只會考慮一點：這個案子發生在地球上嗎？如果是，他們就會管。

我在一九八七年加入紐約南區檢察署，這是我夢寐以求的工作，因為我終於能在傳奇人物魯迪．朱利安尼（Rudy Giuliani，時任紐約聯邦檢察官）手下做事了！

II

一九八五年我從芝加哥大學法學院畢業，還不清楚自己想當個什麼樣的律師。不過我在讀法學院的第三年就申請了聯邦法官助理的工作，在聯邦法官身邊當一到兩年實習生。等到在法學院的最後一年才終於得到這份工作，協助一位剛來曼哈頓的聯邦法官。

這位新來的法官叫做約翰・沃克（John M. Walker Jr.），他常鼓勵我們去坐在法庭裡，看看有沒有什麼有趣的案件。一九八六年春天，還真的讓我看到一個很有趣的案件：當時檢方想用新的聯邦法羈押一名被告而且不得交保，理由是這名被告對社會極度危險。而這名被告的身份還真是不得了，就是安東尼・薩雷諾（Anthony "Fat Tony" Salerno）本人，紐約五大黑幫之一傑諾維斯犯罪家族的老大，江湖人稱「胖東尼」。

這個胖東尼根本是直接從黑幫電影走出來的人物。他體態肥碩、光頭、走路拄著一支拐杖、嘴裡總是叼著一根沒點著的雪茄，就算上法庭也照樣叼著。他的聲音粗啞，而且還常用這種粗啞的嗓音在法庭裡替他的律師幫腔。例如他有時會暴怒起身大喊：「法官，這太過分了！」

跟他一起成為被告的是文森・卡法羅（Vincent "Fish" Cafaro），綽號老魚，這人臉型狹長、眼珠黝黑。對那時才二十五歲的我來說，他真的長得有夠像魚。當時聯邦檢察官為了要證明胖東尼極度危險、絕不可交保，於是在法庭上播放了幾捲錄音帶——胖東尼在紐約東哈萊姆區義大利裔聚集的地方，擁有一家叫做「帕爾瑪男孩」的酒吧，聯邦調查局在店內桌子底下裝了竊聽器，從錄音帶裡可以很清楚地聽到胖東尼指揮手下去毆打、殺害某些人。而且他一再強調自己的身份：「我誰啊我？我他媽就是這裡的老大。」

這個例子清楚告訴我們：黑幫家族的老大是不容質疑的，而且只要他一句話就能定人生死。在黑幫裡最無法原諒的行為是背叛，背叛家族的人通稱為「老鼠」。黑幫最講究忠誠，你一日加入黑幫，就是終身黑幫，直到你離開人世那一刻——無論是壽終正寢還是死於非命——才能脫離黑幫。只有「老鼠」才會在活著的時候離開幫派。

我坐在一邊看著兩位聯邦助理檢察官奮力舉出不利於胖東尼的證據，看得我目眩神迷、心馳神往。檢方手上有錄音帶和目擊者的證詞，都可以證實胖東尼和老魚的確多次下令打人，甚至還要打斷別人的腿，除此之外也可聽到他們如何威脅工會以及如何管理黑幫大小事。胖東尼的辯護律師想硬拗說那些內容只是在「撂狠話」而已，但檢方一再拿出有力的證據，讓那個辯護律師無法拗下去。當時那兩位助理檢察官也才比我大幾歲而已！我看著他們說話頭頭是道、條條在理，既不煽情浮誇也不矯揉造作，他們似乎只有一個目的：對抗邪惡、揭露真相。我當時就像被閃電擊中一樣，突然明白了：「這就是我人生的目標！」後來我加入紐約一間法律事務所，因為我在申請成為聯邦檢察官之前，必須要先累積一年實務經驗。而多虧了某個人，使得這一年成為我永生難忘的一年。

II

我二十五歲那年加入了紐約的事務所，一開始就被派去威斯康辛州麥德遜郡，結果那一整年大部分的時間都在處理一樁超級複雜又無聊到死的保險案件。不過那一年後來成為我人生中非常重要的一年，因為理查．凱斯（Richard L. Cates）剛好是這個案件的「在地法律顧問」。因為本案已進入麥迪遜的州法院，因此紐約的事務所特別聘請六十一歲、住在當地的凱斯提供在地知識，協助處理此案。

當時我認識的理查是一個仁慈卻又強悍，自信卻又謙遜的人。幾十年後我才進一步領悟，原來具有這種特質的人，才能成為優秀的領導者。而我也看到這位智慧超群的前輩是多麼努力扮演好他在生活中的每個角色。

理查出身紐約的孤兒院，一輩子努力工作、樂於工作，而且珍惜與他人的緣份（他已於二〇一一年過世）。他娶了畢生摯愛，兩人共有五個孩子；經常為國家服務，包括戰時在海軍陸戰隊服了兩個役期。還有，他永遠充滿幹勁，他兒子形容他總是「挺身保護弱小，使他們免於惡勢力欺壓」。他把家搬到麥迪遜市郊的農場，希望孩子不要嬌生慣養，而他自己則心甘情願每天騎好遠的腳踏車通勤上班。他總是會找時間和孩子玩在一起，等到孩子長大後，他就跟孫子玩在一起。

儘管閱盡社會黑暗，理查還是覺得人性很有意思，也總能笑談人生。在對目擊證人取證時他常常連紙筆都不拿，只會一邊露出親切的微笑一邊對證人說：「講講你看到了什麼吧！」接著他就可以靠著絕佳的記憶力和推理能力分析證詞，不斷提出詰問。

其實我和理查共事的那一年裡，他並沒有特別教導我什麼，至少我印象中沒有。當時我是個即將結婚的菜鳥律師，剛好有機會坐在他身邊，用整整一年的時間觀察他如何待人處事。我看著他笑談世間各種虛偽與磨難；我看著他輕鬆做出合情合理的決定，而那些大城市來的大律師們卻常因為過於自負或想太多而在很簡單的道理上糾結；我看著他只要一提到他的老婆孩子孫子就眉開眼笑；我看著他再忙都會想辦法參加家庭活動或陪家人吃飯；我看著他毫不計較自己的薪水跟紐約和洛杉磯的律師比起來實在是少得可憐。他，真的很幸福。

我當時覺得我就是想當這樣的人吧！雖然我後來沒辦法成功複製理查的幸福人生，但我從他身上學到的東西是無價的。人就是要像他那樣過活，才不枉此生。你很少聽到別人說「我真的很開心在大型法律事務所工作過」，但我是真的很開心有機會在那間法律事務所工作。

II

美國的助理檢察官是一種法律職位，非屬政治性質，在自己工作的地區代表美國政府處理民、刑事案件。我在一九八七年獲派到刑事部門，負責協助各聯邦單位（包括聯邦調查局、緝毒局DEA、菸酒槍砲及爆裂物管理局ATF、特勤局及美國郵政檢查局）調查聯邦犯罪案件，必要的時候也得負責提起公訴。在接下來的六年裡，我經手過各式各樣的案件，從郵件偷竊、毒品交易、銀行搶劫到錯綜複雜的詐騙案、軍火出口、恐嚇勒索和謀殺案件……幾乎什麼都辦過。我的第一個案件就碰到毒品幫派，我們執行搜索令的時候時壞蛋企圖殺害ATF探員：聯邦探員正要進入一處防守嚴密的毒窟之際，幾名毒販便從火災逃生口朝探員開槍。

案發之後，為了找一位證人出面指控那個幫派的惡行，主導這個案件的探員於是和我一同驅車前往曼哈頓北區一間公寓，這區也正好是許多毒品幫派的地盤。負責的探員說，我是檢察官，只要能取得這位女性證人的信任，她就可能出庭作證。

我們爬了六樓階梯，來到證人的公寓門前，探員上前敲門。門打開後，我們兩人被請入內，她帶我們走過客廳，客廳裡有個二十來歲的男子坐在板凳上，背靠著牆。他沒動，也沒說話，只是很緊張地看著我們。我們在裡面的房間和證人低聲談了一陣子，雖然我已經盡力勸服她，但她就是不願和我們合作。我們只好走出房間，那個坐在板凳上的男子還是一動也不動，繼續瞪著我們。我和探員走出公寓大樓，在人行道要回到車上時，我終於忍不住說，剛剛那個男的看起來好可怕喔，而且我猜他可能藏了一把槍在背後。

我繼續說：「幸好那個男的知道我們也有配戴武器，他才不敢輕舉妄動。」我的意思不是我有帶槍，因為助理檢察官是沒有配槍的，我指的是跟我同行的探員有配槍。

但他聽到這裡，猛然回頭問我：「蛤？你有帶槍？我剛沒帶槍喔，我下車時把槍忘在車上了。」說著他把手伸進車內，拿起他剛忘在座位上的手槍。

過了好久好久以後，我才敢跟我太太提起這次的小小驚魂體驗。

II

在明星檢察長朱利安尼手下做事，必須遵守一個不成文規定，我相信大部分的機構也都有這種潛規則。我們小輩一定要謹記：朱利安尼是本檢察署高高在上的天王巨星，在他英明領導下本署必定績效卓越。若你違背這條潛規則，後果自已看著辦。朱利安尼是個自信爆棚的人，當時我還很年輕，所以我很愛他那種高調、霸道的風格，這也是吸引我加入他團隊的部分原因。朱利安尼還上過雜誌封面，他站在法院台階上，雙手叉腰，彷彿君臨天下。我當時覺得我的老闆怎麼這麼帥啊，能在他手下做事實在令人熱血奔騰！

許多檢察官一輩子都沒機會見到偉大的朱利安尼本人，所以當朱利安尼蒞臨我這個菜鳥檢察官的辦公室，我高興得不得了。當時我剛被指派調查紐約知名人物——永遠一身搶眼的運動服，脖子上老掛著一個諾貝爾獎章大小的金屬圓章——這人就是阿爾．夏普頓（Al Sharpton），身兼民權運動領袖、牧師、媒體主持人。

有人指控他從他的慈善機構盜用款項，紐約州政府因此調查他，而我也被指示要把這件事搞大，弄成一樁聯邦案件。我從來沒在我辦公室的樓層看過朱利安尼，而他現在居然就站在我辦公室門口，還跟我說他個人很注意我手上的夏普頓案，他相信我會處理得很好。這段站在門口的精神講話，使我興奮到心臟差點跳出來，他把這個重責大任託付給我了！他正要轉身離開，又回頭跟我交代：「喔對了，把夏普頓那該死的獎章也給我帶回來。」說完才走掉。

不過最後我們還是沒能把夏普頓的案件提升到聯邦層級。州政府起訴了夏普頓，但他被宣判無罪，所以那面獎章還是好好地待在它的主人身上。

我後來花了一點時間才體會到，朱利安尼太過自信，很不謙虛，所以他常會讓旁人有窒息的壓迫感。我在我的第一場記者會就有這樣的感覺。那次我和聯邦調查局合作破獲一個竊車集團，該集團專門從曼哈頓的立體停車場偷竊休旅車，把偷來的車藏在布朗克斯區的大型貨櫃裡，在短時間內將這些貨櫃送上船運往非洲、加勒比海地區轉售。

當時負責這個案件的探員叫瑪莉・艾倫・畢克曼（Mary Ellen Beekman），她加入特勤局之前是天主教修女。她成功滲入竊車集團，拍下裝載贓車上船的照片。瑪莉很擅長對付竊車集團，同時也很擅長說服罪犯轉任警方線人。雖然她很少像其他檢警在質詢犯人時口出髒話斥罵，但她的確是個質詢高手，大概是因為之前當過修女，所以她很會利用罪犯的愧疚感突破他們的心防。我和她一起辦的這個竊車集團犯罪很厲害，往往在車主報案之前，車子就已經運出國了。不過後來這個案子破得太漂亮，於是聯邦調查局和朱利安尼決定舉行一場記者會。

我的直屬上司囑咐我，站在講台後方就好，乖乖聆聽朱利安尼、紐約市警局局長、聯邦調查局紐約分部主管對媒體致詞。他特別叮囑我，無論如何絕不可亂動，不可發言，接著還多交代一句，這句話我之前就有耳聞：「全紐約最危險的地方，就在朱利安尼和他的麥克風之間。」果然，整場記者會我真的一動也不敢動，很像跑錯棚的臨時演員。

雖然朱利安尼無限膨脹的自信讓他看起來魅力十足，但他那種唯我獨尊的調調也讓他的人際圈很小，我是到了很多很多年後，才發現這樣真的很糟糕：**領導者必須知道真相，但高高在上的皇帝卻很難從自己的爪牙口中得到真相**。很多曼哈頓的聯邦法官都覺得朱利安尼囂張到可恨，這些法官之中有蠻多人以前也在紐約南區檢察署待過。他們覺得朱利安尼把檢察署變成專為他服務的機構，老是喜歡高調宣傳他辦的案件，目的不是伸張正義，而是滿足他的政治野心。十二年後，我當上曼哈頓的聯邦檢察官——就坐在朱利安尼之前的位子上——還是明顯感受到眾人對朱利安尼的厭惡。

朱利安尼致力打擊黑幫，早在他選上紐約市長之前就屢屢出招痛擊紐約黑道。他手下的檢察官除了對付像胖東尼這樣的幫派老大以外，也起訴不少五大黑幫「委員會」的重要成員（委員會是幫派用來分贓、仲裁糾紛的組織）。但這些檢察官最厲害的招數是利用民事案件，讓政府掌控大型工會，包括全國卡車司機工會，還有電工、木工和碼頭工人的工會。當政府的手伸進了工會，以前靠敲詐正當企業獲利的黑幫就失去收入來源和影響力。即使朱利安尼後來為了從政而卸下檢察官職務，這類打擊黑幫的行動仍舊持續了好長一段時間。

紐約五大黑幫裡勢力最龐大的是甘比諾家族。和其他的犯罪家族一樣，甘比諾家族最初也是由幾個來自義大利西西里島的移民所創，這些「先聖先賢」最先開始恐嚇自己的同胞，接著威脅整個社區，以至於恐嚇整個城市，以求奪取巨大的財富和勢力。

一九四六年，美國政府剛開始整肅，將一位惡名昭彰的黑道驅逐出境，這人叫做查理・盧西安諾，綽號「幸運哥」（Charles "Lucky" Luciano）。

這位幸運哥被遣送回西西里，但他一回到島上立刻招兵買馬，火速成立西西里黑幫，與美國黑幫隔著大西洋相互呼應，鞏固了一條橫跨大西洋的犯罪組織貿易線，使得未來十多年的海洛因生意昌盛不衰。

到了一九七〇和八〇年代，控制毒品交易的核心人物變成約翰・甘比諾（John Gambino），他能說一口流利的西西里語，因此成為西西里黑幫家族和美國甘比諾家族的「橋梁」，而他自己在甘比諾家族裡也是位高權重。

我很榮幸能親身參與「美國政府 vs. 約翰・甘比諾」的世紀大案。當時還有另一位檢察官跟我一起對抗這座很會說西西里話的「橋梁」以及整個甘比諾家族。其實該案一開始是由另兩位檢察官承辦，後來兩人都因個人因素而退出此案。那時我已經晉升主管，我找來以前的同窗好友派崔克・費茲傑洛跟我合辦這個案子。派崔克哈佛法學院出身，學歷輝煌，但家世則很平凡，他在布魯克林的小公寓長大，雙親是愛爾蘭移民，爸爸擔任大樓管理員，他以前下課回家後還需要幫爸爸代班。派崔克聰明、反應快，又是個真性情的漢子，我還在當學生的時候有年暑假和朋友在海灘上租了間房子，他老兄就大喇喇跑來跟我們討啤酒喝，喝完還攤睡在我們的沙發上，完全當自己家一樣。

派崔克在一九八八年成為聯邦檢察官，比我晚一年，是我帶著他辦了他人生中第一件陪審團審判的聯邦刑事案件。他這人的邋遢，已到了奇葩的境界。有次我看到他的「卷宗推車」（類似大賣場推車，我們往返法院時就把卷宗和物證放在裡面）裡面一堆亂七八糟的，都是跟案件相關的重要文件。我只好教他：「你要把這些東西放到資料夾裡歸檔。」他點點頭，結果我回來一看，他確實把文件都放進資料夾裡了，但所有的資料夾外面都沒有任何標註，全部又堆成一疊。不過神奇的是他都記得哪份文件放在哪裡，這記憶力也真不是蓋的。

甘比諾案發生時，我和派崔克都已是老鳥了。當時辦這個案子需要兩名檢察官，有天我在家裡用電話和他討論誰適合當他搭檔。我不適合的原因是因為我正打算搬離紐約，我太太佩翠絲比較喜歡鄉下，例如她家鄉愛荷華州的玉米田，或是維吉尼亞州北部綠草如茵的郊區，她是逼不得已才和我在紐約市住了這麼久。我們剛結婚的時候我就答應過她，以後要在維吉尼亞州定居，只是後來有機會到朱利安尼手下做事，我才食言。我們那時租了一間獨棟雙拼，但兩個女兒越長越大，空間不夠了。

我站在廚房和派崔克講電話的時候，我太太就在旁邊聽。然後她突然打岔，叫我先掛掉電話，她有話要說。我只好告訴派崔克我盡快回電。

「這聽起來是個千載難逢的案子。」她說。

「是，沒錯。」我回答。

「好，我願意留在紐約，讓你和你最好的朋友一起辦這樁大案。你可以回電跟他說他有搭檔了。」就因為這樣，我們的搬家計畫延後了一年。

II

我和派崔克花了好幾個月研究甘比諾案以及黑幫的運作。我們一開始就找到全國最瞭解黑幫的人來協助我們，而且很幸運的是，從我們的辦公室走廊一路走到底，就是那位黑幫專家肯尼・麥卡比（Kenny McCabe）的辦公室。麥卡比以前是紐約市警探，後來加入紐約南區檢察署當調查員。他看起來就像個溫和的巨人，身高將近兩百公分，體重超過一百一十公斤，聲音低沉又帶著濃濃的紐約口音。他認得每個黑幫成員的長相，也知道每個人的名字和綽號。他能夠這麼瞭解黑幫，是因為過去二十多年，無論是在紐約市警局還是南區檢察署，他已經監控過無數場黑幫的婚禮、葬禮、守靈儀式，也做了幾百次和黑幫份子和叛逃成員的訪談。

我不懂的是，為什麼聯邦調查局的掃黑小組一直不太願意去「關心」黑幫的婚禮和葬禮？我後來猜想，可能聯邦調查局的探員覺得這些婚喪喜慶不重要，不值得特別跑去關切，更何況婚喪喜慶一般都在周末或晚上這種下班時間舉行，誰想犧牲自己下班時間去關心黑幫的婚喪喜慶呢？但麥卡比的想法不同，他認為真要瞭解黑幫，就得去關心這些活動，持續觀察。因此多年來他就這樣日復一日、風雨無阻，無論夜晚或週末假日，他都不斷觀察、拍照。黑幫也知道麥卡比這號人物，而且很奇怪，他們把麥卡比當作一位可敬的敵人。麥卡比很清楚黑幫成員特別重視榮譽感、很渴望得到尊重，所以麥卡比也很尊重他們，他從來不跑到黑幫成員家裡送傳票，也不會在他們老婆小孩面前逮捕他們或給他們難堪。因此，黑幫成員如果有考慮「脫團」的，常常都會先聯絡麥卡比。

麥卡比教了我和派崔克很多關於黑幫的基本常識，又陪著我們和聯邦調查局探員到全國各地，會見一些黑幫叛逃份子。我們承辦的甘比諾案要贏，就要靠這些願意提供內幕的大「老鼠」了，而其中一隻老鼠就是曾經在甘比諾家族擔任第二把交椅、先前提到的「公牛山米」。

一九九二年，我、派崔克、麥卡比三人一起到一個為汙點證人準備的聯邦特別監獄，地點還頗為偏僻。在那裡，我第一次見到公牛山米。一開始我還有點緊張，一想到甘比諾家族的二當家就要走進房間，一切會順利嗎？他看到我們兩個年輕檢察官會做何反應？跟一個承認犯下十九宗殺人案的人見面，又會是什麼情形？

不久後，個頭不高的公牛山米走進房間，身上穿著獄服，腳上穿著沒有鞋帶的橡膠鞋。他的眼光很快掃了一下，然後停留在魁梧的麥卡比身上。不需要任何自我介紹，他就把手伸向麥卡比說：「很榮幸見到你。」接著他就轉身跟我和派崔克說話。公牛山米對我們很放心，因為我們是跟著麥卡比一起來的。

公牛山米是極為關鍵的證人。美國政府好不容易逮到這個靠謊言一路爬到黑幫頂端的大壞蛋，當然希望逼他吐出更多內幕，好對美國和歐洲的黑幫家族來個迎頭痛擊。為了找出事實，為了追尋正義，我們必須仰賴這個雙手沾滿鮮血、滿嘴謊言的人。他和政府之間的合作結束之後，就會在證人保護計畫的安排下重回社會。（他換了個新身分後照樣犯罪，結果又回到牢裡。這也不意外。）

我從公牛山米身上學到很多黑幫文化知識，也告訴我（如第一章所說的）為何「生命的起點是謊言」。同樣地，西西里黑幫殺手法蘭科．馬力諾．曼諾亞也跟我說了不少類似的事情。

法蘭科和公牛山米一樣，其實不太懂美國司法制度到底在做什麼。例如說，他不懂為什麼我和派崔克堅持要瞭解他先前參與過的所有暴力事件，然後才帶他去法院當證人。當然，我們必須這樣做，原因是法律要求我們必須弄清楚所有可能降低證人可信度的資訊。雖然法蘭科覺得莫名其妙，但他和義大利政府談好的豁免協議要求他必須和美國檢方合作，所以他還是鉅細靡遺地敘述親自參與過的二十五樁謀殺案。

一九八〇年代許多西西里黑幫殺手常把目標騙到偏僻之處絞殺。我們花了好幾個小時聽法蘭科平靜地敘述一堆殺人的花招，以及殺人過程最後特別殘酷的那幾分鐘。他個人認為絞殺是一種可敬的行刑方式，因為通常還需要另外四位壯漢一起幫忙；相較之下，遠遠地給人一槍，根本跟懦夫一樣。

法蘭科跟我們說，黑幫成員絕對不准直接跟別人透露自己的身分。雖然這條規則有點複雜，但基本上就是「兩個黑幫成員只能在共同認識的第三者引介下互相認識」。這條嚴禁洩漏身分的規則，對一起雙屍命案有著很莫名其妙、但又很關鍵的影響。

他說，他和家族裡的其他成員有次被派去調查自家地盤上未經黑幫高層授權的犯罪活動，他們很盡責地找到幾個嫌犯，最後鎖定其中兩人。他們把那兩人帶到偏僻的地方分開拷打，但就算用盡了方法，包含最基本的「囚徒理論」套化方法——不斷告訴被審問的人，他的同伴一定會出賣他——那兩個嫌犯還是堅持不認罪。根據馬諾亞的說法，當時兩隊拷問的人馬最後得出一個結論：這兩人真的是無辜的。

我們問他，那後來怎麼樣了？

「我們還是把他們絞死了。」法蘭科平靜地說。

「你們幹嘛要這樣？！」派崔克驚呼，那兩人是無辜的呀。

「因為我們拷問他們的時候，就等於透露了我們的黑幫身分，所以不可能再讓他們活著。」

「既然都要殺掉，那你們一開始審問他們的意義在哪？」我忍不住插話。

法蘭科深深皺起眉頭，眼神看起來有些悲傷，他說：「我也不曉得，我只知道職責所在必須先審問他們。」

II

在甘比諾案當中，法蘭科是第一個被我們傳喚到證人席上指證約翰．甘比諾罪行的黑幫殺手。不過我們之所以能追蹤到他，還是多虧了另一位西西里黑幫殺手加斯帕雷．穆托洛（Gaspare Mutolo），這位老兄後來也願意成為我們的證人。義大利檢方之前一直把穆托洛藏在鄉下一間廢棄的修道院裡，在他作證之前，我和派崔克及幾個聯邦調查局探員還特地飛到羅馬和他面談。面談中，我們一邊吃著這位職業殺手親自為我們準備的通心麵，一邊聽他娓娓道來他在黑幫的輝煌事蹟。

和這種殺人如麻的大壞蛋面對面，照理應該會很可怕才對，但我卻沒什麼感覺，還很自然地從他手中接過一杯咖啡。如果我們和穆托洛碰面的場景出現在電影裡，導演大概會安排陰鬱不祥的背景音樂，燈光也會逐漸變暗。現實中當然不是這樣，事實上，窮凶極惡之徒外表看起來跟平凡人沒兩樣，他們會笑、會哭、會跟你講道理、還會做好好吃的通心麵。他們之所以和一般人之間有一條難以磨滅的界線，是因為他們蓄意奪人性命，但他們也總是想辦法讓自己殺人的理由聽起來冠冕堂皇。這些殺手沒有人認為自己是壞蛋，而且他們都說第一次殺人最難，第二次之後就沒那麼難了。

穆托洛殺的人之多，連他自己都記不清楚了，他說了三十個名字之後，又補充說應該還有七、八個。他一下說他曾經殺過一個名叫格雷塔洛的人，然後又想起自己曾經拿刀刺過另一個也叫格雷塔洛的人，不過後面這位格雷塔洛沒死。等到了證人席上，穆托洛又記起另一個被他殺的人也叫格雷塔洛，也就是說，他殺死了兩個格雷塔洛，第三個格雷塔洛只是被他用刀刺入胸口而已。

我看著穆托洛在法庭上作證，爆出一個又一個黑暗血腥的幫派秘辛；而那幾天晚上我也和公牛山米在由法警監管的隱蔽小房間會面。公牛山米之前就曾經在布魯克林的聯邦法庭指證過約翰·甘比諾的罪行，當時甘比諾的辯護律師還拿公牛山米涉案的十九起謀殺案大作文章。公牛山米本人不太清楚我們檢方的策略，但我們的計畫是在他出庭作證之前，先請其他黑幫殺手坐上證人席，辯方律師一定會利用這些殺手自己本身的惡行，攻擊其證詞的可信度，然後陪審團就會被迫一直聽到這些殺手的「豐功偉業」；等輪到我們的明星汙點證人公牛山米出庭作證的時候，陪審團早就聽膩了各種黑道往事。我們希望藉此讓陪審團更願意相信公牛山米的證詞。

但公牛山米對此相當不滿，他覺得他的專業成就被別人比下去了。有一次我走進我們密會的小房間時，他就當著我的面丟了一份報紙在桌上，臉色相當難看。那份報紙列出我們請來作證的黑幫殺手們過去的殺人成績，結果大家殺過的人都比公牛山米多。公牛山米指著報紙對我大吼：「天啊！柯米！你讓我看起來弱得像個娘們！」

透過多位調查員和檢察官的努力，黑幫對工會的控制大幅削弱；好幾個大哥鋃鐺入獄，黑幫在大西洋兩岸的勢力也逐漸瓦解。雖然約翰・甘比諾最嚴重的幾個案件後來都莫名其妙陷入十一比一的「陪審團僵局」（亦即十二位陪審員無法做出有罪或無罪的一致裁決。甘比諾好幾個案子都是剛好有一人提出相反意見），但後來在再審之前他就認罪，獲判十五年徒刑，最後病死在聯邦監獄裡。現在紐約還有些人自稱是義大利黑手黨，其實只剩一群烏合之眾，真正的義大利黑手黨大哥要是地下有知，大概會覺得丟臉到家了吧！

第三章

霸凌與我：加害人與被害人

勇氣如焰，威嚇如煙。

——英國政治家班傑明・迪斯雷利（Benjamin Disraeli）

黑幫份子雖然穿著、言行都異於常人，不過所有的黑道都屬於一類相當常見的物種「霸凌者」。所有的霸凌者都有同一種特質：非常沒有安全感，靠著欺負弱小來減輕自己心裡滿滿的不安。

許多人看到我的時候，第一個反應就是想知道我的身高。現在我身高兩百零三公分，在人群中很顯著，但我小時候外貌並不驚人。小學五年級的時候，爸媽帶著我從紐約揚克斯搬到紐澤西艾倫代爾；我在原本的學校是風雲人物，結果一到了新學校卻成了小惡霸們的頭號欺負目標。

從小我們家就很普通，位在普通的區域。我出生於揚克斯，我的親戚也都是揚克斯人。紐約市有五個行政區，其中一個行政區是布朗克斯，揚克斯就是位於布朗克斯北部邊陲地帶的藍領城市。我的曾祖父母在十九世紀初期跟著一批愛爾蘭移民移居到此，我爸媽就是在這個城市西北部一處愛爾蘭飛地長大，他們倆小時候住的地方僅隔幾個街區而已。我曾祖父在我祖父才小學六年級時死於工安意外，我祖父小小年紀就得輟學工作養家，後來他當了警察，然後一路往上爬，最後成為揚克斯警局局長。

住在揚克斯的時候，我家就在第十六號公立學校後面，我在這裡快樂地度過我的前半段童年。我媽以前也念這間學校，我祖母有個手帕交還是這間學校的校長。我們要搬走的時候，我已是那屆五年級的風雲人物了。

當時揚克斯和十六號公立學校就是我的全世界。我家後院和學校操場只隔了一片高高的鐵網圍籬，我隨時都可以透過圍籬看到學校的紅磚建築。我、我姊姊、兩個弟弟每天走路上學。可惜我們不能直接翻過圍籬，因為圍籬太高，還是得繞一點路才能走到學校。

學校裡每個人我都認識，而且就我來看，大家都認為我是個相當出色的五年級生。我跟大家打成一片，相處超級融洽，在校內很有歸屬感，感覺真的棒！但當我爸宣布一個足以改變我人生的消息後，我原本擁有的幸福快樂就結束了。

我父親布萊恩·柯米在一家很大的石油公司工作。先是銷售罐裝機油給加油站，後來負責幫公司找尋新地點設置加油站。他在紐約都會區開車的時候，常會告訴你此地或是那裡是透過他發掘才蓋起「他的」加油站。一九六〇年代，汽車和汽油產業正在快速起飛。

一九七一年，我父親調任到紐澤西北部，代表我們得搬到一個完全陌生的地方。當時我年紀還小，對紐澤西唯一的印象就是那裡有著名的紐澤西斷崖。揚克斯位於哈德遜河東岸，河面達一哩，從我住的街上，在其他房舍之間的空隙往西岸看，就會看到紐澤西斷崖，是一面高聳黑暗的石牆。其實我不相信這片石牆背後就是可怕的地球末日場景，畢竟我們以前開車去過更遠的印第安那州。但後來我才發現，原來搬家過了這片石牆，的確會遇見校園末日場景，一個全新的環境正在向我這個小五生招手。

新學校是紐澤西艾倫代爾的布魯克賽德小學，我在裡面完全吃不開。我很快就意識到這點。我爸媽很省，我的頭髮都是我媽剪的，衣服也是大賣場特價品，長褲都太短，露出我的白襪子還有一雙笨重鞋子支撐我這雙大腳。此外，我還很白目，沒發現我的紐約口音和當地小孩很不一樣。總之，我就是不一樣。

這種「不一樣」的效應很快顯現：剛轉學過去，就在操場上被一群男生圍住，嘲笑我的外表。我忘了我說了什麼，但我應該有頂回去，因為我一直都是個很有自信的大嘴巴。可惜我嘴巴很利，身材和拳腳功夫卻不給力，當天我慘遭打倒在地。

這些小惡霸常常會「邀請」他們想欺負的目標，於放學後到附近的公園釘孤支。我也被邀請了好幾次，但我從來沒去，寧可繞過那座公園。記得有一次有個小流氓要找我打架的時候，我試著跟他講道理，我說：「你不喜歡我，我也不喜歡你，就算我們兩個打得頭破血流，情況就會改變嗎？」結果他更火大了。

也許當時我應該讓他們之中隨便誰把我痛揍一頓算了，這樣或許他們就會去找下一個目標。不過我不敢被揍，所以接下來的三年裡，只好盡力躲那些惡霸。我可以忍耐他們動不動就來幾句言語奚落，但我真的努力避免肢體鬥毆。我不夠強也不夠壯，所以我沒太多朋友，大多時候只跟我兩個弟弟玩，然後繞很遠，走很奇怪的路線回家。

艾倫代爾鎮和另一個城鎮共用一所高中，上了高中後有機會碰到來自隔壁鎮的新惡霸。不知道為什麼，我又成為這些新壞蛋的目標。我當時個頭不大（我是高中以後才變得很魁梧），但我反應很快，嘴巴也不饒人，大概因為這樣才引起他們的注意。雖然我有試著加入足球隊看能不能讓自己受歡迎一點，但我同時也參加了合唱團。合唱團男孩好像很容易被霸凌，可能是因為大家覺得合唱團男孩很假掰，或者他們看起來就是怪怪的。

我高中的時候，和其他體態成熟、壯碩的男生很不一樣，我還帶有嬰兒肥，所以從第一天開始就因為外表被取笑。說實在，被推去撞置物櫃雖然很痛，但我還能忍，但他們有一種更危險的「內褲阿魯巴」——從你後面把你的內褲突然用力向上拉，這種惡作劇需要兩位加害者，而我則當過好幾次受害者。

我剛開始被欺負的時候，什麼反擊都沒有，也沒告訴任何人，所以持續被欺負。每當在走廊上和那些惡霸擦身而過，他們會用力捏我胸口或手臂；如果距離不夠近，他們就會用拳頭重重打在我肩膀上。我後來學乖，只要看到他們迎面而來，就趕快躲開。

我只有避免正面衝突這一個策略，不過在更衣室就沒辦法，偏偏我上體育課或參加為期三週的足球訓練之前，都要在更衣室換衣服。我加入足球隊之後被狠操了幾個禮拜，操到遍體鱗傷，尾椎還撞到嚴重瘀青（我那時不知道尾椎是什麼）。最後我媽終於受不了了，她在沒有告知我的情況下，直接找教練跟他說我要退出球隊。她這樣真的讓我很丟臉，但我也偷偷鬆了一口氣。我其實沒有能力參加足球隊，我既不夠壯，又不夠大隻，但我卻沒有認清現實；我媽則是很清楚我的情況，所以儘管知道我會失望，她還是以我的身體狀況為優先考量，要我退出球隊。我媽片面的行動或許使我免於死在足球場上，卻阻止不了其他人繼續霸凌我。我後來上體育課還要特別找沒人的更衣室才敢換衣服。

這些往事不堪回首，幸好我還是有幾個很要好的朋友，身邊也有一些值得我敬重的長輩，這些貴人時時提醒我要珍視自己。別忘了，被霸凌的人其實很容易忽視自己的價值。首先，我有父母的支持。我爸媽很強勢，但很善良，他們是那種會把小孩的成績單貼在冰箱上的父母，然後成績最差的那張似乎都會貼在最上面，好讓你的兄弟姐妹一起欣賞欣賞。他們會給我們壓力，但也不斷給予支持。我媽每天早上都會到我房間「唰」一聲拉開窗簾，然後重複著相同的精神喊話：「起床囉！快起來讓這個世界看看你有多強！」

後來我當上司法部副部長的時候，父母送給我一個雪花玻璃球，玻璃球裡面是一個迷你的正義天秤，底座則刻上「起床囉」的字樣。這個玻璃球如今還擺在我的桌上。

高中時期，我回到家常和我媽聊聊學校發生的事情。二〇一二年她已癌末，我們又聊到了以往的日子，她說她對我期望一直很高。她過世前，給我看了一張紙條，是我七、八歲時有一次犯錯被罰回房反省之後寫的懺悔紙條，上面寫著「對不起」、「我以後一定會成為很棒的人」。我母親把這張紙條好好收在衣櫃裡，保存了將近五十年。

II

我在高中幸運遇到幾位很棒的老師，尤其是英文老師，他也是校刊社的指導老師，而我那時正是個有理想有抱負的校刊小記者。不曉得為什麼，雖然我在高中也有幾個好朋友，但我和老師的交情卻更深厚。

除了老師以外，我一定還要提另外一個人，哈利．豪威爾（Harry Howell）。從國中到高中，我都在艾倫代爾的超市打工，老闆就是哈利。我的工作是把貨物上架、整理購物推車和操作收銀機，其實賺不了什麼錢，時薪大概只有四美元，但我超愛這份工作！這大部分要歸功於哈利的領導風格。

哈利身材中等，頭髮理得很整齊，看起來相當清爽俐落；大多時候他都穿著白色短袖襯衫，胸前口袋上別著名牌。不管穿什麼顏色的褲子，他總是繫著黑色皮帶，腳上穿著黑得發亮的尖頭皮鞋。在我的印象裡，他就像影星勞勃．杜瓦。

到如今我已經為好幾任總統服務過，也在政府、商界許多知名領袖手下工作過，回想起來我還是認為超市老闆哈利是我碰過最棒的老闆。部分原因是我看到他熱愛他的工作，也以自己的工作為榮。

他從基層員工一路做到店經理，所以他非常清楚超市要怎麼經營。他堅持他的店一定要是所有分店最乾淨、績效最高的。當時我們這些負責貨物上架的倉庫人員大多是青少年，工作時超歡樂的，常常充滿笑聲，等打烊後氣氛更輕鬆，我們會鬧來鬧去，發瘋似地把自己負責的走道打掃得乾乾淨淨，商品擺放得整整齊齊。我們能一邊歡樂打鬧，又一邊拼命工作，全都要歸功哈利。他不知道用了什麼方法創造出一個很有壓力、但同時又超好玩的工作環境。他看到我們耍笨的時候會用力憋笑（但我們還是可以看到他的嘴角偷偷上揚），我們表現不夠好的時候他也會實話實說。我們都很敬重他，但也很怕他，不過不是懼怕——是敬畏，因為他讓我們覺得自己很重要，因為他很認真看待他的工作，又很認真照顧我們這些員工，所以我們拼命想好好表現，讓他滿意。

哈利讓我見識到超市的走道可以有什麼樣的魔力——當走道兩邊貨架上的商品都很專業地「排好排滿」，也就是所有的商品都推至貨架的最前緣，沒有東缺一塊西缺一塊的情況，走道乾淨到彷彿從來沒有人走過似的，這時整體的走道畫面看起來真是賞心悅目，顧客看到也會覺得很舒服。

在條碼機還沒有問世的年代，我們必須要手動用印章把價格蓋到商品上。這項作業不但耗時，而且還要高度專心，在蓋印之前得小心把印章上的數字調整成正確的價格。如果價格沒調好就蓋下去，墨水是洗不掉的，錯誤也如墨水難以去除了。

我在這間超市打工期間，總公司買了一項新的科技產品「貼標槍」，用來把標價貼紙貼到商品上。當時我們店內只有兩三支基本款的貼標槍，因為據說貼標槍很貴，我們使用的時候一定要超級小心。

有一天晚上，我正在忙著上架「紙類產品走道」的各類商品，包括紙巾、衛生紙、面紙、餐巾紙等。我從靠近店門口的走道開始補貨，先用刀割開箱子，再用高科技的貼標槍把價格打到商品上再上架，動作熟練極了。我差不多補了三分之一的商品時，一位同事突然在走道另一頭很急地叫我：「柯米，貼標槍借我，一下下就好。」他講話的同時伸出雙手，我想都沒想就把槍丟了過去。

就在貼標槍離開我手的那一瞬間，那傢伙卻轉身跑了。我眼睜睜看著那支昂貴的貼標槍在空中以一個完美拋物線飛行，我甚至可以想像它一邊飛一邊旋轉、一圈又一圈，然後掉在我面前十公尺處，也就是原本我同事站的地方。我彷彿是慢動作喊著「不……」，貼標槍很快就落地，落地之前哈利剛好踏進走道，槍掉在他腳邊砸個粉碎。我的損友同事一定是看到哈利正在走來，所以把時間算得準準的，就是要惡整我。

很多領導者碰到這種事情的反應就是直接抓狂——我就遇過幾個這樣的領導者——然後把闖禍的蠢孩子罵個狗血淋頭。但哈利只是看了看四散在他尖頭皮鞋附近的塑膠碎片，然後說了句「記得清乾淨」就走掉了。我不記得他有要我解釋什麼，他後來也沒再跟我提過這件事。當時十六歲的我認為哈利一定馬上就知道我被整了，在他一派淡定、喜怒不形於色的外表下，他一定知道我被同事惡整而且還很同情我。

或許貼標槍根本不貴，又或許哈利後來有叫惡整我的同事賠償，但無論如何，哈利的寬宏大量帶給我很深遠的影響，讓我更敬愛他、更拼命工作，我後來甚至把我負責的紙類走道維護得有如人間仙境。

不久之後，我又出包了。

有天晚上，我負責乳製品冰櫃的補貨，這項工作又比紙類補貨複雜，乳製品的種類很多，每個品項數量都很大。我走到超市後面的倉庫，用力打開乳製品冰櫃大門，牛奶在冰櫃裡堆得高高的，每個塑膠條板箱裡都裝了四加侖牛奶（每加侖約三點八公升）。當時牛奶是用紙盒包裝，不是塑膠瓶裝，所以這種大容量牛奶的樣子就像現在小紙盒裝牛奶的無敵放大版。我拉來一台手推車，把一箱箱牛奶堆在車上，但我是個自我感覺過度良好的菜鳥，疊了六大箱，自以為一次可以搬動二十四加侖的牛奶。「懶人自作聰明，」我媽常說這句話。我開始拉動之後就發現真不是普通的重，但我還是一手拉著手推車，一手扶著最上方的箱子，離開冰櫃後再撞開倉庫的門，一路推到乳製品冰櫃。

到達乳製品冰櫃的時候，我忘了最基本的物理定律，但牛奶沒有忘——我突然停下來，但牛奶往前的動能並未消失，疊得高高的幾個大塑膠箱就像大樹一樣轟然倒下，砸到地上的瞬間，好多牛奶盒都爆開了。我人生中從來沒看過這麼多牛奶在地上流動，氾濫成災，沿著冰櫃一路流到麥片、罐頭和進口食品的幾個走道，這真是難以形容的大災難。

我趕快跑回去拿拖把和水桶，然後拼命用拖把去清理一片汪洋，整個過程都非常安靜，因為紙盒倒下來只是靜靜地爆開而已，沒有弄出任何聲響。我心想，只要我動作夠快，應該可以趁別人發現之前把地板拖乾淨。

我才開始拖地，哈利就出現了。他站在汪洋牛奶湖畔，叉著腰欣賞湖景，小心地不讓牛奶沾到他的皮鞋。好一會兒之後問我：「有學到什麼了嗎？」

「有，老闆。」我回答。

「那就好。」他回答：「記得清乾淨。」然後他就走掉了。

我年紀還太小，不會看人，但是我其實在十六歲那年就有幸見識到「偉大領袖」的風範。我很清楚，我想成為哈利這樣的人，我不想成為在學校欺負我的那些人。或許哈利也明瞭這點，或者他出於直覺，瞭解我在學校的處境，他知道我只是個努力尋求歸屬感和認同感的孩子。

身為一個邊緣人，動不動被找麻煩，日子真的難過。但事後想想，我也因此學會了「看人」。我這一生花很多時間評估威脅，從人說話的語調找出蛛絲馬跡，甚至還要在走廊上或更衣室裡提前偵測到惡霸的氣場。要在霸凌者手下存活，你必須不斷學習、不斷調適。這也是為什麼惡霸總是大權在握，因為對其他人來說，乖乖聽話簡單多了，隨波逐流是最輕鬆的生存方式。

被霸凌的那些年，以及持續不斷的折磨和羞辱，讓我看清權力可能帶來的影響。哈利擁有權力，但他行使權力時也富有同情心和同理心。這並不容易，因為他必須應付的是一群不成熟的青少年。有些人也握有權力，就像學校裡的那些惡霸，但他們卻將權力之劍指向弱者，而且這種惡霸群體中的每一個人都只會盲從他人，不會起身對抗不公不義的行為。

II

關於這點，我也有切身經驗，這就要講到我年輕時犯的一項大錯。我於一九七八年進入威廉與瑪麗學院就讀，第一次離家上大學，我和很多同學其實都非常想家、非常不安，甚至非常害怕——雖然沒有人會在別人面前承認這點，甚至自己心裡也不想承認軟弱。

當時學校空間不足，所以我和十多位大一男生住在另一棟獨立小宿舍，裡面沒有輔導老師常駐，也沒有任何管理。現在回想起來還真恐怖，我的母校居然不知不覺放任這棟宿舍上演真實版的《蒼蠅王》人性黑暗劇情。

當時宿舍裡有個男生很討厭，他目中無人，脾氣暴躁，很愛講他在家鄉的女朋友。他想幹嘛就幹嘛，不太考慮他人感受，還在一塵不染的宿舍裡擺盆栽。有天幾位男生就決定，不要再忍受這個討人厭的傢伙了，他們開始破壞他的房間、弄亂他的私人物品，還把他最喜歡的卡帶錄進去一些亂七八糟的聲音，又做了一堆我已經記不清楚的蠢事。

我也是這群男生的一份子，以上提到的蠢事我都有參與，有些事我親自動手做，有些事我幫忙做，有些事雖然我沒有親自動手或幫忙，但我在一旁圍觀笑鬧。我也造成了別人的痛苦。

即使已經過了四十年，到現在我還是覺得自己很可恥。我怎麼會成為霸凌集團的一份子，去欺負另一個男生呢？但我就這麼做了。畢竟，當時周遭每個人都這麼做。也許是因為我害怕如果不跟著做，自己可能會成為新的欺負目標；但也有可能是因為我當邊緣人當太久了，我內心很想被團體接受。所以，我就加入他們，終於找到一些歸屬感。

從小到大，我父母一直教我不要盲目從眾，要懂得抗拒群體的力量。我媽常問我：「如果大家都排隊一個一個往下跳，你也要跟著排隊嗎？」我在高中畢業典禮上的致詞主題就是同儕壓力可能帶來的可怕影響。我從十六歲起，皮夾裡就放了愛默生的名言：身在俗世，就很容易人云亦云；離群索居，就能夠獨立思考；但真正偉大的人是即使身在俗世，也能如離群索居一般保有獨立且高尚的思維。這些話我可是一字不漏記在心裡。

儘管我內心還是會猶豫或愧疚，但我仍舊向惡勢力低頭，也許我只是不想再成為霸凌的目標，所以我開始跟著欺負另一個人，即使這個人跟我其實沒什麼不同。我當時真的是既窩囊又愚昧。

無論是霸凌或是被霸凌，我自己都是活生生的例子。幾十年後，我對霸凌這件事瞭解得更透徹。所有人都有同一種傾向：**當我們身處於一個「群體」，我們往往會放下自己的道德良知，放棄自己的聲音，認為群體會為我們做出最好的決定。我們以為群體做出的決策都是最周延的，無論這個群體要往哪個方向前進，我們跟著走就對了，**好像群體的道德良知遠超過我們自己本身的道德良知。面對群體，我們不敢吭聲，只會乖乖讓群體的「腦袋」和「靈魂」替我們決定。當然，群體的腦袋和靈魂，和群體內每個人都息息相關，但我們總想像群體有自己的意識，我們只要聽話就好了。就這樣，我們推卸了原本該負起的責任，讓那些說話最大聲、做事最霸道的人趁機竊取大權；這些人很清楚群眾有多盲目，所以他們利用這點來取得利益。

如果當年我們沒有搬家，如果我一直待在揚克斯，一直在學校當人氣王，一直是核心團體的一份子，那我實在不知道現在的我會是什麼樣的人。雖然當個邊緣人真的很痛苦，但這樣的經驗卻使我成為更好的人，讓我一輩子都對霸凌深惡痛絕，並且能真心同情遭到霸凌的受害者。

事實上，我當檢察官最痛快的事情，就是能把各式各樣的霸凌者關進牢裡，讓遭受他們凌辱折磨的人重獲自由。我在大學犯了霸凌別人的錯誤之後，我就再也沒有因為「從眾比較輕鬆」而向任何惡勢力低頭，而且我希望我的人生能夠具有意義，因為我知道人生轉瞬即逝，很多事情一定要把握時間趕快去做。

第四章
人生的意義：我兒子

我從以前就相信，到現在仍深信不疑：無論我們面臨的命運是好是壞，我們都能賦予它意義，使它成為一生受用的經歷。

——赫曼・赫賽

我和很多優秀的人共事過，其中兩位對我影響至深的良師是女性，她們教了我很多人生道理，也讓我見識到「卓越超群的領導人」是什麼。

一九九三年，我負責的甘比諾案件終於告一段落，於是我信守對太太的承諾，帶她和孩子搬到維吉尼亞州的里奇蒙市。我們在那裡沒什麼熟人，但那邊生活開銷低，日子也可以過得比較舒適。

我在一間法律事務所短暫工作一陣子後，就又回去當聯邦助理檢察官，只是這次的工作地點在維吉尼亞州議會大廈。其實我之前的那間事務所很棒，薪水也很高，同事都精明能幹，但是我很想念在公職服務的日子，雖然薪水很低，辦公室的擺設也沒品味，但我還是想回去，我急於為我的人生尋找意義，想再度當個有用的人，想貢獻社會並為需要我的弱者發聲。不過這些事情，沒辦法和法律事務所裡的同事說。

我的新長官是聯邦檢察官海倫．費伊（Helen Fahey），也是維吉尼亞州東半部所有檢察官的上司。海倫的職場故事非常罕見又勵志：她本是個在家帶孩子的主婦，後來到國防部，從最低的打字員開始，各種工作都做過，她曾告訴媒體她以前「每個月都有不同工作，同時還要上課」。但她勤學不倦，長達十七年，最後雖然沒有大學學位，還是因為考試分數優異及工作經歷豐富而錄取法學院。

一九九六年我三十五歲，開始在她手下工作。我當時主管里奇蒙檢察署，而里奇蒙檢察署是費伊直接監管的四個檢察署的其中一個。我滿腔抱負，想讓整個檢察署動起來，希望不管在哪方面都能有更大的貢獻，尤其要致力打擊暴力犯罪和貪腐。因為我在紐約曼哈頓檢察署當過檢察官，也在里奇蒙的一間大型法律事務所當過合夥人，所以我自認為是署內的狠角色。

也許是我以前耳濡目染了一些朱利安尼的人格特質，我行事相當高調，整個城市走透透，儼然成為檢察署的代言人，總是代表本署面對在地執法單位、媒體和社會大眾。有家在地的免費週報還把我的照片放到頭版，說我是「大好人一枚」，還把我的職稱誤植為「聯邦檢察官」而非「聯邦助理檢察官」；我還在里奇蒙自己的辦公室內接受媒體拍攝。而且，以上這些我都沒有告訴我的長官海倫。

如果我的長官是朱利安尼，我的下場一定很慘。所以起初我看到我的照片大喇喇地登上週報頭版，馬上想說我得趕快買下所有的報紙，否則我就死定了。但是我又想起，現在的長官已經不是朱利安尼，新長官海倫沒有那麼多疑，而且是很真心的希望我成功。

當然啦，她還是拿這件事嘲笑了我一下，不過非常溫和，而且我被稍微嘲弄一下也算活該。海倫其實很少開我玩笑，她更常做的事情是真心與我一起開懷大笑。

海倫總是一派從容自在，少有領導者能展現出這樣的自信。我想有些人曾經在背後笑她無能，居然放任大權旁落，「她根本讓柯米變成里奇蒙的老大」，但她很清楚自己在做什麼：她是在讓我成長，然後偶爾盯我一下，免得我走錯路，而且她也不斷得到正面的回饋。她不在乎其他人對她的惡評，因為那些是不夠瞭解她的人。我年紀漸長，才發現她這一點真的相當難得。對她來說，團隊的利益、任務永遠擺第一，個人的情緒和榮辱都可退居其次。

當時我們的團隊致力打擊持槍犯罪，努力減少里奇蒙的兇殺案件，但卻遭到當地幾位聯邦法官強力阻撓，因為他們覺得這種案件不需要弄到「聯邦」法庭來審理。但我才不管，我的團隊也跟我有志一同，我們是在拯救生命，所以我們還是拼命把案子往聯邦法院送。結果惹火了一個資深法官，後來這個法官大人居然為了一個小小的行政疏失，要判處我們的聯邦檢察官海倫藐視法庭。這個行政疏失只是在某個案件中，我們沒有叫法警按照預定開庭的日程提審一名被告。以海倫的層級來看，像這種填表申請提審的小小文書工作，根本不關她的事，她基本上一個月只會來里奇蒙一次。用這個過失來指責她，真的於情於理都說不通。不過那位法官大人還是這麼做了，他就是要給我們團隊還有海倫一點顏色瞧瞧。

可惜他沒打聽清楚海倫是個什麼樣的角色。

海倫藐視法庭案的聽證會當天，整個法庭、法院的走廊還有法院外的街道上，到處都是來關心的警察和聯邦探員，路上還有警用馬匹和好幾輛警用摩托車。面對這麼熱鬧的場面，海倫只是從容地走上被告席靜靜等待，反而是那位法官大人進法院的時候，被整個聲援海倫的陣仗驚呆了，結果他老人家惱羞成怒，把砲火轉向對準我，對著我所在的聽眾席數落我的不是，卻完全不敢提海倫半句。最後，他撤銷了對海倫的指控。海倫只覺得整件事超好笑的，然後跟我們說我們做的事情是對的，要再接再厲。

不過，如果要說誰在「領導」這方面教我最多，那人一定是我的妻子佩翠絲。

每個人都有機會面對死亡，這是難以避免的。我已經有過這樣的經驗，除了高中時期曾遭遇惡名昭彰的「蘭賽鎮強暴犯」闖入我家，另外還有好幾次直接面對死亡的經驗。

我們還沒結婚時，佩翠絲曾經在西非獅子山共和國的和平工作團服務。有次我跑去找她，結果差點因為瘧疾客死異鄉，如果不是她大半夜騎機車載我奔向大老遠的醫院，而且是真的用拖的把我拖進醫院裡，我大概就活不成了。可是，真正讓我們體會到「人生苦短」的事情，通常不是我們自己面對死亡的經驗，而是當死亡帶走了我們最親愛的人，這時我們才會領悟人生如白駒過隙，要好好珍惜。

II

一九九五年夏天，我和佩翠絲搬進一間五房的殖民式建築，位於里奇蒙一個溫馨小社區，所有人都彼此認識，你家孩子生日當地消防局還會開消防車過來幫你孩子慶生，孩子們沒事就在安靜的街道上用粉筆畫畫玩遊戲。我們兩個女兒就在這間新房快樂地長大，一九九四年她們又多了個小弟弟，接著小柯林也加入了我們。

我們家老四柯林．愛德華．柯米生於一九九五年八月四日。他出生的時候很健康，大約三千三百克，而且跟所有柯米家的小孩一樣，身體很長。佩翠絲在醫院裡親自哺乳照顧，三個小孩也常過去看看，抱抱他們的小弟弟。那是美好的一天，很多迎接新生兒的父母都經歷過這樣的美好。

但就在當天稍晚，佩翠絲注意到小柯林不對勁，一直哭，所以佩翠絲問醫生護士是不是哪裡出了問題，但他們保證寶寶沒事，一切都很正常。有個護士甚至還自以為專業地對佩翠絲這位已經是四位孩子的母親說：「你只是沒遇過嬰兒肚子痛的狀況而已。」

小柯林狀況很不好，我們當時不曉得他那小小的身體其實正在對抗一種致命的細菌感染。世界上大約有四分之一的女性帶有一種細菌叫做 B 型鏈球菌，這種細菌對母體無害，卻可能危及嬰兒的生命。現在這種細菌可以在懷孕末期有效檢測出來，在分娩時用盤尼西林治療就好。但在一九九五年，這種檢測和治療還很少見，雖然已有一些醫院和醫師會檢測這種細菌，但是產科醫師協會那時卻還未證實這種檢測的重要性，聯邦醫藥協會也未將此檢測列為標準程序。

隔天早上，小柯林開始發高燒，出現敗血症的症狀。他被移至新生兒重症加護病房，與死神搏鬥了九天，插上呼吸器，為他那小小的胸腔一次又一次灌氣。佩翠絲幾乎是不眠不休地守在他身邊，她坐在病床邊的椅子上，常常累到睡著，但她還是堅持要待在小柯林身邊。她說小柯林已經聽她的聲音、碰觸她的身體整整九個月了，現在這個危急時刻，他更需要時時聽到媽媽的聲音，更需要時時碰觸到媽媽。所以她一直坐在他身邊，日復一日，輕握著他那小小的手，唱著兒歌給他聽。

後來醫生們給我們看了小柯林令人絕望的腦部掃描報告：感染嚴重破壞了他的大腦，現在靠呼吸器勉強讓小柯林活著。醫師們還說，我的兒子其實已經不在了，但醫師們卻不願告訴我們接下來該怎麼做，而是期待我們告訴他們要不要幫小柯林拔除呼吸器。

但我們怎麼能這樣做？他躺在那裡，還活著，就在我們眼前，但醫生卻希望我們放棄，讓他就這麼死掉。

當天我回家看看孩子們，我爸媽當時也在我們家。我表現出平常面對壓力時慣有的冷靜，甚至還有點冷漠。但當我告訴爸媽說小柯林的情況，以及我們面臨的艱難決定，我當下忍不住放聲痛哭。

回到醫院後，我和佩翠絲做了一個決定。即使在這樣難以言喻的傷痛中，佩翠絲還是知道，有些事情必須要做。當時我們的小兒子還不到兩歲，還不懂事，兩個大女兒已經夠大了，所以佩翠絲認為她們該知道、也必須知道真相。等她們知道真實的情況，且能接受事實之後，她們就可以見小柯林最後一面。

佩翠絲認為，兩個小女生曾經在小柯林出生的時候抱過他，在他即將離世時她們也應該再抱抱他，我們不可對她們隱瞞小柯林的死訊，否則她們長大後心裡可能會有陰影。我自己絕對沒有足夠的智慧，可以想到以上這些。畢竟，要讓一個七歲、一個五歲的小女孩接觸還在襁褓中卻快死掉的弟弟，誰會這樣做？一個有足夠智慧的女性便會這樣做，她讓兩個小女孩有機會和弟弟道別。

為了讓兩個女兒準備好和弟弟道別，我們先帶她們去野餐，一邊掉淚一邊跟她們解釋，以及為什麼我們必須要做決定。小柯林拔掉呼吸器以後，我媽就立刻把兩個女孩帶到病房，在病房裡佩翠絲抱著小柯林，把他交給兩個小姊姊。兩個小女生輪流抱抱小柯林、跟他說話，跟他道別，然後再把他交給佩翠絲。女兒離開後，我也抱了一下小柯林，再交給佩翠絲。佩翠絲就這樣抱著他、唱歌給他聽，直到他停止呼吸很久後，她還是抱著他，還是繼續輕唱著歌。到現在我還是覺得很難形容當時的景象：一位心碎的母親就這樣輕輕晃著懷裡的寶貝，陪他過完極為短暫的一生。

我們其實很憤怒，要是當時換個醫院或換個醫生，佩翠絲就會在懷孕後期接受 B 型鏈球菌檢測，並在分娩時接受治療，這樣小柯林就不會死了。但只因為佩翠絲當時的產科醫生不支持該項檢測，只因為佩翠絲當時待的醫院並未要求醫生對孕婦進行該項檢測，所以我們的兒子就這樣死掉了。這是什麼道理？

後來佩翠絲深入鑽研 B 型鏈球菌的醫學知識，也結識了一位疾管局的研究員，並認識了不少B型鏈球菌感染協會裡的人，他們都是曾經因為B型鏈球菌而失去孩子的父母。全國各地許多新生兒不斷因這個因素而死，但他們的死，明明是可以避免的，只因為國家醫療體系向前推進的速度太慢，無法適時改變醫療程序，才讓這麼多的嬰兒無辜喪命。

「我沒辦法讓兒子活過來，」佩翠絲說：「但我無法忍受，還有其他母親即將遭受我所經歷的傷痛。我一定要出點力。」這個信念，源自新約聖經裡她最喜歡的一段經文，在使徒保羅寫的〈羅馬書〉中有一段是這樣寫的：「我們也知道，神使萬事相輔相成，是為了愛神之人的益處，就是那些按照他的心意蒙召之人的益處。」

她不明白為何慈愛的天父會讓小柯林就這樣死去，她也不接受什麼「一切都是神的意志」這種盲目又抽象的說法。若有人想用這樣的話來安慰她，她通常會在那人走後跟我說：「慈愛的上帝怎會想要殺掉我兒子？我才不信咧！」但她深信不疑的是：經歷喪子之痛後，她必須做件有意義的事情，這件有意義的事就是強迫全國所有醫生，未來都要為孕婦做B型鏈球菌檢測，她要拯救其他母親的孩子。

於是她即起即行，把她的悲痛轉變成一場全國性的公民活動。她發表了小柯林的故事，又到全國各地鼓吹改變現有的標準產前檢查醫療程序。她拼命說服維吉尼亞州的州議會，最後終於成功通過法案，規定B型鏈球菌的檢測和治療必須成為醫院的標準程序。她的聲音結合了其他善良大眾的聲音，一起改變了這個國家。現在所有準媽媽都要接受B型鏈球菌檢測，而她們的小孩也因此平安長大。我們經歷了難以想像的傷痛之後，美好的事物終於來臨，現在的母親永遠不需要經歷我們的傷痛。

II

佩翠絲和我本來已經打算在里奇蒙待一輩子，這裡有很好的公立學校，治安也很好，住的房子很舒適，生活不貴。小柯林過世後，次年我們多了一個健康的小女兒，然後在公元兩千年家裡又迎來一個新成員。看來，我們就要在里奇蒙把幾個孩子養大，我也可以做我喜歡的工作。

二〇〇一年九月十一日，我們的國家遭受恐怖攻擊，我的電話也響了起來。

九一一事件發生不到一個月，某天我剛下班回家，照顧兩個最小的女兒。當晚佩翠絲正在教會和女性團體開會，分享如何和另一半白首偕老。她在教會，當然聽不見家裡的電話響起。我接起電話，裡面的男聲說這通電話是白宮打來的，總統問我是否願意回曼哈頓，擔任聯邦檢察官。

我本以為這是我朋友在搞笑，所以我回答：「最好是啦！你怎麼不去吃大……」但電話裡的人立刻打斷我，說這不是開玩笑，小布希總統需要任命一位新的聯邦檢察官，人選一直喬不定，最後他們覺得我是最適合的人選：我曾經在曼哈頓檢察署工作過，我也有處理過恐攻案件，而且民主黨、共和黨的人都能接受我。

我該答應嗎？

事過境遷，現在已經很難描述二〇〇一年的秋天是個什麼樣的氛圍，只能說那段時間全國上下都十分團結，有共同目標，但也非常焦慮。我對著電話筒回答：「我當然願意。但我太太現在不在家，如果她不同意的話，我再回電給您。」掛掉電話，我連女兒也不照顧了，直接跑到車道上等佩翠絲回家，我的心砰砰砰砰跳得好快。

彷彿等了好幾個小時，她終於開著紅色福特小休旅車回來了。她下車，看了我一眼，就問：「出什麼事了？」

「沒有啦，」我回答：「只是有人從白宮打過來，要我去紐約當聯邦檢察官。」

她聽完立刻就哭了，對我說：「你很想去吧？」

「我沒有拒絕，但我跟他說，如果妳不同意的話，我會再打給他。」

她雙手掩面大哭：「我又要回紐約了，天哪！我又要回紐約了。」

我們真的要回紐約了，那時世貿中心的遺址還在冒煙。接下來的日子裡，我將會帶領兩百五十名檢察官辦上百件案子，從恐攻到暴力犯罪到企業詐騙，其中包括我職業生涯中最著名的一件案子。

佩翠絲打開休旅車的滑門，結果她用來盛裝貝果帶去教會的大瓷盤就這樣滑出來。那一刻，眼前的事情實在很像一種預兆：大瓷盤滑出來後就掉在車道上砸個粉碎。

II

佩翠絲一路以來不屈不撓的奮鬥，就為了他人不再遭受同樣的痛苦，也對我產生極大的影響。我大部分的人生都奉獻給了法律和司法的世界，但佩翠絲的努力，讓我從不同的角度去思考法律和司法制度存在的意義。小柯林死後的那幾年，我看到很多壞事發生在好人身上，也有許多人問我，為何壞事會臨到好人？為什麼好人沒有好報？

二〇〇二年，我回曼哈頓就任聯邦檢察官，站在不久前才被炸出的巨坑裡，有數千人死於這個恐攻事件的原爆點，好幾百名罹難者屍骨無存。我邀了另外九十二個聯邦檢察官來到現場，告訴他們，那些無辜喪命的人，其實都在我們身邊，只是我們看不見他們。空氣中瀰漫著令人窒息的悲痛，這裡已成為悼念亡靈的聖地。

我像被佩翠絲附身一樣，我和在場的人說，我不懂為什麼這樣的壞事會發生在好人身上。我們的聖經甚至有〈約伯記〉來勸誡我們不可以質疑上帝的安排。我在問「為什麼這樣的壞事會發生在好人身上」這種問題時，似乎可以聽到有個聲音，從一道旋風中對我說：「你好大的膽子！」說實在，我無法解釋上帝在人類歷史中到底扮演什麼樣的角色，我真的不會解釋，而且我也沒有耐心聽那些自稱瞭解神旨意的人來跟我解釋。我只會佩翠絲教我的：**當我們痛失摯愛、朋友、同胞的時候，我們不該被巨大的傷痛擊倒，而是要想辦法包紮心裡的傷口，減輕疼痛，並致力使他人免於遭受同樣的苦難**。我們有責任、有義務要想辦法從苦難中找尋正面的意義，在生離死別中找到更重要的價值。總之，就是要讓我們遭受的苦難最後都是「值得」的。很多苦難無法解釋，但我們可以堅強度過這一切，並且成長茁壯——只要我們能化悲傷為力量，永遠不讓邪惡佔上風。

第五章
撒謊的種類：起訴高官與名人

允許自己撒一次謊的人，通常也很容易撒第二次謊、第三次謊，最後說謊會變成習慣。這種人後來會無意識地說謊，而他們說真話的時候也沒人相信他們了。虛偽的舌頭造就虛偽的心靈，久而久之一個人原本擁有的良好秉性全都會被腐蝕殆盡。

——美國總統湯瑪斯．傑佛遜

二〇〇五年三月時尚名人瑪莎．史都華（Martha Stewart）出獄時，媒體大肆報導她在入獄服刑期間財產反而暴增，講得好像我們檢察官當初起訴她是為了毀掉她，而不是為了懲罰她對調查人員說謊。但我們追求的是：無論是誰，都不能擾亂司法。

她出獄的時候我正在拉斯維加斯演講，但我知道一定會有記者突訪，想看看我的反應，因為我就是當初那個讓她鋃鐺入獄的聯邦檢察官，我當時也因此受到大量媒體關注及批評。正如我所料，一名攝影師和一名當地記者朝我跑了過來，記者直接堵麥，連珠炮般地發問：「柯米先生瑪莎・史都華今天出獄了而且如今身價高達兩億美元比她入獄時還高請問您怎麼看呢？」（我感覺他問我怎麼看的時候，有故意稍微拉長音說成「怎～麼～看～呢」？）

我停頓了一下，直視攝影機，面無表情，緩緩說出我在腦海中演練了十幾遍的台詞：「我們司法部門樂見受刑人成功返回社會，而史都華女士又比大部分的受刑人更成功。這對我們來說，完全不會造成困擾。」我面無表情地說完便點頭離開。那位記者當時還沒有意會我只是在敷衍他兩句，但攝影師卻笑到攝影機一直晃，結果那次影片就因為太晃而不能用。

瑪莎・史都華其實沒有犯下什麼世紀重罪。一開始我還覺得她的案子很煩，因為她的案件跟我們每天在處理的比起來——我們每天處理的案子才真的會對許多人造成影響——實在是小巫見大巫。但後來有件事情改變我的想法：她的案件不只是某個有錢人趁某支股票暴跌前拋售手中持股，其中還有更重要、更深奧的道理。那時的我還想不到，這個案件居然深深影響了後來在執法部門服務的我，其中的教訓讓我終身受用無窮。

II

每個人在生命中的某些時刻都會說謊。重點是：在哪說謊？為什麼說謊？多久說一次謊？

舉例來說，像我這種身高超過兩百公分的人，常被問到在大學是不是籃球隊的，尤其是電梯裡的陌生人特別愛問這種問題。正解：我在大學沒打系隊，但為什麼沒有，就說來話長了，包括我其實是很晚才長這麼高的、我膝蓋動過手術、我很忙無法配合球隊練習等。不過大概沒人想聽這些，而且就算問的人願意聽，搭一趟電梯的時間也不夠我解釋這些，所以如果有陌生人問我在大學時期是不是籃球隊，我就乾脆回答：是啊。

進入法學院之後，我也跟一起打籃球的朋友說我以前大學是籃球隊的。我不曉得我為什麼要騙他們，也許是我自卑，也許是這樣說比較方便，又或者我希望別人覺得我在大學是明星運動員。我的謊像是蠢孩子說的小謊，無傷大雅，但這個謊卻讓我心裡難安。所以法學院畢業後，我還寫信給以前被我騙過的朋友，告訴他們真相，結果他們都很體諒。其中一人還回信，用益友的角色對我說：「其實我們都知道你大學沒打過系隊，但我們根本不在意。你是個很棒的朋友，球也打得很好。不過當然啦，你也有很多缺點。」

我覺得「撒小謊」最可怕的地方在於，這種行為會變成習慣。多年來我看過很多很會撒謊的人，他們已經無法分辨真實與謊言，而他們周遭也都是一堆會撒謊的人，而且他們的社交圈通常會越來越小、越來越緊密——因為不願意犧牲道德良知的人會被踢出他們的圈子，可是那些自甘墮落、慣於欺騙造假的人，反而能接近他們圈子的權力核心。

「會撒謊」和「願意包容撒謊」的人會得到很多特權和利益，這樣形成了一種文化，撒謊變成他們的生活方式。隨意說出的小謊其實很危險，這些小謊可能造就日後更大的謊言，導致人在更重要的場合說謊。到那時，這些謊言就嚴重了。

II

每年都有人因為內線交易遭起訴。雖然有些衣著光鮮的人如遊街示眾般戴著手銬走過一堆攝影機進入法庭，但一般來說這種案件只有財經記者會報，其他人很少關注。

不過，二〇〇二年一月，情況不同了，一樁內線交易案鬧到全民皆知。有間不太有名的生技公司，有一個很有名的股東，而這位股東涉嫌內線交易。我在曼哈頓當聯邦檢察官時，這樁案子的卷宗就剛好送到我桌上。

二〇〇一年年底，英克隆公司（ImClone）的老闆山姆・華碩爾（Sam Waksal）獲悉自家公司研發的新藥未通過食品藥物管理局（FDA）的核可，於是急忙拋售大量持股。問題是，一般大眾完全不曉得英克隆的新藥沒通過FDA核可。根據法律，公司的執行長不可以在得知一般股東不知道的重大消息後私自拋售股票，否則就是內線交易。因此，華碩爾的行為根本就像在執法單位面前玩火，明顯是有罪的，應該要被起訴。

不過還有個問題就是：有沒有其他股東，也是在獲悉這個社會大眾不知道的訊息之後，才拋售股票呢？

這次內線交易發生在我的轄區曼哈頓，所以我召集了全明星陣容的聯邦助理檢察官團隊來辦案。我的副手是檢察官大衛·凱利（David Kelley），而負責監督所有刑事檢察官的刑事部門主管凱倫·西摩（Karen Seymour）也是我多年好友，以前也當過檢察官，是我說服她放棄華爾街大事務所合夥人的身份，來幫我帶領刑事部門。我們三人做任何判斷之前都有審慎思考，我們也像老朋友一樣，在辦案過程中有不少歡笑和爭論。我非常看重他們，因為他們永遠都會跟我說實話，我講話太浮誇的時候他們也會直接告訴我。

每個組織都暗藏著一種危機——你可能創造出一個不接受異議、不歡迎誠實反饋的文化，有階級制度的組織尤其如此。這樣會迅速形成一種充滿錯覺、欺騙的環境。身為領導者，如果自負到連半點謙遜都不剩，就會恣意妄為，對他人遭成傷害。美國的黑道，就是因為如此才被政府擊潰的。但很諷刺的是，這也是擊潰黑幫的朱利安尼團隊的最大弱點。我現在坐在朱利安尼以前的位置，我一直告誡自己：絕對不可重蹈覆轍。

我現在的責任是在曼哈頓聯邦檢察署建立良好的文化，打造一個環境讓團隊發揮最大效能，避免朱利安尼的錯誤，也取法維吉尼亞州檢察長海倫·費伊的榜樣。

我從上任第一天就在努力這麼做了。我在任期內聘用了大約五十名新檢察官，他們宣誓就職的時候我都在場。我請他們家人來觀禮，然後跟他們說，當他們起身宣誓自己將代表美國政府的那一刻，會發生一件神奇的事：即使是完全的陌生人都會相信他們接下來要說的話。

而我也直接告訴他們，宣誓成為檢察官後就能立即獲取別人的認同和信任，原因並不是他們有多厲害。一切都要歸功於前人的成就。是因為前人兢兢業業、實踐諾言，才讓後來的檢察官獲得人民的信任。我都跟新任檢察官說，那些你從來不認識、已經離開很久的前輩為你們打造了一個寶庫，裡面裝滿了人民的信任和檢察署的信譽；就是因為有這個寶庫，檢察機關才能懲奸除惡，讓世界更美好。

我也常跟這些優秀的年輕人說，如此貴重的禮物也伴隨著重責大任，你們要盡一切力量守護這個寶庫，將它傳承給後面的新人。傳承的時候，這個寶庫應該要跟你當初收到的時候一樣滿溢、甚至更豐盛。要裝滿信任寶庫需要很長的時間，可是一旦寶庫破了個洞，裡面的東西很快就流光了。也就是說，眾人多年努力的成果，會因為一個人的行為而前功盡棄。

II

政府調查人員——包括聯邦調查局探員和分析師——從最基本的事實為起點，來調查華碩爾的案子。他們找到了和華碩爾同時拋售英克隆股票的人，其中一個就是瑪莎・史都華。她和華碩爾在同一天拋售持股，而當時社會大眾都還不曉得英克隆的新藥未通過FDA審查。

瑪莎的內線交易行為，讓她少損失五萬美元。對於像她這種身價上億的富豪來說，五萬美元根本是零錢。可是調查員為了忠於職責，必須對她進行訪談，問她為什麼在那個時機賣股票。

瑪莎是華碩爾的朋友，調查員原本以為她會說，她是聽到華碩爾賣出股票，所以她也就跟著賣了，然後她一定會跟調查員說她真的完全不知道內情，如果其中有什麼問題的話，她真的很抱歉。假設以上是她的說詞，那麼她會被探員嚴嚴警告一番，也許還被罰一筆不痛不癢的罰款，大家就又可以繼續好好過日子。

偏偏瑪莎・史都華不是這樣做。

她告訴調查員，她和她的股票經紀人早就說好，只要英克隆股價跌至某個低點，經紀人就會幫她拋售。她說，她事前完全不知道華碩爾也在賣股票，也許就是因為他售出股票造成股價下跌，所以她的經紀人才幫她賣掉股票。但這完全是巧合啊！

聯邦調查員不太相信巧合這件事。瑪莎的回答反而讓他們想更進一步調查。經過抽絲剝繭，他們發現瑪莎和華碩爾的股票經紀人其實是同一人，也得知那位經紀人在華碩爾賣股票當天早上，也打電話給瑪莎，不過瑪莎正搭著私人飛機前往墨西哥的度假勝地，所以經紀人留言給秘書說他急著和瑪莎討論山姆．華碩爾的事情。

聯邦調查員取得那位股票經紀人的手寫紙條，紙條上的確有提到瑪莎口中所說的「先前有談好」——只要英克隆股價跌至某個低點以下，就自動幫她賣掉。但紙條有兩種不同的墨跡，那段「先前有談好」的文字，與紙條上其他的文字不是同一個時間寫下來的。

調查員又找到了一些關鍵線索：他們約談瑪莎的秘書，得知政府開始調查英克隆公司內線交易之後，瑪莎就叫秘書把電腦上記錄留言的資料夾打開。然後瑪莎叫秘書站起來，自己坐到秘書的位子上，把股票經紀人打電話來談華碩爾的那段文字反白起來，接著打上別的文字，使這段訊息裡面有關「華碩爾」的事情都消失了。然後，瑪莎停了一下，可能是發現自己正在用很笨的方式妨礙司法調查，旁邊還有秘書這個目擊證人全程觀看，所以她迅速起身，指示秘書把訊息回復成原來的樣子。

我打從一開始就不想接瑪莎的案子，因為還有更重要的工作要做。她的案子就像個小燈泡在旁邊閃啊閃，真的很煩。一九九〇年代末期，科技業榮景泡沫破滅，隨之而來的劇烈股市震盪使許多企業詐騙案件被攤在陽光底下，而且數量極為驚人。股神巴菲特曾經說過，股市崩盤就像海灘上的海水退了，然後我們就知道哪些泳客沒有穿褲子。這些沒有穿褲子的泳客包括安隆、世界通訊、Adelphia 通訊公司等，他們讓公司破產，造成無數人失業，從投資者手中騙取鉅額金錢。當時我們曼哈頓檢察署正拼命處理這些案子，而且這些案子真的很複雜，證據蒐集不易。

以我們辦過非常多次的毒品交易案來說，探員要做的就是證實被告的確有涉入毒品交易。假設聯邦探員突襲飯店房間，在桌上發現一公斤海洛因，那每個坐在桌子旁邊的人都會坐牢，他們不可能辯解說什麼「不知道這樣的交易是犯法的」、「律師會計師已經跟他們確認販賣毒品不違法」等等的。沒有這種事。統統關起來。

在企業詐騙的案子，情況正好相反。雖然政府調查單位最終會把一切查個明明白白，雖然我們也都會查到桌子旁邊有什麼人及交易的內情是什麼，但這些人都會說他們完全不曉得這些複雜的不動產抵押證券貸款、逆回購協議、外匯掉期是違法的。他們總是說他們非常非常遺憾，看到很多人失去了畢生積蓄，但他們從來沒有犯法的念頭。

所以探員和檢察官的職責，就是要探究這些人心底的真意，而且在十二位陪審員面前，我們必須拿出實證，不能只是合理的懷疑，這樣才能讓陪審員肯定政府機關有善盡責任，而且這十二位陪審員必須意見一致才能讓被告定罪。這樣的任務真是極為艱鉅，但還好不是不可能的任務，因為我們擁有二十世紀送給執法部門的大禮——電郵。很多時候電子郵件會變成有如「擺在桌上的一公斤海洛因」那樣明顯的證據。以我辦過的一個案子為例：一間公司的金融部門主管寄給另一個主管的電子郵件上寫著「我只希望證券交易委員會別發現我們在做什麼。」而另一個主管的回信上寫道：「別管證券交易委員會了，等聯邦調查局來了，我就要先閃人了。」很好，鐵證如山。

不過通常情況不會這麼順利。在「證實犯罪意圖」的過程中，我們常遭到重重阻撓，即使有些人的行為已經造成他人巨大的經濟損失，我們也無法立即將其定罪。光怒斥那些涉嫌詐騙的執行長「一定」或「應該」知情，在法律上是不夠的。除了「合理的懷疑」以外，到底要怎麼證實這些人很清楚自己在犯罪呢？企業的資深主管通常很會表演「震驚」，震驚他們的基層員工怎麼會長期犯法。

我們當時為了這些企業大案已經忙到焦頭爛額，哪有心思去管什麼瑪莎．史都華？這個案子很簡單嘛，就是一個有錢人撒謊，說她看到朋友賣股所以她也跟著賣。我們當時已經握有證據足以證明瑪莎拋售股票是內線交易，也能證明她後來還意圖妨礙司法調查，但是這個案件卻無法速戰速決，因為我們的被告是全美最受歡迎的電視節目主持人，而且陪審團和大眾對被告的處境都深表同情。每個人都知道瑪莎，也都跟她學過一些東西。有一次我烤感恩節火雞的時候，把羅勒葉塞進雞皮底下，這就是照著瑪莎書裡的步驟做的。所以我幹嘛要給自己找麻煩去定她的罪？誰在乎這種小案子？

不過，有天下午負責調查此案的一位聯邦助理檢察官衝進我的辦公室，從此這件案子就變大了。從我的辦公室可以看到曼哈頓布魯克林大橋，也可以看到紐約市警局總部，所以我每天都可以看到許多人往返布魯克林，也可以看到很多人進進出出紐約市警局。那位助理檢察官闖進我的辦公室，臉上掛著燦爛的微笑，雙手高舉好像贏球了一樣。他說，他取得了非常關鍵的證據。

此案的最後一塊拼圖終於出現了，而且居然是瑪莎的超級閨密瑪麗安娜．帕斯特納（Mariana Pasternak）提供的。就在瑪莎聲稱「碰巧」賣出英克隆公司股票的兩天後，她和閨密瑪麗安娜坐在墨西哥度假勝地飯店的陽台上，享用飯店推出的新年飲品。瑪麗安娜告訴調查員，她們兩人邊聊邊欣賞眼前如寶石般燦爛的太平洋，然後瑪莎就提到她很擔心山姆．華碩爾這人，她說她已經把手上的英克隆公司股票全部賣掉，因為她的股票經紀人說華碩爾也賣掉了英克隆股票。接著她還補一句：「有一個會告訴妳這種事情的股票經紀人真的很棒對吧！」

換句話說，史都華之前跟我們說的全是謊話，而且我們現在已經有證據可以證明了，不再只是合理的懷疑。唉，其實她根本沒必要對司法人員撒這種謊，她原本只需要繳回因為內線交易省下的那五萬美元（對她來說根本是零錢啊），向政府表示懺悔並保證絕不再犯，就不用走到後來的地步。然而，她卻想盡辦法欺騙調查員，還把其他人拖下水替她掩蓋犯罪行徑。

瑪莎除了有一大票支持她的粉絲，還有如狼似虎的律師團。他們最常拿來抗辯的說辭就是：一個身價幾億美元的富豪，怎麼可能為了避免五萬美元的損失，就親自指示他人賣股票，而且事發的當時瑪莎還正坐著私人飛機飛往墨西哥度假？這樣說她實在太可笑了。他們說，瑪莎的時間很寶貴，沒空理這種雞毛蒜皮的小事。

面對這樣的說辭，我只問這些律師一個問題：如果有天早上瑪莎走到鄉間別墅門口去撿起地上的紐約時報——也許手上還拿著杯熱咖啡——結果發現有張五元紙鈔就在報紙旁邊。請問她會把這張五元紙鈔撿起來，還是覺得因為是小錢所以不撿？律師們沒有回答。但答案當然是她一定會撿起來啊！所以她當然也可以撥通電話給股票經紀人，以求省下五萬美元，我們大多數人都會這麼做，尤其當我們不熟悉內線交易法規時，更會這麼做。

我請刑事部門主管凱倫．西摩看看能不能安排瑪莎認罪協商。凱倫不太贊成這樣，因為她當時手上有其他大案在忙，她覺得檢調單位主動尋求認罪協商是一種示弱的表現。但她還是試著安排了。瑪莎的律師一開始說接受認罪協商，後來又反悔。我猜他們這樣反反覆覆要嘛就是在試探檢調單位的決心，不然就是他們說服不了瑪莎在這件她穩輸的案子認罪。如果我們要瑪莎為她的罪行付出代價，我們就必須正式起訴她，但這樣等於槓上一個全民愛戴的公眾人物。雖然事實已經真相大白，該怎麼做也很清楚了，但我還在猶豫要不要起訴她。我知道，如果起訴她的話媒體會批評我「想紅才起訴她、故意針對名人找麻煩」，她的律師在抗辯的時候也說過同樣的話。他們還說我是另一個朱利安尼，踐踏別人成就自己。

我站在辦公室往下看著布魯克林大橋，猶豫著是否要起訴瑪莎，並承受後續的謾罵和媒體鬧劇。就在我擔心著自己的形象時，我想起了一個年輕的黑人牧師。

一九九〇年代末期，我還在維吉尼亞州里奇蒙擔任聯邦檢察官，那位黑人牧師在當地歷史悠久的第四浸信會擔任副牧師兼青年牧區的牧師，而該教會的主任牧師正是魅力十足的里奇蒙市市長雷奧尼達・楊恩（Leonidas B. Young）。楊恩市長魅力外溢，雖已有老婆孩子，但同時享有好幾段婚外情。為了在頻繁的床上活動表現得如龍似虎，他做了非常昂貴的人工陰莖植入手術，但不幸手術失敗，後來又得花更多錢做修補手術。楊恩不只要負擔高額醫療費用，還要跟很多情人上旅館、買禮物和出外旅行，所以他手頭非常緊。遺憾的是，他選擇利用市長的職位來搞錢，於是找教會的副牧師來幫他。

當時里奇蒙正要進行公墓私有化，其中一家有意參與招標的公司派了幾個主管和市長楊恩會面，楊恩告訴他們，如果他們願意聘用某些人——例如他在第四浸信會的副牧師——當顧問的話，他們得標的機會就會大幅增加。那間公司因此簽下好多張支票交給副牧師和其他人。銀行紀錄顯示副牧師將收到的支票兌現之後再交給市長。

我帶著另一位檢察官同事羅伯特．特羅諾（Bob Trono）一起去找那位年輕的副牧師。他身上有一些特質讓我很想幫助他，所以我看著他的眼睛對他說，我相信他是個好人，我也相信他為了他的恩師兼主任牧師兼市長楊恩做了很多事。我們都看得出來，他雖然幫市長侵占公款，但他自己不曾私吞一分一毫，所以我告訴他：只要你承認幫市長做了什麼，我包準你沒事；但如果你敢說謊，那就等著被起訴，而且楊恩市長遲早會把你供出來。年輕的副牧師聽著聽著開始冒汗，但仍堅稱那間公司是看中他的專業才聘他當顧問，而且他從沒有拿錢給市長。

那次談話結束後我覺得非常難過，因為我已經能預見這個原本有大好未來的年輕牧師會有什麼下場。後來楊恩遭到起訴，對於敲詐勒索也認罪，必須進聯邦監獄服刑。為了要減輕刑期，他供出了他的洗錢小幫手，其中一人就是那位副牧師。那位副牧師也被起訴，也因為對檢調人員說謊而被判有罪。在特羅諾擔任起訴檢察官的那件案子裡，楊恩指證那位副牧師協助洗錢，結果副牧師被判了十五個月，主要是因為他說謊。不過在這本書裡我刻意不提他的名字，因為我希望他現在已經重獲新生，過得幸福美滿。

我在曼哈頓的辦公室站著看窗外，回想起這段往事，突然覺得自己很丟臉。那位副牧師一點也不有名，我大概是里奇蒙以外唯一知道他名字的人。反觀我堂堂一個曼哈頓聯邦檢察官，卻擔心被外界批評，而猶疑著要不要起訴瑪莎．史都華，而且竟然真的在考慮過放她一馬，只因她有錢又有名。我真是太對不起司法了！我真是個小孬孬。

我請我的副手大衛．凱利幫我查查：過去一年裡面有多少人因為對聯邦調查員說謊而被起訴，有多少「平民老百姓」因為說謊付出沉重的代價。答案是兩千人。他叫我不要再猶豫了，既然是對的事就要放手去做。他說的沒錯，於是我要我的團隊起訴瑪莎．史都華，並且決定讓凱倫．西摩負責此案。

瑪莎案讓我有生以來首次體會到，就算事前經過萬全的考量而做出決定，還是能引起這麼大的風波，招來這麼多的怨恨。很多人大概一輩子都無法理解我幹嘛小題大作，幹嘛非毀了瑪莎不可。很多人都覺得我根本神經病，任何有理智的人都不會贊成我的決定。猛烈的抨擊一波波襲來，但我卻心安理得，因為我用對的方法做了對的事。這個決定也為未來樹立良好的典範，這是我當時還想不到的。瑪莎被定罪，判處五個月徒刑，進入聯邦監獄裡服刑。

瑪莎這個案子提醒我，司法是一種榮譽制度。我們雖然無法永遠都能分辨某人是否在說謊或隱瞞，所以當我們有能力證實某人在說謊的時候，我們就一定要證明出來，以便傳遞一個明確的訊息給所有人。人民必須畏懼「對檢調人員說謊所產生的後果」，否則司法制度就無法運作。

很久以前，很多人畏懼「在上帝面前發誓又毀約，會下地獄」這個後果。到了今天，宗教的威嚇作用已經逐漸消失。所以，如果我們希望擁有一個法治的國度，那麼人民必須害怕坐牢、必須害怕生活被弄得一團亂、必須害怕自己的照片登上各大報紙和網站、必須害怕自己永遠背負著前科。瑪莎・史都華對調查員說謊，而且是明目張膽地說謊，所以為了維護司法正義，為了鞏固善良誠實的文化，她一定得被起訴。我相信，瑪莎以後不會再犯了。可惜我人生中認識的許多人，還是繼續在犯同樣的愚蠢罪行。

II

身為曼哈頓的聯邦檢察官，我必須向華盛頓的司法部副部長匯報。副部長是司法部的第二把交椅，也是司法部的首席執行官。除了司法部長個人的幕僚，這個組織裡的每個人都要向副部長匯報，然後副部長再向部長匯報。這種誇張的組織樹狀圖大概只會在政府機關看到，但也因為如此我們的工作相當有趣。

二〇〇三年夏天，當時的司法部副部長是賴瑞・湯普森（Larry Thompson），他有次來曼哈頓看我，一臉疲憊，跟我說他秋天就要離職了，他想跟小布希總統推薦我當下一任副部長，不知道我有沒有興趣？

我當然有興趣。雖然我很喜歡聯邦檢察官這份工作，但理由就和前面所提過的一樣，紐約並不適合我們家。為了節省生活開銷，我家離我的辦公室幾乎有九十公里，每天辛苦通勤讓我少了很多時間陪太太孩子，也代表我錯過很多次孩子的表演、比賽及學校班親會。有一次我提早下午四點離開辦公室，就為了趕去看六點小孩的少棒賽，但塞車實在太可怕，我到的時候比賽都快打完了。這些情況讓我非常痛苦，這不是我想要的人生啊！

但是，如果我們全家搬到華盛頓，雖然我知道工作還是很忙，至少我每天可以省下三、四個小時的通勤時間。當然啦，住在全國的政治權力核心地區還是有一定的風險。有個紐約的記者訪問我很多同事，要求他們說說看對我的看法，然後寫了一篇報導〈柯米前進華盛頓〉，裡面問道：我到華盛頓任職之後，是否會失去靈魂、失去自我？我承認，我也在問自己同樣的問題。但搬去華盛頓對我的家庭卻是個很好的選擇。

所以我就跑到華府，會見小布希總統的白宮顧問岡薩雷斯（Alberto Gonzales），約在白宮二樓的西廂辦公室見面。這並不是我第一次來到此地。柯林頓總統時期我曾在參議院調查委員會短暫工作，當時委員會正在調查柯林頓夫婦在阿肯色州的投資等事件。不過早在調查有任何結論之前我就離開了委員會。

二〇〇一年我擔任里奇蒙的聯邦助理檢察官時，又為了一樁恐攻案件去過白宮西廂。當時我正參與伊朗恐攻案，我們指控伊朗要為一九九六年的美國空軍營區在沙烏地阿拉伯遇襲事件負責（那次有十九人死亡，數百人受傷）。不過這樣的指控會產生外交爭議，所以小布希政府召集了資深國家安全顧問團隊，來聽司法部長約翰．阿什克羅夫特（John Ashcroft）說明為何伊朗罪證確鑿。後來部長辦公室決定由我陪同部長前往白宮，但我不需要參與會議，只要坐在白宮戰情室外面等待，若部長臨時需要某些詳細資訊，我再提供即可。既然這次不用開會也不用發言，所以我心情輕鬆，還很開心有機會來看看白宮戰情室長什麼樣。

我記得那天我在戰情室外晃來晃去到處亂逛，沒多久，戰情室的門突然打開，國務卿科林．鮑威爾（Collin Powell）站在門口大喊：「那個檢察官是誰？就你嗎？」他的目光鎖定在我身上。

「是……長官。」我嚇到結巴了。

「進來！」他下令。看樣子會議一開始就不怎麼順利。

國務卿把我推進小小的會議室，叫我坐在他和國防部長唐納德．倫斯斐（Donald Rumsfeld）對面的椅子上。國家安全顧問康朵麗莎．萊斯（Condoleezza Rice）則坐在會議桌的主位；我旁邊兩位分別是看起來有點激動的司法部長和聯邦調查局局長路易．弗里（Louis Freeh）。

接下來的二十分鐘，堅持己見的國務卿和國防部長針對我辦的伊朗案和我找到的證據瘋狂拷問我，嚇出我一身汗。他們一問完，就立刻叫我離開。我走出戰情室，全身發麻，裡面的會議還在如火如荼進行。

幾個星期後，我終於得到上頭指示，允許我指控伊朗就是該宗恐攻案的幕後主使。

現在我又回到這裡了。白宮西廂的主要樓層都是天花板挑高的超豪華辦公室，當然也包括總統辦公室。我總認為白宮建築師一定是刻意縮減樓層高度——尤其是地下室的高度——才有辦法讓這些辦公室挑高。（我後來常跑白宮地下室參加國安會議，會議室的門高度大概只有兩百公分，走在地下室的時候我的頭常常要低下來躲障礙，就好像我在和某個看不見的朋友點頭一樣。在小布希當總統的時候，有次我換了一雙新鞋，鞋跟比以往高了大概一公分，然後我趕著去戰情室和總統開會。我一如往常低頭進門，但這次卻狠狠撞上門框，立刻踉蹌倒退好幾步。撞這一下我才發現，我以前低頭的距離抓得實在神準，現在才高一公分，我就撞到門框了。一位特勤局探員問我有沒有怎樣，我說沒事，但其實已經眼冒金星。就在我入座開始和總統及國安團隊開會的時候，我感覺到頭皮上有液體在流，才知道這一撞有流血。我只好一下把頭歪這邊，一下把頭歪那邊，希望血不要流出髮際線。不過我一直歪頭的動作很明顯，不知道總統是否會覺得我有毛病。但至少他沒看到我流血。）

白宮顧問岡薩雷斯在白宮頂樓的辦公室，比幽閉恐懼症的地下室稍微好一點。以前小布希在當德州州長的時候，岡薩雷斯就是他的手下。這位顧問非常親切，說話輕聲細語，和他講話常常會有尷尬的空白。他在這次徵選副部長的「面試」中沒問我很多問題，只說白宮在找一個「足以和司法部長阿什克羅夫抗衡」的人，他想知道我有沒有信心勝任。

這個問題讓我相當震驚。阿什克羅夫是總統親自挑選的司法部長，為什麼要找人跟他抗衡？不過我很快就意會過來：在華府，每個人都在懷疑他人的忠誠和動機，尤其當對方不在眼前的時候更是如此。阿什克羅夫是個保守派，他在公元兩千年曾考慮參選總統，而那一年是小布希當選。雖然我在曼哈頓工作所以感覺不到，但阿什克羅夫和白宮之間的關係其實很緊張，因為白宮認為這位司法部長一直在為自己的政治前程鋪路，而且他的利益和布希總統的利益可能會衝突。我回答顧問：我不會屈服於任何人的威勢，一定會盡力做正確的事情。他似乎很滿意我的答案，至少當時很滿意。

後來岡薩雷斯和其他白宮高層同意我出任司法部副部長，接著我和阿什克羅夫簡短地碰了面。二〇〇三年十二月，我搬進了司法部的一間辦公室，同時舉家遷至華府郊區。

當上副部長以後，我手下有大約二十名律師協助處理繁重的工作，整理另外一百人直接匯報給我的資料。雖然在這之前我已經在聯邦執法單位服務十五年了，但副部長這個位置讓我第一次有機會幾乎每天都跟內閣官員共事。我的直屬長官當然就是部長阿什克羅夫，雖然之前岡薩雷斯暗示我不要跟部長關係太好，但我發現部長其實是個很親切、很正直的人，而且他以職責為優先，個人的政治抱負次之。我們相處融洽，但始終無法成為至交，我想大概是因為我們差了十八歲，外加行事風格差了十萬八千里。雖然他很愛笑，也很喜歡團隊比賽——我曾經和他打過一場激烈的籃球賽，拼盡全力也沒能打贏他——但他在很多方面都正經八百。他信仰虔誠，不跳舞，不喝酒，不罵髒話，有一些我很愛用的措辭他都覺得很低級。

有一次在他的辦公室開完會後他叫住我，用很溫和的方式指責我剛剛在開會中的用辭。他先說他非常尊重自己的工作崗位，不願辜負美國人民的信任，我趕快說我很贊同。然後他就接著說：「既然如此，我必須請你在工作時要多注意用字遣詞。」

我一臉茫然看著他，完全想不起來我剛在開會的時候說了什麼能讓他這麼介意。我剛沒怎麼講髒話啊，雖然我有的時候會講，但都是為了強調或製造效果。

「我說了什麼嗎？」我大惑不解地問。

他好像很為難的樣子，好像不想重述我的話。嗯，那一定是ㄍㄢ四聲開頭的詞吧。不過我怎麼不記得我講過這個字？

「那個字跟『紙』的發音很像。」他終於給我一點線索。

我絞盡腦汁回想我剛剛是講了什麼跟「紙」發音很像，後來我才想起來開會時我講了「屎」字，就是「老鼠屎」的那個屎。我努力忍住笑，認真跟他道歉，承諾以後我一定會改進。

II

我的職位讓我不時有機會去總統辦公室。第一次是在二〇〇三年底，代替司法部長阿什克羅夫參加小布希總統的每日恐攻簡報。九一一之後的那幾年，總統每天早上都會找反恐機關的首長開會，包括聯邦調查局和司法部。這種會議常讓我很緊張，原因如下：第一點不難猜，我緊張是因為我怕講錯話，丟自己的臉也丟司法部的臉；第二點是因為我竟然要在白宮總統辦公室，這麼神聖的地點裡面跟總統開會；再者就是當年九一一事件才剛過兩年，每次會議的焦點一定是反恐。

這是我第一次和小布希總統開會，他身為自由世界的領袖，辦公室明亮得讓我睜不開眼。天花板有一座環形嵌壁燈，照得整個房間像在正中午的太陽下一樣。基本上我不用說話，除非被點名發言，所以我快速掃過那一張張常在電視上看到的熟面孔：總統、副總統錢尼、聯邦調查局長穆勒（Bob Mueller）、國家安全顧問萊斯和國土安全部長里奇（Tom Ridge）。

在那個當下我突然領悟到：就是我們！我一直以為出現在這種地方的人，應該是超人般的菁英，但其實就是眼前這群人——還包括我——在想方設法為國家解決問題。我這樣說沒有要汙辱在座任何人的意思，眼前這群人都非常優秀，但我們終究只是平凡人，在最艱難的時期扮演不平凡的角色。我不太清楚自己當時到底抱著什麼期待，但當我看到在政府金字塔頂端其實也就是我們這些人而已，我一方面覺得鬆了一口氣，但另一方面也蠻害怕的。突然之間巴布・狄倫出現在我腦海中：「遠看如壯闊山河，近看往往不過爾爾（What looks large from a distance, close up ain't never that big.）」。

II

接任司法部副部長的第一個緊急大案，就是又有人挑戰司法，對調查人員說謊。二〇〇三年六月，美國已經對伊拉克開戰了，有個叫諾瓦克（Robert Novak）的記者居然在文章裡寫出一名中情局臥底特工的名字。幾天前這名特工的丈夫才在報紙上投書批評布希政府出兵伊拉克根本師出無名（當時白宮對外宣稱攻打伊拉克的理由是海珊想發展核武）。中情局特工名字外洩之後，謠傳是布希政府裡有人故意違法洩漏的，就為了報復她丈夫在報上的言論。

雖然記者說他的消息來自布希政府的兩位成員，不過隨著醜聞不斷延燒，我們發現布希政府內涉嫌洩漏中情局特工身分給記者的人至少有三個，最多可能高達六人。副國務卿阿米塔吉（Richard Armitage）很快坦承他有向記者說過那名特工的官員，但他表示他不是故意洩密，當時只是在跟記者聊八卦，沒想清楚自己在做什麼。記者另一個消息來源是總統的高級顧問卡爾．羅夫（Karl Rove），他也跟記者聊過，而且在談話之間記者提到抨擊布希出兵伊拉克那篇文章作者的老婆，就在中情局工作，此時羅夫就回答：「喔！你也聽說啦！」於是記者僅僅憑著這句話，就認定阿米塔吉跟他說的八卦是真的。

但也有證據顯示另一位官員涉案——副總統的幕僚長、綽號「滑板車利比」的路易斯．利比（Lewis "Scooter" Libby）。利比跟好幾位記者都提過那位中情局特工。我當上副部長的時候，利比已經被聯邦調查局約談過了，他也承認他的確有跟記者提過那位特工，但他說他也是從「別的記者」那邊聽說的。他跟阿米塔吉一樣，都堅持自己只是無心的閒聊，絕不是主動洩漏臥底特工的名字。然而利比的運氣不好，那位「別的記者」——也就是國家廣播公司華府分部主管提姆．拉瑟特（Tim Russert）——也被聯邦調查局約談，而且指控利比說謊。拉瑟特說，他從來沒有告訴利比那位特工的名字。直到三年後，法庭裡的陪審團同樣認證了利比對聯邦調查局說謊。

這算是我在華府首度見識到，**原來人可以完全只憑自己的政治立場來判斷他人的動機**。對民主黨的人來說，這次案件很明顯就是共和黨高層有人罔顧司法，故意洩密來傷害、懲罰批評者。共和黨的人則認為，就不小心說溜嘴而已，可是敵對陣營故意用這種雞毛蒜皮的小事挑起獵巫行動，打擊異己。而我的工作呢，將會讓至少某一個政黨——我覺得他們比較像部落——非常非常不開心。

「洩漏臥底特工的身分」這個行為，依法必須在「明知，且有惡意」的故意之下才入罪。依照法條，如果這個人很笨或很粗心而說出來，那還不能逕指為有罪。我們必須證明他明瞭特工的身分是機密，而且他知道這樣的行為是違法的。不過以我們當時掌握的資料，除了合理懷疑以外，很難證明阿米塔吉和羅夫是刻意洩密給記者。記者則和阿米塔吉等人說法一致，堅稱他們只是在聊天時不小心說溜嘴。我們很難找到鐵證來反駁他們的說詞。

當時司法部真的是裡外不是人。雖然負責調查的人都很專業，但我知道這案子難度很高，因為司法部長阿什克羅夫是共和黨員，假設我們因為證據不足而無法起訴阿米塔吉等涉嫌洩密的共和黨員，將很難令人信服，人家會懷疑是官官相護。另一方面，我們也不想為了表現大公無私就硬要起訴某個人。還有一件事會讓情況更複雜：在阿什克羅夫當上司法部長前，涉案嫌疑人之一的卡爾．羅夫曾在阿什克羅夫的家鄉密蘇里州為他助選過。除此之外，另一嫌疑人利比的行為動機也有待釐清，而且他那時是白宮高級官員，和司法部長及許多司法部的高級官員都互動頻繁。

人民的信任是司法運作的基礎。人民必須看到司法部門有能力超越政治、種族、階級、宗教或是其他任何能將人類分成不同陣營的因素。我們必須拼盡全力守護司法部公平公正的名聲，守護這座裝滿信任和信譽的寶庫。阿什克羅夫也瞭解這點，所以當我建議他迴避這個案子，他便同意了。接著我馬上任命當時在芝加哥當聯邦檢察官、以前和我一起辦義大利黑幫案的派崔克．費茲傑洛，擔任此案的特別顧問來監督調查。雖然派崔克也是接受政治任命而且還是我的好友，但他這人不偏不倚沒有黨派色彩是出了名的，而且他遠在芝加哥當聯邦檢察官，不會被認為是屬於華府權力核心地區的哪一派勢力。

除此之外，我還更進一步，授予派崔克司法部長的權力（阿什克羅夫迴避之後我暫代司法部長）。我是小布希總統任命的高級官員，所以我可以進行這樣的授權。雖然我還是他的上司，但他在這個案子裡要採取任何行動都不需要經過我同意，這也是為了凸顯本次調查的獨立性。

二〇〇三年十二月，我舉辦記者會宣布我對派崔克的任命。司法部時常會向新聞媒體宣布工作上的重大進展，包括重要公訴案，或這些案子的後續。若是案件關乎重大公眾利益，司法部也會向人民報告調查結果，以及（在不起訴的情況下）不起訴的原因。每次只要有特別檢察官被任命調查執政團隊涉嫌不法，都會成為大新聞，而且毫不意外地會引來政府不滿。

白宮這次對我的作法就不太滿意。宣布派崔克擔任特別顧問的一星期後，我代替司法部長去跟總統開內閣會議。按照傳統，在白宮西廂的內閣會議廳裡國務卿和國防部長會坐在總統兩側，財政部長和司法部長則會坐在對面，中間夾一個副總統。也就是說，身為司法部長的代理人，我本人應該坐在副總統錢尼的左邊，不過恰好就是我本人剛剛任命了一位特別檢察官派崔克，來調查副總統的好友兼超級信賴的高級顧問，滑板車利比。

我們在等總統的時候，我想說還是要有禮貌，所以我轉身對錢尼說：「副總統您好，我是司法部的柯米。」

他連看都不看我一眼，只說：「我知道，我在電視上看過你。」然後就直視前方，彷彿我不存在一樣。接著，我們靜靜地等待總統抵達……

II

我一開始還跟派崔克保證這次調查大概只需要五、六個月，會忙一下，但很快就可搞定。結果接下來的四年裡他常故意虧我，說原本只要五、六個月的。在這四年裡，他被共和黨員和右傾媒體猛烈抨擊，他們說這個案子派崔克穩輸的，但他還緊咬不放，根本就像《白鯨記》裡的瘋子船長。但派崔克的表現完全符合我的期望，他深入調查，找出哪些官員曾經和媒體提過那位特工的名字，以及他們這麼做的動機又是什麼。他對阿米塔吉和羅夫的判斷並沒有讓我太驚訝，但是關於利比——我得承認，我給他這個案子的時候利比的情況最不明朗——事情卻變得相當複雜。

利比不只說謊（他謊稱他是和國家廣播公司華府分社主任拉瑟特聊天時，獲悉特工的名字），另外還有八位政府官員也證實他們有和利比談到那位特工。越來越多證據顯示，利比刻意對記者洩漏該特工的身分，而且還是按照副總統的指示，為的就是要報復那篇批評布希出兵伊拉克的文章作者。

我們不知道為什麼擁有哥倫比亞法學院學位的利比要說謊，也許他不想承認這樁洩密起始於副總統辦公室，承認的話可能會讓他在政治圈裡遭人恥笑；又或者只是因為小布希總統對此事很火大，而他不想向總統承認自己是洩密者。

派崔克花了三年的時間才讓利比被起訴、審判、定罪，罪名是做偽證和妨礙司法。共和黨的忠貞黨員們大罵這是政治迫害，因為檢察官無法舉證利比明知違法而故意洩密。

只不過，這群大喊著政治迫害的共和黨員們，在先前柯林頓總統說謊否認和白宮實習生有婚外情的時候，卻堅持要追究柯林頓說謊的責任呢！他們當時的理由也是柯林頓妨礙司法及作偽證，重創了司法制度。

另外，當年替柯林頓護航、指稱柯林頓案件不該深查的民主黨人，現在則因為利比案而高度關切「妨礙司法」這項罪行，只因為妨礙司法的人是共和黨。

接下來幾個月我受到很多壓力，因為這件案子可能會對總統不利，所以一直有人示意我通融一下，或直接把此案當作特例處理。我有時還真想就這麼讓步算了。會有這樣的心情，是因為司法部上下都急著解決這個案子，再加上總統身邊的人都有一種「妨礙到總統的事，盡量少有」的心態。但這些人卻沒有遠見，他們都不瞭解「做正確的事」對我們的國家有多重要。雖然做正確的事常得面臨許多麻煩，但我們還是得做。要超越政治、要放下自身利益、要對司法制度展現絕對忠誠。這過程十分艱辛，但這樣做也為我當時還無法預見的未來，奠定了某些基礎。

第六章

如何告訴總統「不可以」：「恆星風」監聽案

如果你可以保持冷靜清醒，即使你周遭的人都驚慌失措而且還想為此怪罪於你……

——諾貝爾文學獎得主吉卜林《如果》

二〇〇四年三月十日，又是漫長辛苦的一天。司法部長阿什克羅夫重病住院，我正代理部長職位，我也因此被放到一場與白宮惡戰的關鍵作戰位置。這場與白宮的對決，後來越來越難堪。

我坐在有裝甲的大型雪佛蘭休旅車裡，疾駛在憲法大道上一路往西，途中經過幾間博物館、華盛頓紀念碑、白宮南草坪。高級官員的隨扈人數，是由政府依照外在威脅程度來決定的；我在曼哈頓當聯邦檢察長的時候沒有隨扈，但九一一事件後，連司法部副部長也得搭乘裝甲座車，由武裝法警隨行護衛。

過完漫長的一天，我非常疲倦準備回家，手機卻在這時響起。是大衛・阿耶斯（David

Ayres）打來的，他是阿什克羅夫的幕僚長。這世上冷靜的人不多，但阿耶斯就是那種情況越混亂他越冷靜的人。當時有一場政治風暴即將襲來，所以他在電話裡的語氣就更顯得冷靜，完全沒有情緒。他說，他剛跟阿什克羅夫的太太珍娜講完電話，阿什克羅夫因為急性胰臟炎被送進華盛頓大學醫院加護病房。

阿耶斯還說，幾分鐘前，白宮接線生打給珍娜，表示小布希總統要跟急病中的阿什克羅夫說話。我知道總統想說什麼，阿耶斯也知道，而精明幹練的珍娜也知道，她和她丈夫都是非常優秀的律師。

珍娜婉拒了總統的電話，表示她丈夫病情太重。不過總統還是很堅持地告訴她，他已經派顧問岡薩雷斯還有白宮幕僚長安德魯．卡德（Andrew Card）前往醫院，要跟她丈夫討論國安重要議題。她聽完馬上通知阿耶斯，然後阿耶斯也立刻打電話給我。

接完阿耶斯的電話，我很難得地用比平常高八度的聲音對駕駛說：「艾德，立刻趕到華盛頓醫院。」聽出我聲音裡的焦急，艾德立刻開啟警示燈號，然後我們突然就像賽車一樣往前衝。的確，從那一刻起，我真的在跟另外兩個人比快——總統身邊層級最高的兩位官員；而我和他們的競速，可說是我整個職業生涯最瘋狂、最難以置信的經歷之一。

II

九一一事件過後的那幾年，司法部副部長的工作極為吃重。然而，工作壓力越大，我就越想讓我的團隊在工作中找到快樂。笑聲就是快樂最直接的表現，所以我相信只要我有辦法幫助團隊裡的每個人找到工作意義和樂趣，司法部就會充滿笑聲。一個人如果常笑的話，他就不會太過鑽牛角尖。

為團隊找樂趣的方式之一，就是我會帶同事來趟特殊的「員工旅遊」。例如說，只要我有機會到白宮參加大型會議，我就會帶一個從沒去過白宮的屬下同行。通常他們都覺得蠻好玩的，但有一次卻差點出包。

小布希總統有項新政策，就是要讓各部門、機關在合法的情況下盡量補助宗教團體（按，小布希希望透過宗教團體的力量協助解決毒品、犯罪等社會問題，也鼓勵宗教團體申請聯邦補助）。因此，大多數的部門和機關都設有辦公室，專門處理宗教團體的補助事項。二〇〇四年，總統要各機關首長報告這個政策的進度，我代表司法部出席。就在開會前我聽說每個與會的機關首長都可以「多帶一人」參加會議，也就是說我可以找一名部內人員陪我去開會。

我熟知司法部的宗教團體補助計畫，所以不需要有人陪同，但我突然想到我最得力的部下羅伯特・特羅諾，他以前跟我一起在里奇蒙擔任過聯邦檢察官，還協助我處理里奇蒙市長楊恩的弊案，包括起訴那個替楊恩市長說謊的年輕牧師，他還沒有參加過白宮會議耶！所以我請他跟我跑一趟，順便幫我看一下法警部門和聯邦監獄管理局的狀況，這兩個部門是司法部下轄的重要單位，但卻很少得到關注。我以為走這一趟對他來說一定會很有趣。

我邀請他跟我去的時候，他一點也不覺得哪裡好玩。他對宗教團體補助計畫完全沒概念，什麼都不知道，所以對於針對此事去白宮向總統簡報，他覺得很不自在。我向他保證，我來發言就好，他完全不需要幫忙。他又推辭了幾次，但我一再跟他拍胸脯保證沒事，他才勉強答應。「別擔心，」我跟他說：「有我在，我不會害你的。」

抵達白宮後，有幾件事害慘了羅伯特。第一，在宗教團體補助款會議開始前，我突然被叫去白宮戰情室開另一個會，而且這個會開得比預期久。第二，小布希總統習慣讓會議提前開始。這個習性很惱人（雖然比柯林頓總統出名的愛遲到好一點），但總統動不動就把會議提前開始，意味著我們大家都要更早到。我剛當上副部長的時候就錯過白宮的反恐晨會——那天我已經提早十五分鐘到了，但我想說先去總統辦公室外面的洗手間一趟（我告訴家人那是「地表上最尊貴的廁所」），結果我一出來，就發現總統辦公室的門已經關上，會議已經展開。我不曉得白宮會議進行中，如果想要開門走進去，是否有什麼標準程序，所以也不敢貿然開門。最後只好走掉。

羅伯特人在宗教團體補助會議的會場「羅斯福會議廳」裡，緊張死了，他選了張靠牆的椅子坐下，遠離會議核心地帶。他看到會議桌邊有個空位，桌上還有張三角立卡，兩面都有寫我的名字。果然，小布希總統又提前出現，臉上還掛著不耐煩的表情。那一天，羅伯特很衰！

雖然小布希沒什麼耐性，而且他動不動就提前行程，讓我很抓狂，不過他非常有幽默感，有時他的幽默感甚至有點壞，這也讓我印象很深刻。二〇〇四年，他的連任之戰打得很辛苦，民主黨的對手約翰・凱瑞（John Kerry）猛攻失業率居高不下這件事。

我還記得某一次在例行的反恐會議中，聯邦調查局局長穆勒告訴他，我們正在嚴密監控一個名叫「八拔」的蓋達組織嫌疑人，聯邦調查局發現「八拔」先生剛剛抵達紐約，找到兩份工作。

穆勒不是愛搞笑的人，但他跟總統報告到這裡就停下來，轉頭看著我說：「然後柯米就說……」

小布希看著我，副總統錢尼看著我，我瞬間僵在那裡。開會前穆勒有跟我談到「八拔」的二份工作，然後我就偷偷跟他說了個笑話。但我沒有想過要在總統面前再講一次這個笑話。萬一總統聽了暴怒，那怎麼辦啊！

時間慢下來，後來停頓了。我還是沒回答。

總統催促我：「柯米你到底說了什麼啊？」

我頓了一下，雖然很害怕，但還是豁出去了：「誰說您沒有創造任何工作機會？八拔這傢伙就找到兩份工作。」

還好，小布希聽完後笑翻了，不過錢尼沒有笑。走出總統辦公室的路上我拉住穆勒說：「你要害死我啊！以後不要再這樣了。」

「可是真的很好笑耶！」穆勒回答，我在他的微笑中還看到一閃即逝的鬼臉。穆勒不是愛開玩笑的人，他那嚴肅剛正的氣勢甚至會讓大多數人看到就怕。聯邦調查局裡謠傳說，九一一事件不久後，穆勒動了膝蓋手術，不過他選擇不麻醉，咬著皮帶撐完整場手術。但這次事件，我才真的見識到他那種冷面笑匠的幽默感。

我又補充：「那笑話是我私下跟你說的，你知我知就好。」他瞭解我的意思，但他還是覺得讓我在總統面前重述那個笑話很爆笑。現在回想起來，我也覺得很好笑。

至於小布希總統，我是在一個寒冬的早晨見識到他邪惡的幽默感。那天早上奇冷無比，新雪籠罩大地，小布希在橢圓辦公室裡坐在他的單人沙發上，背對著火爐，旁邊就是白宮著名的老爺鐘。他即將搭乘海軍陸戰隊一號直升機出巡，所以一如既往，一堆裹著厚厚冬衣的記者都擠在玫瑰花園外等著報導總統啟程。

我向總統報告一樁恐攻案件的進度，這時已經聽到直升機飛近的聲音越來越大、越來越大。總統本來面無表情，突然舉起手對我說：「柯米，你先等一下。」

他舉著手示意我不要說話，然後坐在沙發上稍微轉了個方向，看向白宮南草坪記者們聚集的地方。我順著他的眼光看出去，剛好看到直升機降落時從地上掃起遍地雪花，噴得那些記者一個個都變成雪人，狀況很慘。小布希還是一點表情也沒有，但他看完後轉身面對我，把手放下說：「好，請繼續。」

小布希真的有點壞——很明顯他很喜歡剛剛看到的景象——但至少他瞭解在我們這種高壓又高風險的職場上，幽默是不可或缺的強心針。我們可以前一分鐘還在談論嚴重死傷的恐攻，下一分鐘整個總統辦公室又充滿笑聲。只有這樣我們才能撐過一次又一次的任務——一定要主動為工作注入歡笑和樂趣。

不過在我帶好友羅伯特來白宮「員工旅遊」的那天，他完全不覺得和總統的那場會議有什麼好玩或幽默的事。

總統比預定時間早五分鐘進入羅斯福會議廳，劈頭就問：「誰還沒到？」

有人說柯米還在樓下戰情室開會。

「柯米來了他自己會跟上進度。」小布希說：「先開始吧！」

羅伯特感覺到汗水從脖子一滴一滴往下流，這場會議是由各部門輪流對總統簡報。

勞工部、住房及城市發展部、教育部、農業部……我的座位還是空著，羅伯特開始耳鳴，因為他完全不瞭解這個會議的議題，他連瞎掰都掰不出來。退伍軍人事務部、衛生及公共服務部……他的頭已經快爆了，幾乎可以聽到心臟狂跳的聲音。商務部、小型企業管理局……後頸冒出豆大的汗珠，浸濕了襯衫領口。這時門突然打開了，天降神兵，我大步走了進來。

「嘿！柯米，你來的剛剛好。」小布希說：「我正要叫司法部。」

我入座後開始高談闊論，最後總統感謝眾人與會，會議宣告結束。羅伯特臉上很不爽，他小聲跟我說：「我真的要宰了你。」

II

雖然我對「樂趣」的認知可能跟大多數人不太一樣，但司法部有些地方就像黑洞，一到那些地方，不管是什麼樣的樂趣全都消失不見。那些地方的士氣低落，時常要應付白宮其他部門，在官僚體系裡動不動就得跟別人鬥個你死我活、弄得遍體鱗傷。我很擔心因此會流失幾個最優秀、最厲害的律師。

司法部的「法律顧問辦公室」就是這種樂趣黑洞，它有點像是各政府行政部門的高等法院：這間辦公室的優秀律師群——我形容他們是一群遺世獨立的得道高僧——必須要解決各政府部門提出的困難法律問題；他們必須仔細思考這些問題，然後寫出法律意見書來證明某個行動是否合法，不過他們同時也要考慮之前法院、國會或以前在司法部法律顧問辦公室的前輩針對該行動有什麼想法。這真的很難，因為他們手上幾乎沒有資料可以參考；如果該行動還是機密的話就更難了，因為這樣連跟同事討論一下都不行。

法律顧問辦公室的主任是傑克．戈德史密斯（Jack Goldsmith，以下簡稱戈德），以前是法學院教授，平時很陽光，有著胖胖天使面孔。等他在這個辦公室工作四個月之後，整天面對一連串的問題，使他的天使光芒消失了。九一一事件過後，當時這個辦公室裡的律師在高度壓力之下迅速寫出一堆法律意見書，現在這疊意見書成了戈德的負擔。以前寫出這些意見書的律師群，認可了中情局和國安局一連串激進反恐行動的合法性，而總統和情報機關過去兩年多也以這些意見書為反恐行動依據。現在戈德發現，這些意見書在很多方面都大錯特錯，於是布希政府裡開始有很多人為了這些有爭議的意見書越吵越兇。

戈德最擔心的是國安局的「恆星風計畫」（Stellar Wind），一項被列為高度機密的計畫。戈德和部門內另一位精明的律師菲爾賓（Patrick Philbin）發現，國安局在美國本土進行的大規模監視行動「恆星風計畫」，竟然可以在沒有司法授權的情況下，任意監控恐怖份子嫌疑人和一般公民的私人通訊資料。

這個計畫在法律上是很有爭議的，但之前的法律顧問辦公室卻幫忙背書說該計畫合法，而布希政府也以該計畫蒐集到的資料作為反恐作戰的情報來源。總統好像不清楚國安局的行動已經遠超過授權範圍，甚至已經不是在法律上有爭議而已，而是像戈德和菲爾賓說的，根本是明顯違法了。

我瞭解為什麼國安局要進行如此激進的監控行動。當時九一一事件剛過兩年，在那個晴朗藍天的早晨，有三千多位無辜人民喪命，那一天永遠改變了我們的國家，也改變了所有在政府裡工作的人的生活。我們誓言拚盡全力避免類似的悲劇發生，我們要改變政府，重整聯邦調查局，突破障礙去發展、購買新設備，串起全國大小單位團結一致，避免這種難以言喻的傷痛。我在曼哈頓當聯邦檢察長的時候，死了幾千人的世貿中心原址還在冒煙；深夜的時候，我常站在圍欄旁看著消防隊員在土堆中翻找遺體。我不需要有人來告訴我我們要拼命對抗恐怖主義，但我也知道我們要用正確的方式：合法的方式。

戈德和菲爾賓向白宮表達了他們的擔憂，對口人員主要是白宮顧問岡薩雷斯以及副總統顧問大衛・阿丁頓（David Addington）。兩人在一起時，向來由阿丁頓主導場面。他是個身材高大、留鬍子、聲音低沉渾厚且帶一點點南方口音的律師，無論政治觀點還是脾氣，幾乎和副總統錢尼完全相同。他沒辦法忍受笨蛋，而且他對笨蛋的定義範圍持續擴大。戈德和菲爾賓告訴阿丁頓，「恆星風計畫」的法理依據非常薄弱，結果阿丁頓大為光火；於是這兩人開始努力說服阿丁頓讓我——也就是新任司法部副部長——加入「恆星風計畫」工作團隊，這樣我才可以真正瞭解情況。

阿丁頓一聽就霸氣回絕。自這個計畫成形並取得授權以來，他想盡辦法讓「知情人士」的人數降到最低，偌大的美國政府裡也不過二、三十個人知道詳情。整個司法部也只有四個人曾經「被加入」這個計畫，連上一任副部長都不知情。「恆星風」對人民的影響十分深遠，而且處處挑戰法律界限，就一個這麼重大的計劃而言，知情人士的圈子實在小到讓人難以置信。阿丁頓甚至不讓「恆星風」的相關文件納入總統文件的正常處理程序，他身為副總統的律師，居然把一堆由總統簽署的命令文件收在他自己辦公室的保險箱裡。不過後來阿丁頓面對強大壓力，他才很勉強讓我加入計畫和聽取簡報。

二〇〇四年二月中，我在司法部的安全會議室和國安局局長、同時也是空軍上將海登（Michael Hayden）將軍會面，聽他跟我簡報這項高度機密的監控計畫內容。這場簡報我可是盼了好久才盼來的。海登的穿著一絲不苟，戴著金屬框眼鏡，頭頂光亮亮的，態度親切，講話的時候喜歡穿插一堆俗諺，而且很愛提到美式足球隊匹茲堡鋼人。我們就座的時候這位將軍講了一句讓我永生難忘的開場白：「我很高興您被召進這個計畫，這樣一來若約翰・凱瑞選上總統，被叫去國會聽證會拷問的就不會只有我一人了。」

他一開始就提到國會聽證會，實在讓我很不舒服，這人接下來到底要告訴我什麼啊？他要說的事情居然會讓他很高興新總統上任後有我陪他一起被國會拷問？他到底為什麼要對一個司法部副部長講這種話？但後來我沒時間想這些問題了，因為海登很快就開始簡報。他說話的時候很喜歡穿插一些名言警句，同時又有國安局慣有的架式，所以他的報告聽起來很有趣又很讓人安心。但我後來發現一個問題：他的報告如潺潺流水，很悅耳，但內容根本沒什麼道理，整場報告聽完後我還得自己重新整理他到底講了什麼東西。

海登離開後，我那兩位司法部同事戈德和菲爾賓深深吐了一口氣。他們後來也跟我說明「恆星風」監視計畫實際上是怎麼運作的，以及為什麼計畫裡有很多部分根本大錯特錯，無論就法律面還是執行面而言都大錯特錯。他們倆人堅信國安局在做的事情根本沒有法律依據，因為這個計畫違背了國會之前通過的一條關於在國內進行電子監控的法律；國安局有些行動甚至超出總統行政命令的範圍，而且從未得到任何授權。

這其實不能怪海登，他既不是律師也不是科技專家，而且他跟司法部長一樣，幾乎沒辦法跟任何人討論這項計畫（阿什克羅夫雖然知道這個計畫，卻不能和局外人討論，甚至連他個人的團隊都不行）。「恆星風」當初是為了因應國家緊急事件才制定的短期計畫，即使阿丁頓這種霸道的人都知道這個計畫會讓總統的權力過度擴張，所以總統依據該計畫所發出的行政命令都只有短期效力，通常為期六週。當時的期限是到三月十一日，但戈德已經告訴白宮，司法部無法再次核准授權。

因為事關重大，所以我必須確認我的直屬長官瞭解所有實情。過去兩年多來，部長阿什克羅夫多次同意繼續授權「恆星風」，他必須知道這樣做是錯的，不能再這樣做了。於是在二〇〇四年三月四日，星期四，我單獨和部長會面，目的就是要跟他詳細說明「恆星風計畫」的瑕疵，以及為什麼我們不能繼續核准授權。我們在他辦公室裡的一張小桌子吃午餐，我自己帶了一份用薄餐紙包著的三明治（忘了是火雞肉還是鮪魚三明治，那陣子我忙到乾脆直接拿錢請助理每天幫我買三明治當午餐，口味就火雞肉和鮪魚這兩種輪流），而部長則是有自己的廚師準備的一套精緻餐點，這樣正合我意——我說明的時候剛好可以用他的鹽罐、胡椒罐和幾支餐具來代表「恆星風計畫」裡的幾個部分。我告訴他計畫中哪些部分還可以找到合理的法律依據、哪些部分如果不修正的話我們絕不能再次核准授權。部長很認真地聽，午餐結束後他說我分析得很有道理，我們應該要修正計畫內容以合乎法律。我跟他說，我和戈德已經把這樣的想法告訴白宮，現在得到部長的首肯我就可以照我的想法去做。

午餐後部長就要回他的聯邦檢察官辦公室開一場記者會，他的辦公室就在亞歷山大市波多馬克河附近。可惜他根本到不了辦公室——他在路上突然昏倒，緊急送往哥倫比亞特區的華盛頓大學醫院。醫生診斷出他是急性胰臟炎發作，這種病會讓人非常痛苦而且可能會致命。同時間，我正搭乘民航班機飛往鳳凰城參加一個公務會議，我一下飛機就接到部長病倒的通知。我的幕僚長查克．羅森堡（Chuck Rosenberg）打電話告訴我，阿什克羅夫病倒無法執行職務，由我暫代司法部長，請立刻回華府。他們還派了一架政府飛機來接我回去。

回到華府，我約了戈德和菲爾賓在星期五見面，他們那時已經跟白宮表達過司法部不同意繼續授權「恆星風」的立場。三月十一日，亦即再過一個星期，「恆星風」就需要司法部重新授權，但如果這個計畫不修正的話，我們是不會再次授權的。那個週末戈德被岡薩雷斯和阿丁頓找去開會，但沒有達成任何共識。岡薩雷斯跟平時一樣溫和可親，阿丁頓也跟平常一樣火爆。他們兩人都辯不過戈德，戈德也知會他們，我目前代理司法部長的職務。

三月九日星期二，換我被找去跟白宮幕僚長卡德開會。卡德是個很好相處的人，而且在我參加過的會議裡他通常不太說話。他認為他最重要的任務就是確保總統的工作能順利進行，並非扮演總統的顧問，至少我觀察到的情形是如此。那天戈德和菲爾賓跟著我一起去卡德辦公室，會議由副總統主持。副總統坐在會議桌的主位，我則是被指定坐在他的左手邊。同桌開會的人還有國安局局長海登、白宮幕僚長卡德、聯邦調查局局長穆勒以及中情局的高級官員。戈德和菲爾賓在我左邊找了位子坐下。阿丁頓站著，斜靠著會議桌旁的窗台。

會議一開始由國安局人員使用圖表跟我說明「恆星風」這個監視計畫有多麼重要，曾破獲蓋達組織在英國的秘密行動。國安局利用「恆星風」蒐集到的情報製作了一張圖表，清楚顯示恐怖組織各成員之間的關係。我當然知道這樣的情報很重要，不過我們明明還有其他合法的手段和工具可用，為什麼一定要用「恆星風計畫」來找出恐怖分子之間的關聯？我心裡抱持這樣的質疑，所以未發一語。我們司法部擔心的不是這個計畫有沒有用（這是別人要擔心的），司法部擔心的是這個計畫有沒有合理的法律依據，這才是我們的工作。

國安局的分析師報告完，就把圖表捲好離開會議室，接下來該副總統錢尼說話了。他跟我坐得很近，近到我們的膝蓋幾乎碰在一起、近到我完全看不到站在錢尼後面的阿丁頓。錢尼很嚴肅地看著我說，我應該看得出來這個計畫有多重要。事實上，他想說的是：「你現在在做的事情會害死成千上萬的人。」

會議室裡的氣氛令人窒息，很顯然這場會議的目的就是要逼我就範，只是沒有人明說而已。美國副總統居然指控我根本在催生另一個九一一事件；他們好像還覺得我是故意的。這真是讓我太訝異了。

副總統不想聽跟他不同的意見，他甚至不想接受這世上有跟他不同的意見。對他來說，他永遠是對的，其他人都是錯的，他身邊那堆意志軟弱、自詡為自由派的律師，大概從來不會對他提出異議。聽到他的指控我感到頭昏腦脹，簡直氣到腦充血，但我還是咬牙堅守立場。

「您何必講這種話呢？」我說：「這種話只是讓我不好受，但卻改變不了『恆星風』不合法的事實。您說這計畫很重要，這點我認同，但我們司法部的工作是要判斷這計畫合不合法，而現在我們發現如果『恆星風』不修改，司法部是不可能重新核准授權的。」

錢尼理所當然地顯得很挫敗，他說司法部法律顧問辦公室在二〇〇一年曾經寫了一份備忘錄支持「恆星風」計畫，過去兩年半司法部長也多次核准授權，現在我怎麼可以在這麼重要的事情上改變立場呢？

我告訴他我能夠理解他的心情，但我也跟他說二〇〇一年的法律意見書錯得非常離譜，甚至有違憲之虞。我說：「沒有律師會拿那種法律意見為依據。」

這時從窗台那傳來阿丁頓冷冰冰的聲音：「我也是律師，可我還不是這麼做了？」

我沒看他，我還是看著副總統說：「我的意思是，有良心的律師不會這麼做。」

其實我講話很少這麼嗆，但阿丁頓讓我想起某人。他看起來就像個惡霸，跟以前在學校找我碴的那些小惡霸沒什麼兩樣，也跟過去一起欺負那名可憐大一生的我沒什麼不同。我很不喜歡他給我的感覺；我當司法部副部長的短短幾個月期間，幾乎每天都和戈德和菲爾賓窩在小小的辦公室忙東忙西，我親眼看到阿丁頓是怎麼樣恫嚇、霸凌兩位正直善良的好人，弄得他們筋疲力盡心很累。就我看來，我們到現在還什麼都搞不定，就是因為他太過傲慢，一直在欺壓戈德和菲爾賓這兩個這麼好的人。我真的受夠了，所以講話才那麼嗆。這場會議當然很快就結束了，還是沒有結論。

司法部長阿什克羅夫的幕僚長阿耶斯不斷為我更新部長的病況。部長的病情很不樂觀，他在加護病房裡承受著巨大的痛苦，他的病可能會導致器官衰竭，甚至可能致死。醫生們剛好在我和副總統見面的那天為他動手術。

三月十日星期三，「恆星風計畫」的行政命令到隔天就會失效，但那天卻顯得異常平靜。接著當天稍晚，阿耶斯打電話給我轉告部長夫人的訊息——卡德和岡薩雷斯打算繞過我，直接找部長授權。他們現在已經出發前往醫院，而我必須盡快想出對策。

II

在飛車趕往華盛頓大學醫院的路上，我打電話給我的幕僚長羅森堡。我很信任他，也很相信他的判斷。我跟他說明了當前的情況，叫他也趕來醫院，接著我補了一句：「找人一起來，越多越好。」我也不清楚我為什麼要這樣說，但我想應該是我在曼哈頓當聯邦檢察官時培養出的本能：以前只要我們自己的檢察官在法庭碰到麻煩，常用電話動員「所有人到某某法庭支援」。只要接到這種電話，署內所有人都會立刻從辦公桌站起來，即使不知道事由，還是立即前往。只要有一個同事需要幫忙，我們就會立刻出動。

羅森堡使命必達。他跑去叫人，很快就有十幾個律師趕往醫院，他們不知道為什麼要去醫院，只知道我需要幫忙。接著我打電話給聯邦調查局局長穆勒，他正和老婆小孩在餐廳吃飯。我希望穆勒能到醫院親眼見證接下來即將發生的事，所以我才打給他。我跟穆勒交情沒有特別好，在工作場合外也沒有任何交集，但我知道他懂得尊重司法部的立場，而且也非常重視合法、守法的必要。他的一生都在努力用對的方法做對的事情，所以我跟他說明情況後，他就說他會馬上趕到醫院。

一路狂飆至醫院，車子急剎在醫院門前。我跳下車，直奔阿什克羅夫所在的樓層，發現卡德和岡薩雷斯還沒到，我才鬆一口氣。阿什克羅夫的加護病房在走廊底，裡面只有他一個病人，其他病人已經移至其他病房。走廊燈光昏暗，只有六個身穿西裝的聯邦調查局探員站在走道保護司法部長的安全。我和幾位探員點頭致意後立刻走進病房；阿什克羅夫躺在床上，身上插滿針頭管線。他的皮膚泛灰，而且好像已經認不得我了。我盡我所能告訴他「恆星風計畫」目前的情況，還提醒他這就是他生病前我們一起吃午餐時討論的事情，但說實在我真的不知道他病成這樣能聽進去多少。

接著我到走廊上去跟負責保護司法部長的聯邦調查局隊長說話。我知道卡德和岡薩雷斯會帶著特勤局人員過來，雖然這樣說很不可思議，但我很怕他們會把我強制架離，好讓他們可以單獨和部長說話。所以我又打電話給穆勒，他說他已經在路上了。

我跟他說：「穆勒，我需要你命令你的探員，要他們無論如何都不能讓我離開部長的病房。」

穆勒要我把電話拿給剛剛那位聯邦調查局探員。我站在一旁，聽到那位探員俐落地對電話說：「遵辦，長官。」然後他就把電話遞給我，用堅定的神情看著我說：「長官，我們不會讓你離開這裡。此地歸我們管。」

我回到病房後，戈德和菲爾賓也到了。我坐在部長病床右邊的單人椅上，看向他雙眼緊閉，頭轉向左邊。戈德和菲爾賓站在我後面，我當時並不曉得戈德這時正拿著筆，記錄他看到和聽到的一切。部長夫人珍娜站在病床的另一頭，握著意識不清的丈夫的右臂。我們幾人都默默等著。

過了一會，病房門打開，岡薩雷斯和卡德走了進來，岡薩雷斯手上還拿著一個牛皮紙袋擺在腰旁。這兩人都是布希總統最親近的人，他們走到我所在的這一邊，就站在部長腿邊，跟我的距離近到我手一伸出去就可以碰到他們。這時我心想：如果他們想強逼部長簽什麼文件，我一定會出手阻擋。這個想法實在瘋狂，難道我能在部長的病床旁跟這兩人扭打嗎？

岡薩雷斯先開口了：「部長，您還好嗎？」

「不怎麼好。」阿什克羅夫含糊地回應。

岡薩雷斯接著開始解釋他和卡德是按照總統指示來找他談一個極為重要的國家安全計畫，這個計畫必須繼續執行，他們也已經和國會高層報告過了，國會高層也都瞭解這個計畫的重要性，也希望計畫能繼續下去，如果有任何法律上的疑義他們都很樂意跟我們一起解決。岡薩雷斯講到這便停下來。

這時阿什克羅夫做了一件事，讓我驚訝不已：他在床上用手肘把自己撐起來，雙眼雖疲憊，卻緊盯著這兩位總統的親信，然後連珠炮似地把這兩人臭罵一頓。他說他過去都被誤導了，沒搞清楚「恆星風計畫」的監視範圍竟然這麼廣。他沉痛地說，他之前多次想尋求法律支援，但都被拒絕了，只因為上面的人要求知悉此計畫的人越少越好。不過現在他知道詳情了，他認為「恆星風」欠缺足夠的法律依據。說完這些他累壞了，再度倒回枕頭上，連呼吸都有困難。「不過這些都不重要了，」他繼續說：「因為現在我不是司法部長。」他用發抖的左手指著我：「他才是司法部長。」

病房瞬間一片沉默。最後，岡薩雷斯只說了兩個字：「保重。」這兩人連看都沒看我一眼就直接走向門口。當他們轉頭離開的時候，珍娜還對他們皺臉吐舌頭。

又過了大概五分鐘，卡德和岡薩雷斯都離開醫院以後，聯邦調查局長穆勒終於抵達。穆勒彎下腰對阿什克羅夫說了一些很貼心的話，貼心到讓人難以想像這是一向淡定沉穩的穆勒會講出來的話。

「每個人一生中都會碰到上帝給的考驗，」他告訴阿什克羅夫：「而你今晚通過了祂的考驗。」阿什克羅夫沒有回話。穆勒那晚在他的筆記裡寫道，他看到的司法部長「非常虛弱、幾乎不能言語、而且很明顯壓力過大」。

這天晚上的事件給我不小的衝擊：整個晚上我心跳超快，甚至還有點頭暈。但當我聽到穆勒對部長說的貼心話，我幾乎有想哭的衝動。至少今天晚上，司法贏了。

但岡薩雷斯和卡德跟我還沒完。有個探員把我找去隔壁房間，那是聯邦調查局設置的臨時指揮中心，卡德在電話線上等我。這位白宮幕僚長對剛剛阿什克羅夫的反應非常不爽，於是他要我立刻到白宮去見他。

我才不爽他們居然想利用一個重病、甚至可能快要死掉的人來破壞司法制度，讓情況走到無法挽回的地步。「根據我剛剛看到的情形，」我跟卡德說：「我不會在沒有人陪同見證的情況下跟你見面。」

他聽完更激動了：「你看到什麼情形？我們只是要他保重而已。」

這真是說謊不打草稿，但我沒打算跟他爭辯。我只是冷靜地、慢慢地再說一次：「根據我剛剛看到的情形，我不會在沒有人陪同見證的情況下跟你見面。」接著我靈光一閃趕快補充：「而且我希望陪同見證的那個人是美國聯邦總律師長（Solicitor General of the United States）。」

「你是在告訴我你拒絕來白宮嗎？」卡德問我，很明顯被我的回應嚇了一跳。

「不，長官，只要我能聯絡到聯邦總律師長陪我一起去，我就會盡快趕到。」這通電話就結束了。我會想到聯邦總律師長西奧多・奧森（Ted Olson）的理由，跟我之前想到叫穆勒去醫院的理由是一樣的。奧森和穆勒一樣跟我沒有私交，但我很喜歡他，也很尊敬他，更重要的是，總統和副總統也很喜歡他很尊敬他。我需要一個這麼有份量的人跟我站在一起，而且我也確信他對「恆星風」的法律意見會跟我們司法部一致——只要副總統願意讓奧森加入知情人士的小圈圈裡。我聯絡奧森的時候他也正在外面用餐；他答應馬上來司法部找我，然後跟我一起去白宮。

晚上十一點多，外面下起小雨，聯邦總律師長和我一起乘坐美國法警的武裝座車前往白宮。我們走上鋪著地毯的台階來到卡德的西廂辦公室，他的辦公室離總統辦公室只有幾步。卡德在辦公室門口跟我們碰面，他請奧森先在外面等，他要先跟我說話。卡德現在看起來沒有之前那麼激動了，所以我的直覺告訴我先照他的話做，不要堅持讓奧森一起進辦公室。

辦公室只有我們兩人，卡德一開始就說他希望大家都可以冷靜點，還說他耳聞「有人要辭職」。我後來才知道我的同事戈德當時已經請他的副手（這副手當然不知道「恆星風計畫」）為他打好辭職信，這位副手把這件事告訴在白宮的一個朋友，然後很顯然這個朋友告訴了卡德這個消息。我們這位白宮幕僚長之所以會很擔心，是因為他可以預見：若在大選年爆出政治醜聞，會帶來災難。

我對他說：「我不贊成用威脅辭職來達到自己的目的。」我說我們應該盡力把事情做好，但如果盡全力還是無法把事情做好，而這件事情又非常重要，那才應該辭職。

此時卡德辦公室的門打開了，岡薩雷斯走了進來。因為他看到奧森坐在外面，所以他也請奧森一起進辦公室。我們四個人就坐下冷靜地討論目前的情況，雖然最後還是沒有任何結論，岡薩雷斯和卡德也沒說清楚他們剛剛跑到部長病床邊想幹什麼，但至少我們之間不再那麼劍拔弩張。接著會議就暫時結束了。

II

好幾年後我才有機會得知我的部屬在那個驚險的夜晚經歷了什麼事。那一夜他們好多人都知道大事不妙，匆匆趕來醫院支援，但他們並不曉得到底「不妙」的是哪件大事。我的幕僚長羅森堡後來要離開醫院時，繞了醫院一整圈也沒找到他的車，因為他來的時候是急急忙忙跳下車、只想趕快上樓找我，所以完全沒印象自己把車停哪。他只好在凌晨兩點三十分搭計程車回到維吉尼亞州的家。他太太完全不理解為何他找不到車，因為他也沒喝醉，而查克只是神秘兮兮地說「也許有天我能告訴妳」，害她更加混亂。過幾年後，她才知道整件事情的來龍去脈。還好，他在次日清早順利找到自己的車。

不過我最喜歡的還是聯邦調查局副參謀長彤恩・伯頓（Dawn Burton）當晚「始終沒喝到一杯」的經歷。那晚七點左右，她老闆不在（穆勒去跟老婆孩子吃飯了），所以她在辦公室到處找人下班去喝一杯，但大家都回說很忙沒空，她只好默默回辦公室繼續工作。過了一會兒，突然有位同事跑進她的辦公室喊著：「拿起外套，到停車場集合！」她開心大叫：「太棒了！」結果她一到停車場就被推進一輛車的後座，裡面擠滿了同事，大家一路無言，心情忐忑，駛抵華盛頓大學醫院。彤恩跟著大夥小跑步抵達阿什克羅夫病房前的走廊，到那個時候她還不曉得發生什麼事。等事情結束，大家魚貫走出醫院，她又邀大家去喝一杯，但當晚沒人有心情。

那天我回到家已經是三月十一日星期四凌晨，家裡沒有一點燈光，也沒有一點聲音，佩翠絲和五個孩子早就睡了。那幾天佩翠絲知道我忙著處理一個大案，跟白宮有很嚴重的衝突，而我不能跟她說我在忙什麼。我遇到了重大困難，但卻什麼都不能跟家人及好友說，讓我壓力倍增，幾乎沒怎麼睡，苦惱極了。在政府單位有很多從事機密行動的夫妻也都面臨同樣的問題。我走進廚房找東西吃，看到佩翠絲在冰箱上貼了一張紙條。在五個多月前，我出席了參議院聽證會，那天佩翠絲和孩子們就坐在我身後，當時幾位參議員問我：身為司法部副部長我會怎麼處理和白宮的衝突，這樣問的原因是他們想知道我會怎麼處理在政治上有爭議的調查行動，佩翠絲把我當時的回答印出來貼在冰箱上：

我不管政治，我不會便宜行事，我也不管我的朋友，我只做對的事情。我不會參與任何我認為從根本就是錯誤的事情。我的意思是，我和他人在政治上的意見難免分歧，但我一定會走在正確的路上。

回家後我只睡了幾個小時，醒來後就聽到那一晚西班牙馬德里好幾列火車遭到恐攻。接下來一整天我因為這幾起恐攻事件忙得焦頭爛額，還跟中情局及其他情報單位一起設法找出國內是否也存在類似的威脅。我們一大早就在聯邦調查局總部開會，然後我再跟穆勒坐車前往總統辦公室做簡報，參加的人有總統、副總統、和他們的高階團隊，整場會議沒有人提到「恆星風」這三個字。

簡報完後，我在走廊上攔下弗蘭．湯森（Fran Townsend）。我們以前在紐約一起當檢察官，她現在已經是國安顧問萊斯的副手。星期二我和副總統見面時萊斯並不在場，難道國安顧問對「恆星風計畫」不知情嗎？如果現在讓她知道這個計畫，她會不會理性地站在我這邊呢？

於是我跟弗蘭說我要跟她說一個詞彙，而且我想知道她老闆知不知道這個詞彙代表的意義。她一臉迷惘，但我還是跟她說了「恆星風」三個字。我說：「我必須知道國安顧問曉不曉得恆星風是什麼。」弗蘭答應幫我這個忙。當天稍晚，她回電話說她老闆知道「恆星風」，而且很清楚最新發展，然後就沒有再多說。我一聽就知道我不用妄想萊斯會幫我了。

回到司法部後，戈德和菲爾賓確認白宮那邊對「恆星風」尚未有下一步動作，我們只好等著。下午四、五點的時候這兩人跑來跟我說，總統不顧我們我們的警告，再度批准「恆星風計畫」。新的行政命令和以往有幾個顯著的差異：原本應該由司法部長簽署的欄位，改由白宮顧問岡薩雷斯簽署；阿丁頓還補充了一些條文來授權國安局的活動，這些都不曾出現於之前的總統行政命令草案。

一切都完了。我當下馬上明白，這是我在政府工作的最後一晚，穆勒也完了。如果我們的政府接下來要指示聯邦調查局參與一項在法律上完全站不住腳的計畫，那麼穆勒跟我一樣，他絕不會同流合汙。

我草擬了一封辭職信，然後回家告訴佩翠絲我隔天就會辭職，而且我還是不能跟她說明原因。

三月十二日星期五，早晨天空灰濛濛的，我在早餐前就出門了，所以我沒有聽到佩翠絲跟孩子們說：「爸爸可能要找工作囉，不過一切都會沒事的。」穆勒和我還是一如往常在聯邦調查局總部參加一大早的恐攻會議，然後我們一起開車前往白宮總統辦公室，一如往常向總統做恐攻威脅簡報。我們在總統辦公室外等著門打開，好讓我們能進去參加晨會。我們兩人靜靜站著，看著窗外的玫瑰花園，我努力想把眼前的景象記下來，因為以後再也看不到了。這時門打開了。

這場會議感覺起來很不真實，我們討論了馬德里恐攻、蓋達組織以及很多其他議題，但完全沒提到我們司法部最近和白宮的嚴重衝突。會議結束後我和穆勒便起身走向門口，穆勒走在我前面，我才正要繞過沙發往門口走，就聽到總統叫我的名字。

「柯米，」總統說：「可以跟你談一下嗎？」

於是我走回去，總統帶我走過辦公室及一條短短的走廊，來到他的私人用餐室，裡頭有一張方桌，每一邊都有一張椅子，我們就坐時總統背對著窗戶，而我則選了最靠近門口的那張椅子來坐。

「你氣色看起來很差，」總統先開口了，他講話就和平常一樣直爽：「我們不需要再有人昏倒了。」他會這樣說是因為我在另一個單位的某同事前一天才在離開西廂辦公室時暈倒。

「我最近睡很少，」我老實招認：「覺得肩上擔子很重。」

「我可以讓你肩上擔子輕一點。」總統說。

「我也希望如此，但您可能沒有辦法減輕我的重擔。我覺得我現在好像站在鐵軌上，火車即將把我和我的工作撞成粉碎，但我卻無法離開鐵軌。」

「你為什麼會這樣覺得？」

「因為我們無法找到合理的法律基礎來支持『恆星風計畫』的某些部份。」

接著我和總統詳談「恆星風計畫」及其中有問題的部分。我說完後講了一句：「我們無法認定這個計畫合法。」

「但行政部門要執行什麼計畫應該是我說了算。」他回答。

「沒錯，長官。但司法部是否認為該計畫合法，則是我說了算。而我們真的無法支持恆星風，我們已經盡力了，就如馬丁．路德所說：『這就是我的立場，我別無選擇』。」

「我只是希望你不要在最後一分鐘才跟我說你反對這項計畫。」

我被總統的話驚呆了，我說：「如果您以為我是最後一刻才反對的話，那您一定是被幕僚嚴重誤導了。我們跟他們討論這件事已經好幾個禮拜了。」

總統停頓了一下，似乎在思考我剛說的話，接著他說：「那你可不可以至少先讓我把授權期限延長至五月六日，我會想辦法完成修法。這個計畫真的很重要，要是我沒有辦法讓修法順利進行，我就會停止這個計畫。」

「長官，我們不能這樣做，這我們也講了好幾個禮拜了。」

我停下來，深吸一口氣，接著我踰越了律師的角色，提供一些政治建議給總統。「而且長官，我覺得還有件事我必須說……美國人民要是知道政府一直在做什麼他們會抓狂的。」

他這時才首次露出不高興的表情，很不客氣地說：「這我來擔心就好。」

「是的，長官。但我覺得我還是得跟您說一聲。」

他沒說話，我知道我們的對話快結束了。正如我在星期三晚上跟他的幕僚長說的一樣，**我並不贊成用威脅辭職這種方法來逼迫對方就範，我們應該就事論事，在有了結論之後我們再來決定自己的去留。如果事情沒有照著你預期那樣發展你就說你不玩了，這樣是不對的。**

不過我還是很想幫幫總統，我很喜歡這個人，也很希望他成功，不過他似乎沒有察覺一場風暴即將來襲。如果白宮最後決定不擇手段繼續執行現在的「恆星風計畫」，那整個司法部高層會集體辭職，而且就在總統要競選連任之前；過去水門事件狀況最糟的時候也不曾有這麼大的人事異動。我必須要告訴總統、警告總統，但我不想違背自己的原則，所以我只好很笨拙地嘗試另一種方法。

「您應該要知道，穆勒打算在今天早上遞出辭呈。」我說。

總統又停頓了一下，接著說：「謝謝你告訴我。」他伸手示意我可以回去了，我經過總統辦公室的老爺鐘，直接下樓，穆勒在樓梯口等我。我才剛要跟穆勒說我跟總統談了什麼，馬上就有一名特勤局探員過來說總統要見穆勒，立刻要見。

十分鐘後穆勒下樓，我們一起走回他的裝甲座車爬進後座。他請司機先下車等（那名司機後來告訴我，他知道一定出了大事，因為過去十年來從來沒有人請他先在車外等一下），然後告訴我總統跟他談的事情和跟我談的差不多，他也跟總統明說了如果白宮要硬幹，那他真的沒辦法再當這個聯邦調查局局長，他懇請總統考慮我們的意見。總統最後直接下指令：「你跟柯米說，該做什麼就做什麼，做到司法部滿意為止。」

我們要的就是這個，一道直接由總統下達的命令，讓我們繞過副總統、卡德、岡薩雷斯，甚至還有阿丁頓和他滿滿都是總統密令的保險箱。我們回到司法部和一群高層幕僚開會說明情況，接下來要做的第一件事就是要讓更多優秀律師參與這個計劃。當時聯邦律師長奧森正在準備最高法院一個案子的言詞辯論，所以由他的副手保羅・克萊門（Paul Clement）加入團隊，當然還有我們司法部法律顧問辦公室裡許多聰明的律師。現在阿丁頓已經無法阻止我們讓越來越多人知曉並修正「恆星風計畫」。

我們的團隊忙了一整個周末，終於弄出一份新的總統行政命令草案，限縮國安局監視行動的規模。我還決定要寫一份機密備忘錄給白宮，簡要說明「恆星風計畫」的問題以及我們建議做的修正。如此一來這份備忘錄就會正式成為一份總統文件，裡面說明了總統對穆勒下達指令後我們如何回應，也記錄了「恆星風計畫」要做哪些修正才能獲得司法部的支持。不過備忘錄這招有點賤，我這樣做等於讓白宮過去所有的越權行動都被永久記錄下來。不過，現在不耍賤，要等什麼時候才耍賤？戈德和菲爾賓還在星期天晚上很晚的時候親自把這份備忘錄送到岡薩雷斯家。這份備忘錄果然讓白宮某些人火冒三丈。

岡薩雷斯星期二打電話跟我說白宮會回一份備忘錄給我們，他要我看了以後反應不要太激動，白宮其實很有誠意跟司法部合作。我不知道我看完後反應有沒有太激動，不過我的確做出一些反應，而且是很強勢地表達我的立場。那份白宮的備忘錄就像有人對我比出一根巨大的中指，很明顯是阿丁頓寫的；他說我們根本搞不清楚狀況，做出一堆不合時宜的決定，削弱了總統的權力。這份備忘錄回絕了所有我們提出的修正，並指出無論在法律上或實務面都不需要做這些更動。雖然阿丁頓沒在上面問候我家祖宗十八代，但感覺起來也差不多了。

我氣得拿出我的辭職信，把上面的日期改成當天。這些人都去死一死吧！總統下達給穆勒的指令他們也能這樣出爾反爾？我跟阿什克羅夫的幕僚長說我要再度提出辭呈，他要我等一下，因為他雖然確定部長會跟我們一起辭職，但部長現在病得太重了。他問我可不可以再給部長幾天，讓他有時間恢復體力跟我們站在同一陣線。這當然沒問題，所以我把辭職信重新塞回抽屜。

兩天後，總統無預警簽署了一份新的行政命令，裡面赫然記載了所有我們提出的修正建議——就是白宮那份對我比中指備忘錄上說「完全毋須修正」的那些修正建議。命令上寫說總統是「為了讓行政運作順暢」這個因素順利才做出這些改變，而非因為司法部的要求才這麼做。這樣真的蠻幼稚的，不過我們不在乎。有了這份命令，我們就能修正恆星風計畫，法律顧問辦公室也能找到合理的法律基礎來支持這項計畫，而他們也真的做到了！戈德和菲爾賓以及整個新團隊成員在五月初完成了一份備忘錄，讓這項計畫各方面都於法有據。

恆星風之亂終於結束了。

不過現在很多事也更難辦了。

第七章
要不要幫國家繼續違法：中情局酷刑案

讓你陷入麻煩的通常不是你不懂的事物，而是你自以為很懂的事物。

——馬克・吐溫

二〇〇四年四月，戈德正帶著一群司法部同仁努力讓「恆星風計畫」有更穩固的法律依據，這時新聞爆出巴格達中央監獄裡囚犯慘遭凌虐的畫面。該監獄是美國在伊拉克的軍事監獄，照片中有幾名美軍用極其殘忍的方式虐待伊拉克戰俘：例如有些戰俘被迫擺出非常羞恥的姿勢、有些囚犯被套上頭套，全身衣服卻被扒光。令人最難忘的照片之一，是一群沒穿衣服的囚犯被迫堆疊出裸體金字塔。還有些畫面顯示美軍放狗攻擊被手銬銬住的囚犯，或是明顯在嘲笑那些手無寸鐵的戰俘。

媒體報導很快就鎖定一個詞彙：酷刑。半年後就要舉行緊張的總統大選，這些畫面對布希政府而言根本是致命痛擊。在一場現場轉播的國會聽證會上，國防部長公開向受虐戰俘及其家屬道歉，承諾徹查不法。國務卿則是把中央監獄發生的酷刑拿來跟過去越南的美萊村大屠殺相比（該次事件激化了反戰風氣）。接著還有許多醜惡不堪的行徑被爆料出來。

世界各先進國家紛紛譴責美國政府的虐囚行徑，這時中情局就怕了。他們會怕也不奇怪，因為他們一直在進行一項秘密行動：二〇〇二到二〇〇三這兩年間，中情局也對囚犯施虐——毆打、羞辱、不給飯吃，甚至差點溺斃幾名囚犯。這些人都是中情局認為是可能危害國家安全的恐怖份子，而他們通常都被囚禁在美國境外的「黑牢」。這項審訊行動起始於二〇〇二年夏天，當時中情局曾求助司法部，請司法部訂定出他們審問恐怖份子嫌犯時的合法權限。

二〇〇四年六月，也就是中央監獄虐囚畫面曝光兩個月後，戈德來找我談他在中情局審訊行動上的發現。早在半年前他就發現中情局的虐囚，他也告知情報單位：以前的法律意見不能再用了。隨著恆星風計畫的修正，他已經完成了一份分析報告，而且也發現過去司法部提供的法律意見可能站不住腳。中情局的審訊行動就跟恆星風計畫一樣，他們賴以為基礎的法律意見根本大錯特錯，而且戈德認為中情局就跟恆星風計畫裡的國安局一樣：他們的行動依據已經錯得很離譜了，可以想像他們的實際行動一定更離譜。

後來這個行動又引發軒然大波——在巴格達中央監獄事件後，有人洩漏了司法部以往

「指導中情局如何虐囚」的機密法律文件，引來媒體鋪天蓋地的報導，導致布希政府內又陷入一場「祕密行動」和「法律」之間的大戰。

II

早在一九九四年，美國國會為「酷刑」訂定了迥異於大多數人認知的法律定義。國會在通過〈聯合國禁止酷刑公約〉的時候，將酷刑定義為「刻意使他人經歷重大生理或心理的痛苦或折磨」。不過世界上有很多事情即使沒到達「重大生理或心理之痛苦或折磨」的程度，我們也會稱之為酷刑。我們大部分人都會同意，把人關在漆黑、只有棺材大小的箱子裡是一種酷刑；把人衣服扒光後用鐵鍊吊著好幾天不給睡覺也是一種酷刑。但是根據國會當時的定義，所謂酷刑，受害人必須經歷「重大」痛苦和折磨。「重大」這個形容詞很抽象又很難界定，所以任何一個法官或律師都可以說我剛舉出的折磨手段不符合酷刑在法律上的定義。

九一一事件之後，中情局想利用刑訊逼供囚禁中的蓋達組織領袖，逼他們供出其他的領導人物以及他們的計畫，希望藉此拯救許多無辜的生命。中情局當年詢問過司法部法律顧問辦公室，他們想要使用的審訊手段（包含把人關進狹小空間、剝奪睡眠、用水刑讓人感受溺斃的痛苦）會不會違反「禁止酷刑」的法律。當然，他們不是問司法部「我們的點子不錯吧？」他們只是希望司法部為他們的審訊方式畫出一條法律界限。

每逢國家面臨重大危機，例如政府高層擔心九一一恐攻事件再度發生，司法部就屢被要求做出一些適法性的判斷，例如刑求、監聽（恆星風計畫）等。當時中情局和布希政府裡很多官員都向司法部保證：刑求蓋達組織的恐怖份子很有效，還能拯救無數無辜生命。司法部法律顧問辦公室有個律師面對巨大壓力（這位律師就是一開始為「恆星風計畫」寫出贊成法律意見的那位），而且他又只有自己一個人處理此案，於是寫出了一份法律意見，把酷刑的定義訂得非常模糊。他甚至還寫出另一份法律意見，表示中情局偵訊一個名叫阿布．祖貝達的恐怖份子嫌犯之手段，並不構成法律規定的「酷刑」。這份法律意見允許中情局這樣對待祖貝達：摑他、不准他睡覺、用水刑讓他差點溺死。二〇〇三年底，戈德接任司法部法律顧問辦公室主任，我也成為司法部副部長，而在這之前快兩年的時間裡，中情局已經依據這份法律意見在美國境外的黑牢刑求過大量嫌犯。

我並不期待和白宮那群有權有勢的人再次鬥個你死我活。之前的「恆星風計畫」已經讓我備感壓力，而且不只是我，我的家人壓力也很大。我當時一直以為我要失業了，佩翠絲跟我都還有房貸要繳，而且我們家五個孩子都快上大學了，所以我們需要錢。不管是在曼哈頓當聯邦檢察官，還是到司法部當副部長，或是後來擔任聯邦調查局局長，我的收入大概跟紐約的菜鳥律師差不多。當然，很多人也是靠這樣的薪水把孩子養大，只是我和佩翠絲並沒有完善的財務規劃，所以財務很緊。

即使我不想跟白宮再來一場大戰，我還是同意戈德的見解——之前那份關於酷刑的法律意見是錯的，於是我私下找部長談這件事，跟他說明為什麼我們無論如何都要把那份法律意見書撤回，而部長也同意了。

我們兩個都知道，司法部這樣做，會讓中情局許多人受到公開檢視，因為他們過去就是靠那份我們想撤回的法律意見使出了不少殘忍手段。負責審訊的探員不是律師，所以他們有權利說他們的所作所為都有政府的法律顧問背書；但他們倚賴的基礎是一份很糟的法律意見，而且還是司法部發出的，我不能放任不管。司法部應該重寫一份法律意見書，不僅要合法，也要合情合理。

雖然我和戈德的工作並非判斷中情局的審訊行動對國安是否有意義，但因為我倆熟知聯邦調查局如何訊問嫌犯，所以我們也知道聯邦調查局很早就發現刑求沒太大用處，刑求得到的資訊往往不可靠。過去幾十年來，聯邦調查局越來越懂得如何和嫌犯「套交情」，也就是說，他們會想辦法和被拘禁的嫌犯建立互信的關係，因此能多次從恐怖份子、黑道成員和連續殺人犯口中套出重要訊息，成功拯救許多人命。若有人說中情局的刑求多厲害多有效，我們其實是非常懷疑的。我覺得只是那一群官員看太多警匪電影，想靠裝狠達到目的，卻搞不清楚真實的情況。

不過中情局高層以及他們背後的高級官員（例如副總統錢尼）和我們的想法完全不同。他們顯然被他們的「確認偏誤」所侷限了（按，確認偏誤是一種心理現象，指人傾向蒐集或回憶對自己有利的資訊，卻忽略或避開對自己不利或自己不支持的訊息）——這是人之常情，但也可能造成非常糟糕的影響。人的大腦已經演化成只喜歡聽到符合自己認知或立場的資訊，只想看到支持自己理念的論點和事實。當我們受困於自己的確認偏誤中，我們很可能會避開和自己認知矛盾的訊息，不願接收和自己不同的想法。在這個複雜多變又多元一體的世界，確認偏誤可能會讓我們打死都不願意改變自己的想法。

會有這種心態並非只是大腦作祟，我們的政治文化也是催生這種心態的一大因素。對總統、副總統和他們身邊的人而言，他們身在大位，迫使他們一定要對自己信心滿滿，如果連自己都對自己的想法抱持懷疑，外界就會說他軟弱。**從過去到現在，領導者格外會感受到這種「對自己的決定要很有把握」的壓力，因此也強化了他們本身的確認偏誤。**

當然，如果組織裡的人都能抱持著健康正確的心態，那「自我懷疑」就不會被視為軟弱，反而是一種智慧；相反地，一個人如果堅信自己的所作所為皆符合公平正義，堅持自己所言所想必定正確無誤，就容易陷入非常危險的處境。當然，我所謂的自我懷疑不是指優柔寡斷、不敢下決定，也不是缺乏信心所以只敢人云亦云。我們都需要做決定，而且通常要在很短的時間內做好決定，即使是非常困難的決定也不例外。而且那些最困難的決定往往給我們的時間最少，給我們的參考資料也最不足。所以領導者在做決定時一定要有心理準備：自己的決定有可能是錯的。保持這種謙卑的態度，才有機會在最後關頭做出更好的決策。

平心而論，現在的社會幾乎不允許領導者——尤其像總統副總統這樣的政府領導人——有自我懷疑的空間。即使這些領導人能夠兼具自信及謙卑，對他們來說，承認錯誤或是承認自己對某政策也沒把握，無疑是政治自殺。但人民卻期待一個對什麼事都超級有把握的強人領袖。試想：如果有個總統告訴人民：雖然他從未刻意去做不對的事情，但他肯定自己一定犯過某些錯誤，他只祈禱他的錯誤不曾讓人民受到傷害，也希望人民能原諒及忘記他犯的錯。請問，這樣的人我們會支持嗎？這種軟腳蝦大概只會被全民綁起來遊街吧！不過，美國的第一任總統在一七九六年的告別演說中就說了這樣的話：

我檢討我任期內的施政，我沒有故意犯任何錯，但我太清楚自己並非完人，我還是可能犯了許多錯誤卻不自知。無論這些錯誤是什麼，我誠心祈求上蒼能夠替我消除或減輕這些錯誤可能造成的惡果；我也希望國家人民不會追究我的過失；我對國家殫精竭慮奉獻四十五載，希望人民能忘記我的缺失，讓這些缺失隨我在不久後長眠於地下。

在布希政府團隊裡，錢尼、阿丁頓還有其他官員都認定「加強審訊」——也就是酷刑——能有效保護國家人民。雖有證據證明他們的想法是錯的，但他們就是不願正視這些證據、就是不願承認自己有可能錯了。所以在他們眼裡，任何阻擋他們執行加強審訊的人（例如我），都是在危害人民。

我可以理解為什麼像副總統錢尼這樣的人會很不高興司法部想要撤回之前的法律意見。不過之前的法律意見之所以會錯誤百出，這些政府高層（例如副總統）要負很大的責任。他們擁有大權，不管想要什麼，下面的人就必須要負責替他們生出來。當時他們一定也是逼著人手嚴重缺乏的司法部法律顧問辦公室迅速給他們答案。就是這樣的行為才會導致一堆我們接下來要面對的問題。

從我的角度來看，整件事其實很簡單：無論是恆星風監視計畫還是中情局的加強審訊行動，司法部都犯了非常嚴重的錯誤，提供糟糕的法律意見給總統及行政團隊。如果司法部這個機關還想繼續對這個國家和歷任總統們有所貢獻，就一定要改正過去犯的錯。如果辦不到——例如因為害怕總統或副總統震怒，所以不敢改正錯誤——那司法部就會淪為另一個為私利而存在的派系陣營，就會為了己方利益而不擇手段。

司法部的高級官員是由總統任命，參議院通過，這是有道理的。司法部在很多決策中都扮演重要角色，例如決定哪些犯罪要優先處理，或是如何處理某些反壟斷案件——而且司法部的決定要能夠反映民意。人民選出來的總統即代表民意，因此才由總統任命司法部高級官員。但行政和司法的權力要對等，不該有一方凌駕於另一方之上，因此司法部之上存在著一個政治領袖，先天就會造成緊張局面。

憲法和法律不是政治鬥爭的工具。拿著天秤的正義女神眼睛上蒙著一塊布，就是不要讓她瞄到上司關愛的眼神，不要看見上司暗示她說天秤的哪邊比較重。

我去過北卡羅萊納州海邊，有個地方剛好是兩個低於水面的離岸沙洲島非常接近之處。兩島間形成一條狹窄通道，大西洋暗潮洶湧的海水於此和沙洲島後方那片廣而淺的平靜水域交會。即使放眼望去看不到陸地，我們還是可以看到兩處海水交會撞擊出的湍流和湧浪。在我腦海裡，司法部的正副部長就像站在兩島交會之處，一邊是政治界的波濤洶湧，另一邊則是非關政治的平靜水域。司法部的正副部長必須回應總統下達的政治命令、回應多數選民的聲音，但同時也要捍衛數千位探員、檢察官及其他司法人員的立場，這些人佔了司法部門的大多數，而且他們的立場不應受政治影響。只要司法部的領導者瞭解這種驚滔駭浪，他們就可以站穩腳步；但若不慎失足，那麼政治界的驚滔駭浪就會淹沒原本不該受到政治干擾的平靜水域，使司法部淪為政治工具。一旦司法部無法獨立於政治之外，這個國家的法律守護者也就名存實亡了。

II

二〇〇四年有一天晚上下班後，佩翠絲盯著我看，她顯然知道我又為了某件事忙得焦頭爛額。她那陣子看很多媒體報導中情局虐囚事件，她只對我說：「酷刑是不對的，你不要當幫兇。」

「妳說什麼？」我有點火：「妳知道我不能跟妳談這些事。」

「我沒有要談啊，」她說：「我只是叫你別當幫兇。」然後接下來一年她常跟我重複這句話。

想到自己有可能成為「酷刑的幫兇」，讓我好多個晚上失眠，腦海裡不斷出現虐囚的畫面——酷寒的牢房亮到刺眼，赤身裸體的囚犯被鐵鍊拴住，垂吊在天花板下面，連廁所都不能去，只能大小便在尿褲裡；只有即將動用更殘酷的手段（如水刑）的時候才會鬆綁，等到折磨結束後又會被吊回去，而且這樣的日子似乎永遠沒有盡頭。

二〇〇四年六月，在我的支持下，戈德正式撤回司法部在二〇〇二年起兩度支持中情局酷刑的法律意見書。和過去一樣，副總統的顧問阿丁頓再度暴跳起來。在一場我沒有出席的會議中，阿丁頓拿出一張紙卡，他說上面列出自九一一事件以來司法部寫過的所有機密法律意見，然後很酸地問戈德，現在哪一條意見司法部不反對。

我安慰戈德，阿丁頓越生氣，代表我們走的方向越正確，但他好像沒有被安慰到，菲爾賓也不覺得這樣想就會比較好受。阿丁頓還私底下指責菲爾賓，表示司法部法律顧問辦公室撤回了支持恆星風及跟酷刑的法律意見書，代表菲爾賓已經違背了當初支持及捍衛美國憲法的誓言，所以菲爾賓應該辭職。阿丁頓甚至發誓要動用他的私人管道，讓菲爾賓從此不管調到哪個單位，都不必夢想會升遷了。

戈德則是在阿丁頓威脅他之前就準備離職。當了九個月的法律顧問辦公室主任後，戈德原有的天使光芒已經完全消失。從先前的「恆星風計畫」到現在的中情局加強審訊行動，他經歷過好幾場腥風血雨，於是就在他撤回那份「酷刑法律意見書」的同時，宣布自己即將辭職重返學術界。

為審訊行動重寫法律意見的擔子，落到新的代理主任丹尼爾・萊文（Dan Levin）肩頭上。萊文是個優秀且謹慎的律師，外表相當嚴肅，讓人看不出他其實有些壞壞的幽默感。他這個人連一點點戈德的天使光芒都沒有，之前在聯邦調查局為穆勒局長工作的時候，就因為臉色太臭被戲稱為「禮儀師」。

萊文真的是拼了老命為中情局所謂的加強版審訊重寫法律意見，我當時還不曉得他的「拼了老命」絕不誇張——他真的跑去親身體驗瀕臨溺斃的水刑。他後來跟我說，那是他一生中最恐怖的經歷。

二〇〇四年十二月底，萊文終於寫出針對酷刑的全新法律意見書。這份意見書非常令人讚嘆——看得出萊文思慮相當謹慎周全，而且都以中情局呈報的實際審訊行動作為撰寫的基礎。它點出大多數人在閱讀冗長的機密法律意見時容易忽略的事：刻意造成巨大「心理」痛苦，已違背了禁止酷刑的法律。這點非常重要，原因在於司法部早先給出的法律意見只著重於巨大「生理」痛苦。

這份意見書出來之後，突然間中情局五花八門的刑訊手段立刻變成違法，因為「心理」痛苦的範圍很廣，誰都可以說中情局的手段會對囚犯造成巨大心理痛苦。如果把一個人的衣服扒光讓他冷個半死、不讓他睡覺吃飯、動不動就把他推去撞牆、逼迫他做各種難受的姿勢、用力掌摑他、對他施以水刑、把他塞進小箱子裡，當然一定會對他造成巨大的心理折磨，尤其中情局用這些手段通常不會只用一次。

在萊文提出的整體意見之外，還需要其他兩份意見書。第一份是針對中情局，需要個別評估每一項審訊技巧，看看是否符合萊文明確宣告的標準。這條意見很容易懂，偵訊技巧如果是一項一項分開評估，沒有哪一項足以造成巨大的生理或心理痛苦。第二份則著眼全局，中情局和白宮必須把萊文的標準適用到偵訊帶來的「綜合影響」之上。中情局絕不會只用一種手段對付某嫌犯，在真正的黑牢裡，他們的花樣層出不窮，每個嫌犯都會遭受各式各樣的凌虐，因此很快就會達到法律所禁止的重大身心痛苦。如果司法部要評估多種審訊技巧對囚犯的「綜合影響」，那中情局的計畫大概就無法繼續下去。

萊文花了很多時間，努力紀錄黑牢裡實際的審訊情形。早先中情局為了讓自己的偵訊行動符合二〇〇二年的法律意見，回報給司法部的審訊看來都是在嚴格控管的情況下進行，連偵訊環境看起來都像手術室般整潔。因此，即使萊文在二〇〇四年盡心盡力記錄審訊的實際情況，但他的記錄看起來仍很難呈現真相。

II

我從來沒有問過萊文的立場，但我猜他跟我一樣希望中情局的加強審訊行動會因為新的法律意見書而收斂。當然，中情局收不收斂不是司法部該管的，司法部要做的只是根據中情局提供的偵訊實況提供法律意見。雖然我們心裡都忍不住吶喊著：用這些手段來偵訊是不對的！說這些手段很有效根本言過其實！但到頭來我們也只能在心裡喊喊而已。不過有個聲音在我腦海中出現好多次，它說：「你不要當幫兇。」

二〇〇四年小布希成功連任，阿什克羅夫和其他內閣官員依慣例遞出辭呈。這個動作是為了方便總統選擇新的執政團隊，不過一般來說表現良好的官員通常會留任。讓阿什克羅夫很驚訝的是，總統接受了他的辭呈；更傷人的是，總統還是在正式宣布下一任司法部長幾個小時前才通知他。而總統提出的人選更像是狠狠打了司法部上下一個耳光。

二〇〇四年十一月十日，小布希總統宣布他的下一任司法部長為岡薩雷斯。在之前那場「恆星風之亂」中，我竭盡所能讓司法部依法行政，而不是按照行政單位高層人士的意思玩法弄法，但我現在的新上司居然就是之前千方百計阻撓我的人。這個人似乎比較關心怎麼討好老闆，而不是關心重要的事實。我不曉得為什麼總統會選岡薩雷斯，也許這是很多總統都容易犯的錯——多年後我也一直試著提醒川普——有些總統覺得司法部常會為行政團隊帶來「麻煩」，所以他們以為找自己的心腹來當司法部長就能免除這些麻煩，但通常這只會讓情況更糟。

當天我在家陪佩翠絲過生日，然後我手機響了。我很驚訝，居然是岡薩雷斯打來的，他說他打來是想告訴我他很期待與我共事，希望我不要離職，因為他需要我的協助。我恭喜他當上部長，也說很期待和他共事。我這樣說是因為禮尚往來，而且我個人其實不討厭岡薩雷斯，即使我們曾有過不少衝突。如果他接下來要當司法部長，我還是想協助他成為一位很棒的部長，真正讓我擔心的不是他心術不正，而是他太過軟弱，很容易被阿丁頓和副總統錢尼吃得死死的，就像之前這兩人相信為了對抗恐怖主義，就算曲解現有法律也在所不惜，當時岡薩雷斯卻能跟他們站在同一陣線。

我後來才知道，總統在正式宣布新任司法部長人選後馬上打給岡薩雷斯，建議他立刻打給我。我本來還沒搞清楚狀況，但自從岡薩雷斯和卡德趕到阿什克羅夫病床前的那一夜起，自從我理解了某些人的手段和嘴臉（而且我還不能跟別人說）之後，在布希團隊眼裡我就是個麻煩人物，要小心處理。不過顯然我不適合擔任岡薩雷斯的副手，所以我在二〇〇五年春天宣布將在八月份離職。新任部長需要能配合他的副手，對於總統任命他，我覺得既厭煩又失望。少了阿什克羅夫的支持，我也沒有心情再跟行政高層打一堆必輸之戰。

更重要的是，我們家經濟一直不寬裕，我大女兒快要上大學，所以是該離開了。我把辭呈寄給總統，告訴他這份辭呈將在八月生效，我希望能好好把工作交接給下一任副部長。

就在我準備離開司法部的同時，副總統錢尼開始對岡薩雷斯施壓，要岡薩雷斯按照他的想法，將前述的那兩份增補法律意見書生出來。其實司法部除了有一位新部長以外，新的法律顧問辦公室代理主任史蒂芬・布萊德柏里（Stephen Bradbury）也上任了。這位新主任很聰明，做人很好，但完全沒有處理國安事務的背景，可是他本人又很希望能被正式任命擔任司法部法律顧問辦公室主任，所以他在錢尼的威脅利誘下寫出兩份錢尼陣營會很喜歡的法律意見書。我和菲爾賓看到他寫的法律意見都感到非常失望，內容太模糊，也沒有以實際案件為基礎，對我們兩人來說，這是一份極不負責任的法律意見。

我們建議過布萊德柏里去參考中情局近期偵訊的實際案例，我們知道有一名恐怖份子日前剛被中情局偵訊，我們建議他在法律意見裡詳細描述這位囚犯遭受過什麼樣的對待，才能判斷用在此人身上的審訊手段所造成的影響是否已超過法律界限。如果要寫出一份負責任的法律意見，就必須這樣做。不過呢，即使我們知道這名囚犯經歷過什麼，即使只要是正常人都會認為這名囚犯被施以酷刑，布萊德柏里的法律意見書還是做出令人失望的結論——司法部不認為這樣的審訊會構成法律所定義的巨大痛苦或折磨。

雖然這份法律意見認同了中情局使用在該囚犯身上的審訊手段，但副總統要的不是這個。他要布萊德柏里以假設的情境為基礎，替實際的審訊寫法律意見，也就是要他在法律意見裡假設「一般審訊的情況」，而不是描述中情局對活生生的真人所做出的事情。

我跑去找新任部長岡薩雷斯說明為什麼我認為寫一份假設性的法律意見非常不負責任，然後我立刻體會到這位新部長和我所敬佩的舊部長之間的天壤之別。岡薩雷斯一副不耐煩的樣子，反過來跟我抱怨副總統給他極大的壓力，副總統甚至請總統親自問剛薩雷斯，新的法律意見何時能準備好。我說我知道他壓力很大，但法律意見裡不能用假設的一般性狀況為基礎，所有的偵訊都有真實的審訊人員和受刑人，不需要假設，也不該假設。審訊人員掌摑囚犯、讓囚犯挨餓受凍、把他們關進狹小空間等等都是真的，不僅花招百出還有獨特的招式組合。如果司法部在寫法律意見時，倚賴的是假設出來的情境，那跟開空白支票有什麼兩樣？我警告岡薩雷斯：如果有一天這一切被爆出來，會讓司法部看起來像是要討好白宮才做出讓我們所有人都後悔不已的決定。

如果要說有什麼會讓白宮官員害怕，那一定是登上醜聞版面。想到這裡，岡薩雷斯猶豫了，我不曉得他居然沒考慮過這點。他說：「好吧柯米，我同意你的看法。」於是他指示我和布萊德柏里一起修正法律意見。

我大大鬆了一口氣。可惜沒鬆多久，隔天晚上我就接到岡薩雷斯幕僚長的電話，通知我關於審訊行動的法律意見書必須盡快完成，隔天就要寄出。這樣的話我根本沒時間修正啊！我跟他說司法部長前一天才下達完全不同的指示，但幕僚長說現在情況變了。

結果最後還是由布萊德柏里完成兩份法律意見書，簽上他的大名，這下他和白宮都心願得償。一個星期後，白宮就展開布萊德柏里的背景審查，然後正式提名他為司法部助理部長。這場法律之戰打到這算是結束了。

既然我不再需要提供關於酷刑的法律意見，我覺得我終於能做件我之前沒做的事。

我跑去找部長，請他允許我把整個偵訊行動提到國家安全會議裡面，做一個政策審查。這種政策審查，通常由國家安全會議中的「副首長委員會」負責執行，由政府各相關部門的副首長，針對提交上來的案件進行完整的審查。而我就是副首長委員會的成員。在副首長委員中，各部門的副首長會討論各種政治議題及艱難的決策，在自家首長介入之前先求得共識。我知道我可以利用這個場合讓審訊行動攤在各部會前面，一起開誠布公討論我們應不應該對任何一個人施加那些酷刑手段。可惜，我始終沒有機會做這件事。

奇怪的是，我接下卻聽到在國家安全會議裡面，有關酷刑審訊的討論，要從副首長的層級提升到首長委員會。首長委員會的成員只有國防及情報單位的首長，如國防部長、國務卿、中情局局長和司法部長。也就是說，我和我的團隊必須幫岡薩雷斯準備好一套說法，讓他能代表司法部表達我們的擔憂。司法部除了他以外，沒有其他人可以參加國家安全會議的首長委員會。所以我們只能靠他了。我的老天啊！

我和菲爾賓正要坐下開始幫岡薩雷斯準備二〇〇五年五月三十一日在白宮舉行的首長討論會議，我們的部長就告訴我們情況不妙。他說，萊斯取代了柯林．鮑爾成為國務卿（中情局偵訊行動成形時她還只是國家安全顧問），她對偵訊行動沒興趣。他還補充，萊斯認為酷刑偵訊「只要司法部說合法，中情局說有效，這樣就好了。沒有必要再拿來詳細討論。」

菲爾賓和我知道，我們沒有機會把審訊行動呈交給國家安全會議的其他成員檢視，所以我們只能盡力幫岡薩雷斯準備，讓他能夠代表司法部表達意見。如果某件事情被認定合法（雖然我和菲爾賓認為不合法）且據說有效，不一定代表它是合理的。我再次提醒部長，也希望他提醒其他閣員，如果哪天人民發現政府嚴刑逼供囚犯，發現司法部提供的法律依據漏洞百出——我還順便補充說我聽說有人持有中情局審訊囚犯的影片——對總統及整個國家都會非常不利。

接著我給岡薩雷斯看一張奶油色的厚紙卡，上面列出一連串岡薩雷斯領導下的司法部認定合法的審訊手段：脫光衣服站在寒冷的牢房裡，雙手高舉過頭被鍊在天花板上；連廁所都不能去，大小便都只能拉在尿褲裡；被迫聽震耳欲聾的重金屬音樂；站在強光下好幾個小時；鐵鍊被解開只代表囚犯即將面臨更殘酷的審訊，例如被掌摑臉頰和腹部、被推去撞牆、被潑冷水、以及在幾乎沒東西吃、只補充液體的情況下被迫做出讓肌肉和肌腱極度疲累的姿勢。等到囚犯癱掉了，就會被塞進棺材大小的箱子裡，然後再重新帶回牢房裡鍊起來。有時候囚犯有時還會被施以水刑。

「實情就是如此。」我舉著卡片對部長說：「細節就是這麼重要。」我拜託他一定要讓國家安全會議的各個首長知道這些細節，大家才能好好想想這個國家未來的審訊政策該走向何方。一如往常，岡薩雷斯又停頓了好一陣子，才抬起頭來謝謝我告訴他這些，然後還問我可不可以把那張手寫紙卡留給他，他會帶到會議上。我把紙卡交給他後就離開了，誠心祈求我能力挽狂瀾。

首長委員會會議結束後，我沒有接到後續消息，當天快傍晚我才和司法部長及其他同仁參加一個量刑政策的會議。在其他人面前，部長主動告訴我白宮的首長會議進行順利，他有把我的話轉達給各個部會首長，但所有人都全力支持現在的審訊政策。

所以，我沒有造成任何改變。中情局可以繼續對囚犯「加強審訊」，被這個政府拘留的人都有可能遭受慘無人道的折磨。我永遠拿不回我那張紙卡了。兩個月後我離開政府部門，我再也不要回來了。

第八章
什麼是優良的領袖特質：聯邦調查局長

最可貴的領袖特質，肯定是整全的人格。沒有整全人格的領袖，就不可能成就大事，無論是鐵路維護小組、足球場、軍隊或辦公室領袖皆如此。

——美國總統艾森豪

二〇一三年初夏，我居然又回到我以為不會再回去的地方了。

那天天氣很好，歐巴馬總統在玫瑰花園召開記者會，宣布由我接替聯邦調查局局長鮑勃．穆勒的職位。記者會開始之前，總統的橢圓辦公室裡只站了總統、穆勒和我三個人，等到時間差不多了，我們就從玻璃門走進花園，和早已守候多時的白宮記者團見面。

一進入記者攝影機的範圍，總統就叫我們兩個停下腳步，然後一臉嚴肅地對我說：

「柯米，有件事我忘記告訴你。」

我當下一頭霧水，總統則對穆勒的方向點了一下頭：「鮑勃先前幫過我一個忙，我希望你能繼續。」幫忙？他要我幫什麼忙？總統早就承諾讓我獨立執法，結果，他現在又私下要求我幫他做事？

總統沉默了一會，我感覺這件事非同小可。他接著說：「以前鮑勃都讓我去聯邦調查局的球場打籃球，我希望你可以繼續讓我用球場。」

我大笑出來。「總統先生，這還用說。您想用球場的時候，本來就可以用啊。」

我是很愛打籃球的人，但我絕對不會在聯邦調查局的球場上和總統打球。我也很愛打高爾夫球，但我絕對不會陪總統打。聯邦調查局局長就是不能這樣和總統互動，原因大家都知道——好吧，我以為大家都知道。

II

二〇〇五年八月，我在小布希任內辭掉了司法部副部長一職，改到私人企業上班。我有五個小孩，每兩年就有一個小孩要上大學，再加上我十五年來都領公家單位的薪水，實在存不了什麼錢。既然我都進了私人公司，也該是時候存個錢了。我先到國防工程承包商洛克希德．馬丁公司（Lockheed Martin）擔任首席律師，也就是法務長，一共做了五年。後來，我又跳到康乃狄克州的橋水投資公司（Bridgewater Associates）工作了三年。

二〇一三年初我離開橋水公司，改到哥倫比亞大學法學院擔任研究員，專門開國防安全課程，因為我一直都覺得教書讓我收穫滿滿。

當年三月，我突然接到司法部長艾瑞克・霍德（Eric Holder）的電話，他問我要不要去面試聯邦調查局局長的職位。他沒說我鐵定會錄取，但他說，他打電話給我，因為我是超級熱門人選之一。

我完全沒想到會發生這種事。我會這樣覺得，大概是因為我早就看透了華府內的派系。但今天，民主黨的官員居然想延攬前一任共和黨官員任命過的公務員坐上大位，簡直令人難以置信。再說，我還曾經捐款給歐巴馬總統的政敵，這件事也被紀錄下來了。

不過我對聯邦調查局長的職位沒什麼興趣。我對他說，我要是當了局長，家裡會忙不過來。那時佩翠絲在念研究所，一面還在一間免預約身心科診所裡當諮商師；我們還有個小孩在念高三，又有一位以前被我們領養、住過我們家裡的年輕人要聯絡和照顧。霍德要我好好想一想。我說我會想一下，但最後應該還是會拒絕。

隔天早上我起床，發現佩翠絲人不在房間裡。我走到樓下，發現她坐在廚房裡，正在用筆電搜尋華盛頓特區附近有哪些房子可以買。

「妳在幹嘛？」我問。

「從你十九歲我就認識你到現在，這個職位最適合你，這才是你喜歡的工作，去吧，去發揮你的實力。」她停了一下又說：「但是他們應該不會選你。」她很喜歡歐巴馬，選舉的時候也投他，但她覺得我這次面試只算練功而已。佩翠絲後來才告訴我，她之所以鼓勵我去面試，是不希望看到我幾年以後苦著臉，懊悔當年沒去應徵。不過她跟我一樣，都不覺得歐巴馬會挑小布希用過的人。

總統府第一輪面試結束之後，我進了橢圓辦公室和歐巴馬總統面談。總統當時背著壁爐，坐在老爺鐘旁的扶手椅上，小布希總統以前也都坐在這裡。我坐在歐巴馬左邊的長椅上，而且是離他最近的一格。與會的還有白宮法律顧問凱瑟琳．魯姆勒（Kathy Ruemmler）。

我之前從來沒和歐巴馬總統碰過面。這次見面，就有兩件事讓我印象深刻：首先，總統本人比我想的還瘦；其次，他有過人的專注力。會議開始前，凱瑟琳和我站在橢圓辦公室外等待。我在門外看著總統手裡拿著話筒，站在辦公桌前講電話。凱瑟琳說，總統正在和奧克拉荷馬州長通電話，因為前一陣子整個州颳起了史上數一數二大的龍捲風，二十幾個人死亡，數百人受傷。歐巴馬總統掛掉電話之後，就揮揮手叫我進門，然後簡短提了一下奧克拉荷馬州的慘狀，接著話鋒一轉，立刻跳到風馬牛不相及的聯邦調查局上。

總統說，他很認真思考聯邦調查局局長的人選，還用有點嚴肅的語調表示：「總統在任命官員的時候，應該最重視聯邦調查局和最高法院首長才對，因為是為下一任總統挑人。」他說，「我卸任之後，局長也還是你在當。」他說聯邦調查局局長的任期很長，絕對是個非常重要的職位。他也在想，我當了局長，還可以服務未來的新總統。總統又說，他當年還只是菜鳥總統的時候，曾經被將領們逼著做出了國防決策。雖然他沒明講，但就我聽起來的感覺，他其實是在感嘆為何當年身邊沒有能幫他忙的資深顧問。他認為，如果我可以出任局長的話，下一位菜鳥總統就有福了，因為我可以幫忙出主意，讓經驗不足的總統做出更好的國安決策。

我們還談到，政府一方面要偵辦洩密，另一方面又要讓人民享有媒體自由，但兩者必然會衝突。那時媒體一天到晚在爆司法部調查洩密案的事，甚至還捕風捉影，批評歐巴馬政府「祭出打壓手段」。我們當天沒討論到實際案例，但我對總統提了我的看法。我認為，只要領導者的作風夠細膩，就能在兩者之間取得平衡。光是宣稱聯邦調查局絕對不會追究記者的資料來源，這種說法根本站不住腳；但如果主張我們必須犧牲媒體自由才能調查洩密案，顯然又太極端了。其實，同時保有媒體自由和機密資訊，是有可能辦得到的。

最讓我驚訝的是總統對於局長這份工作的想法，我也因此發現佩翠絲錯了，這趟面試一點都不浪費時間。歐巴馬心目中的聯邦調查局局長，顯然和我或大部分民主黨人士想的完全不同。他說：「在政策面上，我不需要聯邦調查局出手幫忙。我希望兩邊各自掌權，互不干涉。我只想確定政府運作一切順利、美國人民的安全有保障，這樣我晚上才睡得著。」我本來以為，要是總統和局長的職權各自獨立，我的處境會變得很麻煩，但結果似乎正好相反。

我對總統表示，我的想法和他一模一樣，聯邦調查局必須獨立執法，免於外部政治干涉。當初之所以把局長的任期設定為十年，就是為了這點。

我和總統面談完了之後，立刻打了通電話給佩翠絲，得意洋洋地對她說：「妳以為他們會不識貨，妳錯了。」我和歐巴馬總統談得很愉快，也欣然接下了他給的職務。雖然我的家人還會在康乃狄克州待上兩年，把該收尾的事情處理完畢，但我已經做好心理準備，要出任聯邦調查局局長，一路做到二〇二三年期滿為止。我當時心想，怎可能出錯呢？

II

歐巴馬總統挑了我當局長，不過在宣布任命我當局長之前，他突然又邀我去橢圓辦公室坐坐，把我嚇了一跳。這次我們還是坐在老位子上，旁邊一樣有白宮法律顧問陪著開會。會議一開始，總統就開門見山：「等你當上局長，我們就不能再這樣聊天了。」他想說的是，過去四十多年以來，每任領袖都知道自己必須和聯邦調查局局長保持距離。聯邦調查局經常必須調查與總統資深幕僚相關的案子，這樣會替總統的執政之路增添風波。聯邦調查局如果想要取信於人——不管是客觀上值得信賴，還是從人民的觀感上——就不能靠總統靠太近。要和歐巴馬總統像大學同學一樣聊天，這就是最後一次機會了。那天我們討論了幾件不屬於聯邦調查局管轄的事，例如出動無人機狙殺恐怖份子，我們也爭辯了一番。總統分析複雜議題的深度和廣度，讓我留下深刻的印象，我在想，他應該是打算把握最後一次機會，趁我還沒正式上任之前測測我的能力，看我究竟如何思考各種議題。

一離開總統辦公室，我就跟凱瑟琳說，這場會議實在太有意思、太令人驚奇了：「我實在不敢相信，我們真的選出了一個頭腦這麼靈活的總統。」

從那天起，歐巴馬總統和我就再也沒輕鬆聊過天了。

II

聯邦調查局這個名字，於一九三五年正式啟用。從那時起，到我接局長之際，這個單位也只經歷過六任局長。首任局長是約翰．艾德加．胡佛（J. Edgar Hoover），這位奇人從聯邦調查局的前身「調查局」時代就擔任局長，一當就是快五十年。他在局裡樹立了一股風氣，深深影響整個單位和裡頭的探員。數十年來，胡佛局長都是一派冷酷鐵腕路線，弄得總統們膽顫心驚，因為他手上掌握了許多領袖的「個人檔案」，而且還故意讓對方知道這件事。他會找總統和參議員一起吃飯喝酒，一方面給這些人機會利用聯邦調查局，另一方面把握時機，用他手上的資料震懾這些人。

在局裡，胡佛就是王。由於他獨特的領導風格，聯邦調查局也跟著聲名大噪、權傾一時。大部分的探員和主管甚至會想盡辦法，不要被胡佛局長注意到。每當向局長報告完他想聽的話之後，繼續埋頭工作就是了。即使胡佛局長過世幾十年後，這樣的職場思維依然存在聯邦調查局，難以撼動。

二〇一三年宣誓就職之前，我花了一個星期跟在穆勒身邊見習。穆勒是海軍陸戰隊出身，領導作風有點老派，完全不吃感性溫情這一套。例如九一一事件發生後不久，全國還在一片愁雲慘霧，穆勒的太太叫他去確認一下局裡的成員們都能承受住眼前的壓力，不會崩潰。據說穆勒次日一早就拿起電話，盡責地聯絡了核心團隊成員，不過這些下屬的辦公室根本離他的辦公室不遠，走個十秒就能走到了。他在電話裡問每個人「狀況還好嗎？」，每個人都回了一句敷衍的「局長，都很好」，鮑勃也只回答「很好」，就掛掉電話了。

我見習的時候，穆勒拿出他一派的嚴格作風，要我好好學著怎麼當局長。第一天早上，他跟我說他找了局裡幾個大部門的首長，要他們和我當面聊一聊。他說，到時候我會和他們一個一個碰面，由他們向我簡報，介紹每個部門會遇到的挑戰和機會。接著，面無表情的穆勒冷不防冒出一句：每個部門簡報結束之後，他會和我再碰面一次，「我會告訴你真正的狀況是怎樣」。

這句話讓我大吃一驚，我以為聯邦調查局是專門調查真相的地方，為什麼穆勒要在每個部門簡報結束後告訴我「真正的狀況是怎樣」？他話裡的深意，大概是這些首長們完全不清楚局裡的真實狀況，或者他們不會跟我這位新局長說實話。我猜答案是後者。

就我的職場經驗，很多人向老闆報告事情的時候，不是有所隱瞞就是刻意加料，但他們這樣做不是沒道理。我彷彿看見了一堆熱情被磨光的聯邦調查局老鳥，像在演《神鬼無間》一樣問我：**說實話有什麼好處？只是找自己麻煩而已。老闆跟蘑菇很像，你只要讓他們待在陰暗的地方，再餵他們吃大便就好了**。當然，穆勒很了不起，在九一一事件之後，竟然還能努力改變局裡的風氣，讓部門之間的隔閡消失，打破以往的辦案文化，把聯邦調查局正式融入全國整體的情報體系當中。在他的領導之下，本局專精於犯罪調查，又熟悉反恐技術，他也因此證明不應該把聯邦調查局拆解成「犯罪調查」和「反恐」

兩個單位。他的成就讓我嘆為觀止，但我還是想走一個更開明的領導路線。

我在二〇一三年九月四號正式宣誓就職，成為第七任聯邦調查局局長。那陣子國會在吵預算，使聯邦政府因為預算不足而關門，聯邦調查局停擺了一段時間。十月復工之後，我們在總部公開舉辦一場就職典禮，歐巴馬總統也出席了。在典禮上，才剛上任的我也稍微摸清了總統的領導長才。

不用說，佩翠絲和我們的小孩都出席了。大女兒和二女兒都帶了她們的男友參加，男友們也加入我們家，和總統照了一張紀念照。拍完第一張照片，總統突然想起剛才介紹我們家的時候，有提到他們兩人是男友。接著總統微笑了一下，指著兩位男友說：「再拍一張沒有他們兩個的照片好了，以防萬一啦。」他只是在開玩笑，但他的玩笑完全不傷人。不過，我知道他這句話其實也是出於體貼，一種在領袖身上少見的體貼。試想，要是這兩個男的和我女兒分手了怎麼辦？而我們一家人和總統的合照裡有他們，會不會徹底毀了這張照片的紀念性？因此，歐巴馬總統就叫這兩個男的先站到旁邊去，而我們也覺得很好笑。（我很高興向大家報告：其中一個男的已經是我的女婿，另一個即將成為我的女婿）。

雖然只是件小事，但歐巴馬總統話裡的幽默感、洞察力和親民特質，實在讓我大開眼界。後來，我也一次又一次見識到同樣的特質，這些都是傑出領袖必備的能力。對我來說，幽默感是非常有力的指標，可以呈現一個人內在的樣貌。能夠保持自信又謙和的均衡態度，對領袖來說太重要了。要能發自內心開懷大笑，沒有一定的自信是辦不到的；每個人笑起來的樣子多少都有點呆，這時候，人的信心可能會因此動搖，而不安的人更會心生恐懼。另一方面，大笑通常代表了一種肯定，認為對方說的話很有趣。換句話說，我們並不是透過語言表達肯定，而是靠大笑讚賞對方。缺乏安全感的人是做不到這點的。

小布希總統也很有幽默感，但他的幽默比較傷人。他嘲諷別人的時候總是帶刺，這或多或少也反應出他的不安性格。他之所以愛嘲諷，是為了要別人肯定他才是老大。都已經當到總統了還要這樣，的確很奇怪。不過他的這種風格會讓旁人閉上嘴巴，絕對不會開口質疑他。

至於歐巴馬，他不但可以和大家一起放聲大笑，也可以自嘲，有點像是小布希總統有次在畢業典禮上致詞，對成績跟他一樣差的學生說：「你們也能當美國總統。」但兩位總統還是不太一樣。歐巴馬耍幽默的時候，我從來不覺得他在貶低別人，在我看來，這表示他這個人很有自信。

聯邦調查局局長的業務執掌非常廣，比表面上看起來的複雜很多，不像電影裡頭的局長天天都在處理個別案件和抓壞人。其實，聯邦調查局局長就是個執行長，負責管理一個極其複雜的組織。每天一早，隨扈就會載我去上班。我當年在小布希團隊裡擔任司法部副部長的時候，身邊也跟了一群聯邦法警隨扈，但現在，我的隨扈團隊變成一群受過特訓的聯邦調查局探員，不僅人數更多，護衛網也更嚴密，因為聯邦調查局局長會碰上更多危險。

這些探員隨扈跟聯邦法警隨扈一樣，都會緊跟著我和我的家人，到最後，我們都會變成一家人。這其實不是壞事，畢竟我們常常會像麻煩家人一樣麻煩他們。例如有一次我們全家到愛荷華州參加佩翠絲家族的婚禮，到了晚上我已經先睡了，佩翠絲還在跟孩子及親戚的小孩玩牌。我下榻飯店的房間裡設置了各種警報系統，負責保護我的探員也在飯店各處待命，這就是局長的日常。和平常一樣，探員隨扈給了我一個按鈕的裝置，一旦我遇到緊急狀況就可以按按鈕。每次拿著這個裝置總是讓我心驚膽跳，所以我每次住飯店的時候，都把裝置放在離我很遠的房間角落，免得晚上不小心壓到。婚禮那晚，我把這個裝置放在睡房外面的長桌上，然後就去睡覺了。

我完全沒跟佩翠絲說長桌上有按鈕裝置。她凌晨兩點回房間之後，在長桌旁邊換衣服，而且她不想吵到我，還刻意放輕動作。結果她大概有某個東西壓到按鈕，五秒之內她就聽到有人在搥門。她把門打開了一條縫，只見隨扈隊長穿著T恤和四角內褲，站姿詭異，雙手藏在佩翠絲看不到的背後，一副緊張兮兮的樣子。

「夫人，您還好嗎？」

「很好啊，我準備要睡了。」

「夫人，您確定嗎？」

「我確定啊。」

「我可以看一下局長嗎？」

「他在裡面房間睡覺。」

「您可以去看一下他的狀況嗎？」

佩翠絲走到臥室門口看了我一眼，就跟探員回報我的狀況。「我看到了，他在睡覺，沒事。」

「夫人，感謝您。抱歉打擾了。」

那天晚上佩翠絲看不見門外的情形，不過次日上午我就獲報了：沿著牆壁貼了一堆探員，每個人的手都背在背後握著槍。總之，她按到按鈕了，都怪我沒提醒她。

聯邦調查局的人一向槍不離手。局裡的日常就是人人身上都配槍。每次開會都有八成的人帶著槍開會，尤其副局長開會翹腳的時候，我常看到他的腳踝槍套，到最後我也習慣了。副局長畢竟是局裡的資深探員，除非他去白宮，否則永遠槍不離身。局長也可以配槍，但我覺得要是我配了槍，生活會被搞亂，我的前任穆勒也有這種感覺。再說，整天跟在我身邊的人都已經都配槍了，要是連聯邦調查局的護衛網都有漏洞，這個國家就完了。在我任內擔任副局長的尚恩·喬伊斯（Sean Joyce）曾經因為電郵「全部回覆」事件知名。有次局裡有人對全局發了一封通告信，教大家若遇「同僚持槍掃射」的狀況如何躲避或逃命。尚恩一看這封信，就直接全部回覆說，遭逢此情況若有探員真的敢躲起來，或是沒主動撲向持槍掃射的同僚，那就當場開除。

II

早上搭車上班的時候，我會在坐在黑色的防彈雪佛蘭後座，準備當天前兩場會議的資料。不過開會前我還會在辦公室研讀更多資料，而且會先針對局裡負責的國安案件，讀完目前司法部準備呈給法院的電子監控申請公文。每份申請公文都要經過局長批准，如果局長不在的話，由副局長代批。很多時候，我都要從一疊三十公分高的申請公文裡抽個兩、三公分出來，再一份一份批完。批完這些申請公文之後，我就會開始讀機密情報簡報，讓自己掌握局裡剛收到的反恐情資和國內的反諜情報。接著我會讀一下跟局裡業務相關的非機密文件。都讀完了，我就可以和局裡的資深團隊成員碰面開會，首先和六到十個最資深的成員討論最敏感的機密事務，再找更多局裡的主管來一起開會。

開會的時候，我會對所有與會主管提問，同時聽他們針對調查局事務做晨會報告，討論人員（包括探員因公負傷）、預算、反恐、反情報、大規模毀滅性武器、網路、刑事案件（包括綁票、連續殺人、幫派、貪汙等案件）、人質救援小組的佈署情形、國會事務、媒體、法務、教育訓練、聯邦調查局實驗室、國際事務等各種議題。很多時候，我會直接找司法部長開會，討論當前最要緊的事件。

在歐巴馬執政期間，我和兩位司法部長共事過，一位是艾瑞克・霍德，另一位是蘿瑞塔・林奇（Loretta Lynch），他們都是聰明又親切的律師，兩個人我都很喜歡。霍德跟歐巴馬總統和總統資深團隊合作密切，而且對司法部的政策走向和政治影響力瞭若指掌。我當上局長之後，共和黨的國會議員恨死他了。由於霍德不肯配合透露「飛速計畫」的內容，也就是美國菸酒槍械管理局調查美國西南邊境走私槍枝的案子，佔眾議院多數的共和黨於是發動表決，裁定霍德的行為藐視國會。顯然，兩邊都恨彼此恨得牙癢癢的。

林奇部長就沒那麼活躍，她對華府的圈子還不熟。她這個人話不多，只要一開口說話，聽起來就像是唸稿。在鎂光燈焦點下工作，總是得花點時間習慣，但林奇的任期不長，我不知道她的適應時間夠不夠。在公事上，霍德和他任內的司法部副部長互動非常頻繁，但林奇和副部長莎莉·葉慈（Sally Yates）的互動就沒那麼親密，兩人關係甚至有點僵，給人一種兩邊團隊老死不相往來的感覺。

而我在局長這個位子上，時間主要花在兩方面的事：處理緊急狀況，以及按部就班完成重點項目。局裡有很多做事方式我都想改變，包括面對上級單位的方法、面對網路世界、多元價值、情資等議題的態度。但改革要成功，就必須找個能幹的執行長——也就是局長——帶領大家前進。聯邦調查局也算是個跨國企業，不但國內每個州都有駐員，在全球八十餘國也有派駐人馬。這就表示，如果我想親自和局裡的下屬溝通交流，就得繞著地球跑。

上任十五個月內，我走訪了全美五十六個聯邦調查局辦事處，外加十幾個海外據點，親自和局裡的員工面對面交流，瞭解每個人的性格、想法和需求，總共花了我幾千個小時。第一件讓我覺得訝異的事，就是本局不必帶槍的專業探員，佔了總人數的三分之二。這些專業探員的領域五花八門，各有各的神通，包括情報分析師、語言學家、電腦工程師、人質談判專家、監視專家、實驗技師、受害者研究專家、炸彈技師等等。剩下三分之一的成員是外勤探員，這些人的專業背景同樣形形色色，尤其是在九一一事件發生後，大量青年男女為了報效國家而進入聯邦調查局，有當過警察和海軍陸戰隊的，也有當過老師、化學家、治療師、牧師、會計師、軟體工程師和運動員的。很多探員都跟電視上看到的差不多，就是一群身穿西裝、身材高大的俊男美女。不過整體而言，這些人其實圓的扁的都有，包括平頭哥、馬尾妹、刺青男、戴穆斯林頭巾的。有人身高超過一百九十公分，也有一百三十公分的矮將。

而所有成員的共同點則是大家都具備強烈的使命感，也就是因為他們，我才決定把聯邦調查局的使命宣言重寫一遍，讓文字內容能忠實反映這些人心底的志向：**保護人民，維護憲法**。

本局成員的多才多藝確實讓我讚嘆，但有一件事也讓我很擔心。九一一事件之後，白人探員的比例越來越高。我接任局長的時候，百分之八十三的探員都是白人。我對白人沒有偏見，我也在局裡說過這點，但這樣的趨勢肯定會嚴重拖垮聯邦調查局的辦案效能。我國人口組成越來越多元，在我看來是件好事，但這時候，要是局裡所有探員都跟我一樣是白人，整體辦案效能就會變差。假設聯邦調查局真的變成大家口耳相傳的「白人辦公室」，這百分之八十三要變成百分之百，老實說也是很快的事。我跟局裡所有人說，我之前和女兒提過局裡人種組成太單調的危機，也多虧她回我的話，讓我發現了我們的挑戰和機會，因為她當時說：「老爸，還不是因為你高高在上。誰會想在你這種人底下工作啦？」

我女兒的說法看起來沒錯，但也不太正確。因為，要是外面的人知道聯邦調查局的人是什麼樣子、在忙什麼，他們就願意加入了。而且當上探員之後又離職的，還真是少之又少。探員無論男女、膚色黑白、拉美或亞裔背景，每年的離職率大概都是百分之零點五。每個人只要進了聯邦調查局、熟悉這裡的工作環境和使命，就會越做越上癮，一路做到退休，就算只領公家機關等級的薪水、壓力大到不行，也在所不問。我告訴同仁，局裡目前面臨的挑戰很單純，就是得想辦法多和外界接觸，讓更多有色人種和女性認識聯邦調查局的工作內容（很多年來，局裡的有色人種和女性員工都不到百分之二十），試著邀請他們加入。我又說，這件事沒那麼複雜，因為外面的人才其實不少，只是他們不知道人生還有這個可能而已。因此，聯邦調查局決定盡力做宣傳，結果不過短短三年時間，員工人種的比例就真的改變了。我上任第三年，局裡舉辦了新進探員講習，在這一大班人裡，已經有百分之三十八都不是白人了。我們招募新血的標準從頭到尾都沒變過，唯一的差別是，我們比以前花了更多力氣做行銷，告訴外面的人加入聯邦調查局就有機會改變人生，而且這招很有吸引力。

國內加全球這一趟跑下來，我還明白了一件事，那就是局裡的主管們普遍能力不佳。我待過私人企業，我知道優秀的民間單位最在乎的是領導才能。他們會想辦法發掘、測試、培養領導才能，言談間也三句不離這件事。對他們來說，領導才能就是金錢。

不過在聯邦調查局裡，領導統御都是事後才會被檢討的因素。幾十年來，有很多宅心仁厚的人會自告奮勇當主管，就算得舉家搬到華盛頓特區總部附近，總部工作的工時又長，他們也都逆來順受。往好的方面想，自願當主管的好人還不少。但也有人是為了避掉自己表現不佳的工作項目，才自告奮勇當主管，或者是他們原本的主管不想再看見他們，就把他們升成別處的主管。和底下的人交流之後，我才知道局裡有好主管、爛主管，也有不好不爛的主管。但聯邦調查局的地位這麼重要，主管的能力竟然參差不齊，這點非改革不可。

我對所有人表示，我要執行一個大計畫，也就是讓聯邦調查局變成出產一級領導人才的政府單位，等局裡的主管退休（探員五十歲就可以退休）之後，民間單位還會搶著雇用他們擔任領導職。若聯邦調查局能夠培養優秀的領導人才，主管就能在民間開發事業第二春，以彌補當年陪自己過苦日子的家人。我告訴底下的人，美軍裡面擁有大量優秀的領導人才，聯邦調查局沒道理不能成為公部門裡數一數二的企業領袖搖籃。我說，我們要想辦法告訴大家傑出領袖要有哪些特質，接著挖掘、培養可造之才，同時要求能力差的現任主管努力改進，如果最後還是不適任就淘汰。

基本上，底下的人都非常支持我的計畫，於是我開始準備在局裡灌輸領導才能的觀念，想辦法讓大家把這個觀念天天掛在嘴邊，直到每位員工、每個部門都滾瓜爛熟，而且持續表現良好為止。我打算告訴大家，好的領袖要有以下幾個特質：

1、個性正直、素行良好；
2、擁有自信、謙遜抑己；
3、剛柔並濟；
4、行事作風透明；
5、明白每個人都想在工作中尋找意義。
6、領袖說的話固然重要，但實際的行動內容更重要，因為他們的一舉一動都看在下屬的眼裡。

總之，我們不但要求領袖要有好的操守，也會想辦法培養這樣的領袖。

我之所以懂領導統御的概念，是因為我在接下局長工作之前，早就花了幾十年觀察領袖、閱讀各種領導相關的文章，也不斷練習當領袖了。我學到許多經驗，又犯過一堆錯，之後終於明白自己喜歡在哪種領袖手下做事，也知道自己想變成哪種領袖了。所以一上任，我就馬上以身作則，讓大家明白什麼才叫好的領袖。

舉例來說，我第一天當局長的時候，就在大會議廳對局裡所有員工說話，告訴他們我對他們的期待，再聽聽他們對我的期待。當時，我面前還擺了一台攝影機。演講的時候，我人坐在一張凳子上，身上打了領帶、穿了一件藍色襯衫，卻沒穿西裝外套。對外人來說，這樣穿沒什麼特別，但穆勒當局長的十二年（他原本的任期是十年，國會又替他延長了兩年）期間，每天穿的都是白襯衫。他不是「有時候穿白襯衫」，也不是「大部分的時候穿白襯衫」，而是「每一天」都穿白襯衫。局裡的傳統就是這樣。所以，要是我打算改變領導作風，不妨從襯衫顏色這種小地方改變起。雖然我嘴裡一個字都沒提，但大家都看在眼裡。

第一天上任，我就列出了我對所有人的五項期待，後來也一提再提，凡是新來的員工一定都聽過。而且我只要人在局裡，就會把這五點掛在嘴上：

我希望大家在工作中發現樂趣。局裡每個人都是為了做好事、保護弱勢、拯救人質、逮捕壞人才來這工作的。這種涉及是非善惡的工作，做起來會非常快樂。

我希望每個人都能尊重別人並自重，不管對方的地位或職務如何，自己都要維持同樣的尊重原則。

我希望每個人都能維護局裡的信任風氣和誠信原則，因為這裡所有的工作都建立在信任之上。

我希望每個人都能在工作崗位上盡心盡力，才對得起納稅人的稅金。

我希望每個人都能努力追求均衡的人生。

我總是會特別強調「均衡的人生」，因為我怕局裡有很多人辦案太認真，人生都繞著案件打轉，還被案件內容弄得壓力過大。我也會提到我剛出道，在紐約當律師第一年，被派去威斯康辛州麥迪遜市與理查．凱斯共事一整年的經驗，分享我從他身上學到的事。我希望局裡的每個人下班後都能培養各種興趣，參加各種活動，認識各種人，好好調劑自己的生活。我對大家說，頭腦要清楚才能有效行使權力。人有行善或濫權作惡的潛力，所以大家的頭腦必須要清楚，才能釐清問題，能夠站在反方立場的角度看事情。我還表示，雖然我不確定判斷力要怎麼培養，但我知道放下工作、不斷充電才能維持好的判斷力。暫時離開工作崗位再回去上班，就能讓人冒出不同的想法。

說到這裡，我把話題拉到個人層次：「你身邊有一種人叫做『親人』，就是值得你付出愛心的人。」我提醒大家，執法單位常見一種弊病叫做「忙完再回頭」，也就是你會告訴自己，「我現在忙著捍衛國家，忙完再回頭和配偶、小孩、父母、兄弟姊妹、朋友聚一聚。」但我認為，執法人員不可以「忙完再回頭」，因為你做久了就知道，好人也會碰到倒楣壞事，等你忙完再回頭，你愛的人就不在了。所以我要大家找到自己愛的人，這才是對自己有益的正確方向。

我還分享了我在「恆星風計畫」和中情局酷刑事件悟出的道理。一個人很累的時候，判斷力會下降；連走都走不動的時候，更不可能拉高視野、讓自己脫離當下時空處理問題。碰到這種情況，我會命令大家趕快去睡覺，因為人睡覺的時候，大腦還是會透過神經化學機制進行思考判斷，建立各種神經連結，把你白天看過的各種資料串連在一起。人一累，判斷力就好不起來。我告訴同事，想顧好我說的這些事其實沒那麼難，「你可以嘗試一心多用，譬如和你愛的人一起睡覺，只要沒犯規都好。」

II

上任第一週，有天我走出我那間超大的辦公室，經過我那間大會議室，走過行政助理的位子。再過幾個月，這位助理就要離職了，她先前已經在局裡做了幾十年了，是不可多得的助手。不過，相較我的領導風格，她習慣的是穆勒迥然不同的風格。

「您要去哪裡？」她問。

「買三明治。」我回她。

「為什麼？」

「我餓了，我去餐廳一下就回來。」

「要是其他人在餐廳找您說話怎麼辦？」她一臉不解。

「這樣最好啊。」

不管是上任頭三年、頭八個月還是頭五天，我只要一有機會，就會走過長長的走廊，拜訪一下總部餐廳。我去餐廳的時候都不穿西裝外套，也會請隨扈不要站在我身旁，讓大家以為我是自己一個人走來走去。我不想讓局裡的員工誤會，覺得我把員工都當成危險人物。

去餐廳的時候，無論我心裡在想什麼，我都會踩著輕快的步伐，上半身抬頭挺胸，每經過一個人就向對方笑一下。我總是覺得，只要聯邦調查局局長一走進餐廳，就會接收到幾百個人的目光，而且每對眼神好像都想問「局裡的狀況還好嗎？」所以我得擺出適當的表情和姿勢，用外觀回答他們「局裡的狀況都很好，大家不用擔心」。

我也從來不插隊。就算我再想插隊或正在趕時間，還是乖乖排隊，等前面的人點完帕尼尼三明治（這道菜實在是慢到不行）。我的想法是，我不能讓別人覺得我高高在上，所以我必須排隊。

排隊的時候，剛好有時間可以認識其他人。我會跟排我旁邊的人講講話，問他們都在做什麼，他們覺得哪些事最有趣。聊多了，我也獲得了大量資訊。聊天時我也學會一件事：其實我沒有自己想的那麼重要。

上任快滿一年的時候，有天我跟排我後面的人聊了一下他的工作。他說他是管電腦主機的，已經在局裡三年了，他覺得工作最有趣的地方就是他的經驗和任務性質非常特別，超出民間單位裡的同齡員工一大截。我們聊著聊著突然沒話了，氣氛變得有點尷尬。對方大概覺得要禮貌性接個話，於是就問我：「那你是做什麼的？」

「我是負責管調查局的。」我回他。

他邊聽邊點頭，然後認真問我：「你管哪個部門？」

「帥哥，我是聯邦調查局局長，算是你的老闆。」我說。

尷尬的沉默。過了一會他說：「哦，你在網路上不是長這樣耶。」

當晚，我把這段對話說給佩翠絲聽，她大笑：「你每天應該都會遇到這種事吧。」

II

擔任聯邦調查局長之前，我在橋水投資公司上班，這是一間致力打造公開透明和誠信風氣的公司。我在橋水的時候發現，我的領導風格多少還是有點軟弱自私，因為我常常猶豫要不要點出下屬的缺失。**傑出的領袖既要心地善良，也要能堅守原則**；一個領袖要是既不善良又沒原則，帶人是帶不出什麼成績的。橋水公司的創辦人認為，回饋意見沒有正面或負面之分，只有準不準確的差別，我們給別人意見的時候要追求的是精準。假若我刻意迴避嚴肅話題，不告訴對方哪邊做不好、可以怎麼改進，反而剝奪了下屬進步的機會。我畏縮不僅是因為怯懦，更是一種自私。若我真心在乎我手下的人，想營造心目中互相體恤的環境的話，我其實應該要對他們坦誠才對，就算會讓對方坐立不安也一樣。當然，我也應該要仔細思考怎麼表達最好。給對方意見的時候，總是會有個最好的時機和方式，假設今天某個下屬的媽媽過世了，我的意見就不能太犀利，但基於職業倫理，我還是得點出他的問題。

有效能的領袖都不太需要對下屬大吼大叫。他們會散發出一種氣場，當他因為某人辦事不力而發怒的時候，對方也會因而責怪自己。領袖與其營造恐懼，不如訴諸罪惡感和真心關懷，更能讓底下的人願意向上提升。團隊運動的教練也一樣，他們只要輕描淡寫地跟隊員說「看你們剛剛的表現，你們根本沒發揮實力吧？」就能收服隊員的心了。這種教練備受隊員愛戴，隊員因為知道教練關心每個人，也會盡心盡力不要讓教練失望。大家都喜歡替這種領袖做事，就像我青少年時期在超市打工的老闆哈利．豪威爾。如果主管總是對員工大呼小叫、拼命貶低對方，自然不會有優秀人才願意替他效力。

在局裡，我常常舉球星勒布朗．詹姆斯當例子。我不認識他，但我很喜歡提關於他的兩件事：首先，他認為自己是全世界最會打籃球的人；其次，他永遠覺得自己還有進步空間。有文章說，詹姆斯在球季結束期間都會進行自主訓練，想辦法改進自己的技術缺點。表面上看來，詹姆斯的頭腦實在有問題，他已經是全世界最厲害的球員了，不是嗎？不過從另一個角度來看，他的做法就非常有道理了：他沒在和別人比，而是和自己比。傑出的領袖不太理睬「標竿管理」這一套，也就是拿自己的組織和其他組織比較，因為他們知道自己的團隊永遠不夠好，所以只要專心拼命設法提升自家水準就好。

我剛當上局長沒多久，就對大家說局裡的領導風氣非改不可，結果有人拿了一份調查報告給我看，上面說聯邦調查局的領導績效，在全美十七所情報單位高居第二位。我把報告還給他，跟他說，我不管我們第幾名，我沒在和別人比。我要比，只會和我們自己比，而且我們目前的水準連「好」這個字都稱不上。溫和且堅定的領袖因為關心屬下，才會知道屬下還有進步空間，也會激勵大家不斷提升自我。

我知道局裡還有很多地方有待加強，所以我要求全體員工閱讀馬丁·路德·金恩博士的〈來自伯明罕監獄的信〉，這是我這輩子讀過數一數二重要的作品。這封信的內容有一部份受到了神學家雷恩霍爾·尼布爾的啟發，試圖在殘缺醜惡的世道中尋找公平正義。我知道聯邦調查局當年用了暗黑手段處理民權運動，尤其是對待金恩博士的方式，這是一段不堪回首的歷史。正因如此，我才想認真改革局裡生態。我要求位在維吉尼亞州匡提科的「聯邦調查局學院」加開課程，所有受訓的探員和分析師都必須知道聯邦調查局以前對付金恩博士的暗黑手段，都必須知道以前政府企圖阻擋共產黨人滲透的反諜任務，為何會淪為恣意妄為的邪惡計畫，造成民權領袖和其他人不斷被政府騷擾、攻擊，而且這些威脅動作還無法條可管。我希望受訓的人記得，一開始抱持善意的人也有可能走火入魔。我希望他們記得，聯邦調查局曾經寄過黑函給金恩博士，叫他去自殺。我希望他們把這段歷史看清楚，實地走訪位於華府的金恩紀念中心，看看園區石牌上刻的金恩名言，思索一下聯邦調查局追求卓越的精神和責任。

針對這些要求，聯邦調查局訓練部門設計了一套課程，所有受訓新人都要在課堂上閱讀這段血淚史，最後再走一趟紀念中心才算受訓結束。每個人都要從紀念中心的牆壁上挑一段金恩博士的語錄，譬如**任何地方的不公不義，都會損害所有地方的公平正義**（Injustice anywhere is a threat to justice everywhere），或**評斷一個人的終極標準，不是看他如何度過舒適和順遂時刻，而是看他怎麼應付挑戰和爭議局面**（The ultimate measure of a man is not where he stands in moments of comfort and convenience, but where he stands at times of challenge and controversy）。然後，學員還需要寫一篇論文，討論金恩博士語錄和聯邦調查局的精神有哪些相同之處。這門課不會對學員灌輸特定觀念，只會要求他們多思考歷史議題和組織精神。就我所知，在聯邦調查局學院受訓的新人當中，這門課一直都是最受歡迎的內容之一。

為了確認大家都明白我的要求，我還影印了胡佛局長一九六三年十月間寫給司法部長羅伯特．甘迺迪的便箋，要求司法部允許對金恩博士實施電子監控。這張短短一頁的紙上只寫了五個句子，其中沒有具體事實，而甘迺迪在頁尾也簽了名同意授權監控金恩博士，且沒有任何時間、地點的限制。我把這張紙壓在我辦公桌玻璃墊下某一角，我每天早上就是坐在這張桌子前，批閱調查局和司法部基於國安因素提交的國內電子監控申請公文。我跟胡佛局長一樣，都要親自批申請公文，但我們兩個的差別是，我手中的申請公文會送到法院，而且公文數量驚人。我都會跟下屬說，雖然提出監控申請真的很煩，但這就是正當法律程序。

我之所以把這張便箋的影本夾在桌上，不是為了批評胡佛或甘迺迪，而是要強調監督和約束的重要性。我相信，胡佛和甘迺迪都認為自己做的事是對的，但他們從來沒有認真檢驗自己的信念，因為當年根本沒有半點檢驗機制。檢討自己確實很痛苦，可是，這是改變未來的不二法門。

不管是這項計畫或其他改革目標，局裡的基層員工都很支持，這點從每年全體員工的匿名評鑑內容就看得出來。不過我也知道，有些已經離職的員工很不認同，覺得我為什麼要「攻擊」自己領導的組織。但基本上，**保持公開透明才是正途。把問題、煩惱、期待、疑慮全都攤開來討論，讓大家共同來思考怎麼改進，才是最理想的領導方式。**唯有面對問題，才有可能用健康的方式解決問題，要是把痛苦埋在心底，時間再久也化解不了。一旦我們能記取教訓，誠心面對自己犯過的錯，之後就不會重蹈覆轍了。

杜魯門總統曾經說過：「世界上唯一的新鮮事，是你沒聽過的歷史。」人總是會做出同樣的蠢事和壞事，而且沒完沒了，因為我們都忘記歷史了。

第九章

什麼是正確的聆聽：黑人屢遭警察槍殺

願我不求被他人理解，而是去理解他人。

——聖方濟各和平禱文

艾瑞克．加納、塔米爾．萊斯、華特．史考特、佛雷迪．格雷……

這幾位都是二〇一四到二〇一五年，在警民對峙事件中，被警察開槍打死的黑人平民。這兩年間像他們一樣喪命的黑人還不少，而警民衝突的畫面都被錄了下來，影片在網路上爆紅，引起長期被歧視、被偏差對待的黑人社群不滿，怒火一觸即發。

其中一位槍下亡魂，更在國內掀起輿論巨浪。二〇一四年八月九日，密蘇里州佛格森市一名黑人青年男子麥可．布朗（Michael Brown）遭一名白人警察開槍擊斃，引發當地黑人社群暴動示威，時間長達數週，還掀起全國前所未有的輿論關注，探討警察如何使用致命武力對付黑人。

聯邦政府針對本案進行數月調查偵辦，釐清了幾項重要事實。長期以來，佛格森市警方對於非裔美國人都抱持偏見，而州政府執法時也是如此，不管是開罰單、保釋，都處處為難黑人。佛格森市跟美國很多城市一樣，警察只要一天不改革，非裔美國人就永遠不會信任警方。黑人社群被警方打壓久了，怒氣不斷累積，當麥可．布朗被擊斃之後，眾人的情緒自然受到事件激化，釀成了各種衝突。

最後司法部發現，若要以聯邦法的侵犯民權罪控告擊斃麥可．布朗的警察，罪證仍嫌不足。聯邦調查局實際走訪佛格市內幾百戶人家之後，發現不但起訴罪證不足，事件發生時媒體的報導更是錯誤百出、混淆視聽。

針對此案，一般大眾聽說或自認目擊的事件經過，大部分都和事實相反：證據顯示，麥可．布朗並不是在投降之後被警方擊斃，DNA化驗結果也顯示，這個人攻擊警察，試圖搶走警槍。他死後好幾個月，聯邦政府的調查結果才正式出爐，但結果已經沒多少人在乎了，因為大部分的人已經被錯誤資訊洗腦，相信布朗是在高舉雙手、絲毫未反抗的情況下被打死的。雖然真相釐清了，但假消息也已經環繞世界好幾圈了。

司法部的意見重要歸重要，但還是公布得太晚了。二〇一五年春，努力查案的司法部公開了詳細調查報告和調查意見，不過網路上早已流傳七支警方和黑人民眾的對峙影片，全國拼命討論警方執法過當。有幾百萬人看了警方暴力執法的影片，例如紐約市警方勒斃艾瑞克．加納的影片，還有克里夫蘭市警方在公園裡開槍擊斃十二歲的塔米爾．萊斯的影片。另外，有幾百萬人也看了南卡羅萊納市警方槍殺華特．史考特的影片，警察在朝對方背部開了一槍之後，動手佈置現場，企圖掩飾罪行，這些行徑全都被錄了下來。還有幾百萬人看了巴爾的摩市警方把佛雷迪．格雷拖進警車後座的影片，格雷最後就死在車上。這幾樁奪命慘案，深深影響了人民對警察的觀感。幾百萬人原先可以和警察有良好的互動，現在卻蒙上了一層揮之不去的陰影。至於警方始終如一的暴力執法方式，更讓民眾的怒火越燒越旺。

動盪不安的情緒持續發酵。二〇一四年底，有兩名紐約市警察遭到報復攻擊而喪命，殺手揚言要繼續「把翅膀插到豬身上」，這是「殺警」的俚語。歐巴馬指派我代表總統，出席一名殉職員警的喪禮。我來到布魯克林一間小型殯儀館，和員警劉文健的家人談了一陣子，當時，空氣中哀慟的情緒實在太過濃烈，讓人喘不過氣來。殯儀館外，幾千名面無表情的員警則在冷風中列隊致意，隊伍長達好幾英里。

佛格森事件後，我感受到了黑人社群的痛苦和憤恨；而殺警案發生後，我又感受到了執法人員的痛苦和憤恨。員警在街上戍守時會覺得危機四伏，而且感覺自己的付出不受尊重；另一方面，市民也不信任警方。

以前，美國的執法人員和黑人社群是兩條毫無交集的平行線，這兩條線在某些地區靠得比較近，在某些地區則遙遙相隔。結果，現在一下傳出平民被警方虐死的影片，一下子出現員警被殺害的影片，讓兩條平行線不但漸行漸遠，還處處針鋒相對。

我拼命想，到底能說些什麼、做些什麼，才能改變這樣的局面，拉近兩條對立平行線的距離。聯邦調查局雖然是隸屬聯邦政府的調查單位，但也會負責訓練各地的警官，並以重要合作單位的身份確保員警執法方式整齊統一，因此我們也和各地員警的執法行為密不可分。

有鑑於此，我決定要做兩件事。首先，我想利用我局長身份的高度公開發言，拋出一些個人理念，激發更多良性對話。再來，我想利用聯邦調查局在全國各地的辦公室，讓良性對話順利開啟。於是在二〇一五年二月間，我到了喬治城大學演講，和聽眾分享四件大家必須明白的「殘酷事實」。

我提出的第一件事實是，執法人員必須明白，長久以來讓美國黑人不斷受虐的都是執法者自己；我們必須面對歷史事實，因為我們所服務、保護的人民絕對不會忘記歷史。第二件事實是，每個人都得承認自己隱約抱持了某些偏見，只要我們稍有不慎，這些偏見就會形成偏頗立場，導致不公不義的情形發生。第三是，在執法單位逮捕年輕有色人種的諸多事件當中，執法者對外界做出的任何回應，有可能會招來各種歪曲的評論或嘲諷。最後，我們還必須瞭解，美國治安最差的地區裡雖然有各種棘手問題，但我們不能把所有的錯都推給警察，而是要明白大家把矛頭指向警察的原因：社區問題的根源和解法實在太複雜，乾脆怪警察。接著，我要求全美五十六個聯邦調查局辦事處召開一系列會議，邀請執法單位和黑人社群會面，一起釐清事實，討論如何重建彼此的信任，讓兩條平行線回到相安無事的狀態。當面討論比較難激發仇恨，而聯邦調查局能做的事，就是邀大家當面討論。

我在喬治城大學演講完之後，外界給了我正面的評價。我身為白人，又是聯邦調查局局長，加上長期執法的經驗，自然能提供外界普遍不熟悉的資訊，深入介紹美國執法單位的歷史和內部的種種偏見。很多警官也私下感謝我公開發聲。不過，這兩條平行線還是相距甚遠，沒有拉近的跡象。

一直到二〇一五年中，有個大麻煩出現了。當年夏末全美四十幾座大城市紛紛向聯邦調查局反應，兇殺案件數量從二〇一四年底起節節攀升，而其中最不尋常的一點，則是兇殺案數量攀升率各地不一，甚至毫無規律可言。事實上，全美前六十大城市當中，有將近二十座的兇殺案數量並未增加，有幾座城市的數據還下滑。若就分布狀況而言，全美兇殺案增加的城市和沒增加的城市，則呈現了互相交錯的狀態。

其實，連我在喬治城演講的時候，兇殺案都還是持續增加，而且死者幾乎清一色是年輕黑人男性。綜觀所有兇殺案驟升的城市，雖然都有幫派或非法毒品問題，但類型各自不同；比較明顯的共通點，則是這些城市的大型貧窮黑人社區裡，年輕黑人男性被其他年輕黑人男性槍殺的人數越來越多了。

這些城市的警官表示，兇殺案數量之所以會攀升，可能是因為警民的互動模式改變了，而後者又和爆紅影片帶出的輿論風向有關。我其實無法判斷現象背後的成因，因為我既不是專家，手邊也沒有相關資料可以參考，不過，我還是決定要認真討論這個現象。畢竟，黑人男性死亡人數增加這件事，不但輕易就被社會忽略，也很容易被當成「特定地區中特定族群」的問題，以致於沒人想認真討論。對於這件事，一定要有人出來說幾句話，讓大家認真討論目前發生的狀況才行。話雖如此，我內心還是希望我是錯的，希望最後能發現數字背後的成因很單純，或者只是隨處可見的隨機統計異常值。

在此同時，國會裡出現了一個由自由派民主黨人及自由主義共和黨人組成的奇妙聯盟，而歐巴馬政府也開始和這個聯盟合作，試著減輕某幾項聯邦罪名的罰則。這也是極端右翼保守的共和黨「茶黨」人士唯一認同歐巴馬總統施政方向之處。我看過提案內容之後，覺得還算中規中矩，合情合理，所以沒被氣到胃痛。只是我也知道，很多提倡刑案司法改革的人，都希望全體國人能正視兇殺案激增的事實，一同討論現象本身和可能的成因。我懂他們在想什麼，因為我自己也不希望看著越來越多年輕黑人男性喪命，但又隱約覺得問題的根源，是某些人的行為模式大幅改變了。

所以，二〇一五年十月我在芝加哥演講的時候，又談了同一件事。我說，黑人社群和警方這兩條線正漸行漸遠，各種對立言論也不斷把兩條線越扯越開。我還舉了兩個很常出現的推特標籤，來解釋我自己的想法：

我發現，網路上有一些對立標籤，會把兩條線越扯越遠，包含「＃黑人的命也是命」（#blacklivesmatter）和「＃警察的命也是命」（#policelivesmatter）。沒錯，這些標籤和標籤背後的概念很重要，可以讓輿論意見更多元，可是只要一有人把「＃黑人的命也是命」和反執法人員劃上等號，就會有一條線被扯遠了。只要一有人把「＃警察的命也是命」和反黑人劃上等號，另一條線也會被扯遠。我一直覺得，每發生一樁新事件、每流出一支新影片、每推出一個新標籤，這兩條線都會被越拉越遠，而且被拉開的速度還越來越快。這對我們來說絕對是壞事。

然後，我開始討論數量節節攀升的兇殺案，想解釋弱勢社區的兇殺案數量之所以呈現三級跳，而且死者幾乎都是年輕黑人男性的現象：「我發現這兩條線越拉越開，讓我覺得，搞不好問題就出在這兩條線越拉越開上面。」我說，黑人社群、學界、執法人員必須認真把答案找出來。我同時舉了我聽過的一些論調，包括槍枝、毒品、幫派、從牢裡放出來的犯人等等。但我也說，這些說法沒有半個能解釋為什麼全美國都有這樣的現象、為什麼會在各地同時發生。

我又表示，我還聽過另一種說法：「有個說法，沒什麼人公開討論過，全國各地的警方或官員也都只是私下小聲討論而已，不過在我看來，這個說法比較能解釋年輕黑人死於暴力的發生地點和時間。雖然我聽過很多種說法，但就只有這個比較合理，那就是，警察執法的方式可能變了。」

我說：「我不知道這是不是事實，我也不確定這種說法能不能解釋所有兇殺案。但我可以明顯感覺到，過去這一年發生的事件，某種程度已經讓執法人員草木皆兵了。」

演講最後，我向大家呼籲：

> 我們必須釐清狀況，然後立刻拿出對策。有人說現在才十月，先等到年底的兇殺數據出來再說。可是我不想等。畢竟，各大城市的警察首長都跟我們回報狀況了，而且這些可不只是資料數據而已，這些都是人命。執法單位的首長們不能再拖延，必須盡快要求下屬好好執法。我所謂的好好執法，指的就是執法要堅定、公平、專業。同樣地，黑人社群領袖也必須盡快呼籲警方好好執法，並協助警方達成目標。另外，他們也必須盡快呼籲大眾尊重警察執法，給警方發揮效率和專業的空間和時間。

我知道，我說了這些話一定會激怒歐巴馬政府裡的某些人，但我堅決認為，聯邦調查局局長面對這一類刑事司法事件的時候，非得基於獨立職權表達立場不可。歐巴馬總統任命我當局長的時候，就跟我說他想讓聯邦調查局局長獨立行使職權。犯罪、種族、執法等相關的問題不但複雜，而且總是牽扯各種情緒，但要是不提出來討論，是沒有機會改善的。

我猜對了一件事，那就是大家都被我的話激怒了，而且，被激怒的人比我想的還多。我本來是打算提醒大家問題有多嚴重，從而仔細探討問題的因素和解決的方法。我原本是想逼大家認真討論這個嚴肅的議題，針對事實真相提出質疑，同時努力蒐集資料，讓更多人投入資料分析。再說，我本來還以為呼籲警方好好執法、呼籲黑人社群好好配合警方執法，就能進一步改變某些人的行為模式，讓更多人免於受害。結果，我又再次看見了社會裡的「部落主義」。

警察工會超級不爽，他們覺得我只會怪警察，把他們當成膽小鬼。左派人士認為，我口中的「佛格森效應」根本無憑無據，絕對不是事實。這些人還說，我是在阻止大家認真檢討警方的作為。在右派人士眼中，兇殺案在美國已經變成一種潮流了，而且都是歐巴馬的錯。

可惜，會問「什麼才是事實？」的人太少了，會認真思考各種可能性，進而探究真相的人也實在太少了。一般人只想找同溫層取暖，和自己人站在一起而已，根本沒什麼人會花時間思考「柯米人到底在擔心什麼？他到底想說什麼？」

不過在所有人當中，還是有個核心人物願意思考這個問題。芝加哥演講完畢，我剛回到華府，我的幕僚長跑來說，總統想找我到橢圓辦公室談一談，但他完全沒提到要談什麼，也沒說還有誰會來一起談。結果參加會議的只有歐巴馬總統和我，這是我第一次單獨和他開會。

認識我太太之前，我完全不懂「聆聽」是什麼。在我眼裡，華府大部分的人也都不懂，至少我的感覺是這樣。華府的人以為聆聽就是暫時保持沈默，先等其他人把話說完，再換自己把想說的話說完。我們在電視上看到的「辯論」，基本上都是這種模式：要發言的人都先坐在椅子上，開場燈光亮了之後就輪流站起來把準備好的講稿念完，一個人講完之後，再換人念稿回應前一個人的稿子。聽的人全都是左耳進、右耳出，根本沒把話聽進腦子裡，這就叫做「華府聆聽模式」。

我結婚後才明白一件事：我以前想像的聆聽，和真正的聆聽八竿子打不著關係。我過去的想法跟很多人差不多，以為聆聽就是安安靜靜坐著聽別人說話，再想辦法聽懂對方的話。

我錯了。**真正的聆聽除了保持安靜、把對方的話聽進腦子裡之外，還要配合一個有點玄的招數：透過姿勢、表情、聲音告訴對方「我想要你腦子裡的訊息，我要知道你知道的事，我想讓你一直講這件事講不停」**。兩個好朋友的聊天方式，一定會讓速記員崩潰，因為兩個人會同時說話，一個人在講完整句子的時候，另一個人會發出各種附和的聲音如「嗯哼」、「哦」、「我知道」、「嗯，對，哦我看過，對，沒錯他們會這樣做」。他們聆聽對方的模式是一面餵訊息給對方，一面把訊息從對方嘴裡釣出來。他們會輪流餵訊息、釣訊息、餵訊息、釣訊息，等到兩邊越來越熱絡，餵和釣兩個動作就會交融在一起。這才叫做聆聽。

為了有效管理聯邦調查局，我花了很多時間聆聽各方的聲音，這也是每個人都想做到好的事。可是，要領袖好好聆聽不是件容易的事，因為一旦認真聆聽了，整個人的氣勢會變弱，有損自己的上級威嚴。歐巴馬總統挑我當聯邦調查局局長的時候，我覺得受寵若驚；現在跟他單獨開會的時候，我又有驚豔的感覺，因為我發現他聆聽的技術之高，是我碰過最會聆聽的領袖之一。

和他一起開會的時候，我都看見他用心聆聽各方意見，不管對方是校長還是靠牆椅子上的基層，總統都一視同仁，不因階級給予差別待遇。我記得有次在戰情室開會討論機密科技，國防和情報單位首長的長篇大論之後，歐巴馬總統問了現場某個矽谷鬼才，想知道這個沒打領帶、坐在靠牆椅子上的人心裡有什麼想法。接著，這一身邋遢的小伙子就提出了和幾位高官相左的意見。歐巴馬總統真正想聽的，是大家各自的想法，這大概是因為他以前當過教授，已經習慣抽點坐在最一排的學生發言了吧。雖然每次他隨意點人發言，總是會讓討論發散失焦，但他也因此能接收到更多不同的觀點，尤其是前任總統任內不會出現的觀點。在小布希總統執政的年代，這類觀點常被消音，或許是因為職位高低差異，或許是不敢講出總統不敢講的話。還有，小布希總統在戰情室裡開會時，絕對不會有人沒打領帶就出席。就算某個沒打領帶的人溜進戰情室，躲在最後一排坐著，也不會被抽點發言，要是他在會議上發言了，大家還會笑他儀容不整。

歐巴馬很會帶討論，願意給大家公平發言的機會，聽聽各種和自己不同的想法。他會轉身看著正在發言的人，給對方夠長的時間暢所欲言，不會中途打斷。他沒說話的時候也會善用表情和姿勢，偶爾搭配一些細微的聲音，誘導對方繼續說下去。他會把一字一句都聽在心裡，光聽他聽完發言之後問的問題，就知道他多用心聆聽了。而且，他常常是根據前幾分鐘的發言，拋出相關的問題。

即使是他不想聽的事，歐巴馬也非常喜歡討論，我自己就親眼見證過。在我拋出執法人員、種族、平行線越走越遠的見解之後，整個白宮都坐立難安，於是，我才剛從芝加哥回到華府，就被叫進橢圓辦公室跟歐巴馬總統開會。當天我發現他刻意把資深幕僚和司法部的人都支開，只留我們兩個人在辦公室，這是我當上聯邦調查局局長二十六個月以來，第一次跟總統單獨開會。我走進辦公室大門、經過老爺鐘，只看到總統，我心還在想，大概要被總統慘電了。總統還是坐在老位子上，也就是壁爐右邊的扶手椅上，我則是挑了他左邊的長椅坐了下來。

結果我沒被電到飛天，反而是總統自己先說：「我找你來，是想知道你有什麼想法、什麼感覺，我想聽聽你的觀察，瞭解一下你的意見。」接著，我們談了大約一個小時。我要強調，我們真的是在對話，雙方都在餵訊息、釣訊息，是貨真價實的交流。

總統對我拋出了開放式問題：「對於這件事，你有什麼觀察？有什麼疑慮？」為了回答這個問題，我大概講了十分鐘的兇殺案發生地點和時間，也就是在全國四十幾座大城市裡，有越來越多年輕黑人男性因為兇殺案喪生，而且這些城市的兇殺案數量還同時增加。這不但跟其他犯罪行為的變化趨勢不相符，命案數量有增加和沒增加的城市還彼此交錯分布。我說，我擔心大部分的美國人都會冷眼旁觀，因為死的是黑人男性，再加上都是發生在「那種」地區。我還說，我總覺得「這個趨勢」跟「到處流傳的影片導致某些人的行為改變了」這兩者是相關的。

我說，我的用意是提出疑問，想知道警察和黑人社群是不是在某些細微的事情上互相對立，最後加總之後就鬧出了大麻煩。我還說，如果問題的根源真的是這樣，我希望我拋出疑問之後，能幫助某些人改變行為模式。

我一說完，總統就表示他很讚賞我的思路，接著講了幾個我在演講裡提過、但他不太同意的地方。舉例來說，我演講的時候用了「除草播種」這幾個字，因為我覺得要先把壞人揪出來，然後在案發的社區重建健康的風氣，這樣才能真正解決問題。不過總統卻反問我：「你不覺得這幾個字聽在黑人耳朵裡不太舒服嗎？社區裡的年輕黑人不就被你當成雜草了嗎？」他接著說，黑人老是覺得很怒，因為他們雖然很歡迎警察進駐維持秩序，但又不滿自己居住的環境條件不佳，包括學校條件差、工作機會少、毒蟲多、破碎家庭一堆，才會需要警察來維持秩序。

我跟總統說，我從沒想過有色人種會這樣解讀我的用詞。我在演講中說出「除草播種」這幾個字之前，其實完全沒思考過聽眾的感受，尤其是環境不佳的黑人的感受。畢竟這幾十年來，執法人員的圈子裡都是這樣說的。總之，我當時完全只想到了自己。還好，有個黑人給了我別的視角，而且這個黑人剛好是美國總統。

我們還談到，在監的受刑人有極高比例都是黑人，這對黑人社群會造成一定影響。另外，我們又提到監獄的教化功能很差，不可能幫助受刑人重回社會展開新生。對我來說，一堆黑人被關的確是悲劇，總統也說，我們的受刑人這麼多，這個國家肯定是生病了。他描述這件事的時候，用的詞是「大規模監禁」，但他趕快補充說，對於畢生努力降低犯罪率的人來說，這個詞聽起來應該會很刺耳。這點我很認同，因為我一聽到「大規模監禁」，就會想到二戰期間大量日裔美國人被關進倒刺鐵絲網的集中營。我認為這個詞很不精準，而且聽在很多善良的執法人員耳朵裡分明是侮辱，因為這些人特別關注高風險社區，努力協助受困其中的居民。我告訴總統他的用詞不精準，是因為監禁根本不是「大規模」進行的，每名刑事案件的被告都是各自被起訴、各自有律師代為辯護、各自被法院定罪、各自被判刑、各自經過上訴庭審理之後，才被關起來的。我說，這些被各自判刑的人加一加，監獄裡就有一堆囚犯了，但這跟「大規模」扯不上半點關係。我又說，這個詞之所以會侮辱人，是因為它忽略了警察、探員、檢察官外加黑人社群對犯罪高風險社區付出的救援心力。

總統回答我，他希望我試著去瞭解：黑人對於執法單位和法院的觀感，差異非常大，而且他們確實眼睜睜看著很多黑人同胞被關起來。整體來說，黑人坐牢的比例比其他人種還高很多，所以當他們認定這是「大規模」監禁，我們也很難批評他們用詞不佳。

開完會之後，我覺得我整個人的眼界開了，我也希望在某種程度上，我給了總統看待這件事的新視角。這場討論進行的方式，和華府常見的聆聽模式完全不同，因為雙方都願意用同理心去理解對方的觀點，也願意放下身段被對方說服。

歐巴馬總統要是自信不夠，謙虛不夠，就不會用這種方式和我對談了。其實在我看來，若說他這位領袖有什麼偏差，頂多只是他的自信比別人高一點罷了。關於這點，我是在處理「通訊加密」這項最棘手的政府工作時體認到的。

II

我還沒出任聯邦調查局局長的時候，國安局外包工程師愛德華．史諾登（Edward Snowden）偷了一堆關於國安局情蒐手段的高度機密資料，再把手上大部分的資料公開給媒體。史諾登竊取資料的行為不但重創美國的情蒐能力，還引起另一種效應：第二年起，全球開始出現一些壞蛋，利用高度加密屏障的設備和通訊管道來傳遞他們的訊息，此舉破壞了政府的監控機制，使得經過法院允許的電子監控手段（這是聯邦調查局實施監控的方式）變得越來越困難。經過這麼一亂，我們原本長期掌握的恐怖分子聯絡網，現在都慢慢追蹤不到了。這樣實在很恐怖。

到了二〇一四年九月，眼看著政府執法越來越困難，偏偏在此時蘋果公司和Google公開宣布要把他們行動裝置的資料預設為加密。這樣的公開聲明，感覺上是想傳達一種價值觀：他們要讓通訊裝置免於法院命令的拘束——至少在我聽來是這個意思。我差點被氣暈過去，這些腦袋一流的人不知道在想什麼。他們難道不知道，要是法官連在合理範圍內都不能下令監看電子通訊設備內容，這樣會使社會付出多大代價嗎？我固定都會接受記者團訪問，討論聯邦調查局和司法部的相關情形，而蘋果和 Google 的公開聲明，是在我某次記者會前一晚發布的。我本來沒打算在次日記者會上談加密這件事，但那次我真的忍不住了，於是對記者表示，裝置資料被預設為加密，讓我非常不滿：

我信仰法治，也相信全國沒有半個人可以不受法律管轄。我擔心的是，一般人會受到很多公司的公開聲明影響，覺得自己可以超越法律。

這句話一說出來，我也正式捲入了一場複雜難解、充斥各種情緒的戰局。

聯邦調查局和蘋果這類公司之所以不一樣，很大部分的原因在於我們看世界的方法不同，以及我們的視野都有侷限。老實說，這兩邊都沒什麼在認真聽對方說話。那些科技公司的主管和老闆其實不知道聯邦調查局每天在處理的黑暗世界。在局裡，我們每天都要努力揪出意圖策劃恐怖攻擊、傷害幼童、參與犯罪集團活動的人，對於人性最醜惡的一面，我們看得實在太多了。駭人聽聞的犯罪行動就像空氣一樣，是調查局全體人員不得不面對的日常，也是局裡致力掃除的對象。一想到科技圈不懂人性黑暗面，我就覺得氣憤。

我常常對局裡的人開玩笑：「廢話，矽谷那些科技人怎可能看得到黑暗面。他們住的加州每天都出大太陽，周圍每個新貴都聰明又有錢。」這些人的世界是以「促進人際關係」的科技為中心。誰不喜歡和自己的阿嬤分享小貓 GIF 動圖？誰不喜歡在進星巴克之前先用 app 點咖啡，這樣一走進咖啡店，咖啡就做好了？玩笑歸玩笑，我還是覺得科技圈不食人間煙火，不明白一旦執法人員沒辦法透過法院命令取證，社會將付出極大代價。還有我也覺得，要是有人說聯邦調查局太愛計較代價，這倒也沒什麼錯，因為我們日常處理的事情真的太黑暗了。

既然雙方視野都有所侷限，我認為要解決問題，就不應該是蘋果公司或聯邦調查局哪一方說了算，而是讓國人自己決定他們想過什麼樣的生活，盡量做到自治才對。這方向是很務實沒錯，但裡頭卻有一堆天大的麻煩要解決。就通訊加密問題來說，當「隱私」和「治安」產生衝突，牽涉到的就不只是隱私或治安議題，更包括科技、法律、經濟、哲學、創新、國際關係，甚至是其他種類的利益和價值觀等議題。

政府心裡有時太過強調個人隱私，可是為了保障整體社會利益，在證據齊備、有適當單位監督的情況下，政府還是得讓步，讓我們試著探入私領域，取得必要訊息。從以前到現在，美國從沒有哪一塊領域是司法不能介入的。基於專業訓練和天性，歐巴馬總統是不折不扣的民權自由主義者，但他也知道，如果我們一味高舉保障隱私的大旗，反而會在暗處製造危機。對此，二〇一六年春天他在德州奧斯汀市表示：

所謂的危險，絕對不是說說而已。樹立法律、維護秩序、打造文明社會，這幾件事都很重要。同樣地，保護下一代也很重要。所以我想告訴大家，堅持採取絕對主義不是好事，我們總是有必須妥協的時候……有人因為覺得自己的資料獨一無二，所以不向外界低頭也沒關係。但我認為，這種想法是不對的。

他不但認真思考這個議題，還在白宮內召開史上從沒開過的會，仔細討論隱私和治安互相牴觸的時候該怎麼辦。有一次他說，某個公司做出的決定，不應該帶來「使得國內有一大群人享受到『免於司法審判』之權」的結果。因為這件事等於徹底改變了國人的生活模式，因此，能做決定的只有美國人民自己而已。

可惜的是，歐巴馬執政的時間不夠長。雖然在他的領導之下，政府在這方面做出了一點成績，像是研擬出一套稱為「概念性驗證」（proof of concept）的技術方案，證明了「保護行動裝置的隱私，同時允許法官在適當情形下授權存取內部資料」是可行的。不過這項計畫執行到一半他就卸任了，還來不及決定下一步該怎麼走，包括決定要訂定相關法條還是實施管制。

當年討論過的資料加密議題當中，有一點我到今天都忘不掉。二〇一六年夏天，我坐在白宮戰情室裡，在場的還有各部會首長和幕僚，都在和總統討論同一個議題的不同面向。所謂的戰情室，其實是很多辦公室和會議室的總稱，它們的用途都是支援總統和國安局。不過，總統平常召開國安會議的會議室也叫做戰情室。這間會議室的真實樣子，跟電視上呈現的完全不同。裡頭的空間真的不大，勉強可以塞十張皮面滑輪椅，讓十個人坐在桌前和總統開會，而且每個人都得嚼口香糖才能維持會議室的口氣清新。

入座的方式是由桌上的名牌決定的。每場會議之前，負責管理戰情室的職員就會把名牌擺好。我去過戰情室十幾次了，前後還經歷過三任總統，但我始終搞不懂名牌的順序是怎麼決定的。有一段時間，我連續參加了好幾次戰情室開會議，可能是因為每次會議形式都不太一樣，所以我的名牌位置也一直換，座位當然就跟著換。總統正對面架了螢幕和攝影機，用來顯示不在會議室裡的資深首長，讓他們可以一起開會。為了不要擋住螢幕畫面，總統正對面的位置不會坐人。每一格畫面只會顯示首長腰部以上的樣子（我會知道這件事，是因為我有一次在夏威夷和華府的人「面對面」開會，那時候，我上半身穿西裝外套、打領帶，但下半身只穿了泳褲）。有時候職員會拉幾張木頭椅進去會議室，放在離總統最遠的桌子末端，我戲稱這些是「兒童椅」。因為我不是內閣成員，所以常被指定坐兒童椅。人比較好的同事看我人高馬大，偶爾會把他們的大人椅讓我坐，才不會看到我擠在小椅子的搞笑畫面（我的綽號是聯邦調查局長頸鹿）。靠牆的位置還可以再坐十到十二個人，不過這個位置的空間真的太小，靠牆的人膝蓋都快頂到靠桌的椅子了。

歐巴馬任期結束之前，大家又在戰情室擠成一圈討論通訊加密議題。會快開完的時候，總統一臉若有所悟的樣子說：「這個問題實在很難處理。這種問題我通常都想得出辦法，但這次真的不行。」他這段話沒特別針對誰。

我聽了他的話之後，內心浮現兩種反應，但我什麼話都沒說。我內心的第一個反應是「怎麼可能」。這個議題複雜歸複雜，可是畢竟也討論了好幾年，而且還有一堆聰明人幫忙出主意。我的第二個反應是，我對總統的自信嘆為觀止，他完全不是在假裝，至少在我看來是如此。他也不像小布希總統一樣，會用這種話來自謙或自嘲。歐巴馬總統是真心相信自己能力夠，可以應付複雜難解的問題，只是眼前這個問題卻讓他投降了，他自己也吃了一驚。那天我在心裡驚嘆了一聲。

對他的這番話，我實在不知道該怎麼評論。要是領袖自信過剩——相信自己可以獨力解決最棘手的問題——這樣會造成領導上的問題，因為通常在這種情況下，領袖聽不進別人的意見。我自己就是這樣的領袖。我這個人的缺點之一就是自信太滿，年輕的時候尤其嚴重。自信過剩的時候，我會太快下結論，而且相信自己是對的；我也會急著下決定，還告訴自己這樣做才「果斷」。但實際上，我只是憑著自以為是的衝動在做事而已。我這輩子都在和這項缺點搏鬥，不過在歐巴馬總統身上，我卻看見了向他人學習的謙虛態度，這在過度自信的人身上通常是看不到的。總之，我還是不知道該怎麼理解他的這番話才好。印象中，我和他因為國安議題碰面的時候，從來沒看過他的自信或謙虛兩邊失調過。歐巴馬總統的習慣是會想辦法讓其他人放鬆心情，讓對方和他分享他需要知道的事。

我費了很大力量，才在聯邦調查局裡推動類似的領導風格。我知道主管永遠都是老大，就算組織再扁平，階級還是顯而易見。就算每個人都穿連帽外套、破洞牛仔褲、夾腳拖鞋，就算每個人都坐在懶骨頭椅上邊吃東西邊在白板上腦力激盪，只要辦公室裡坐了老闆或主管，大家還是知道誰是老大。不管階級劃分得清不清楚，就是會有某個人比其他人還「高級」。

向上級報告是需要膽量的。此時我們必須克服一項人類通病：怕被識破的心態。我們或多或少都會擔心，要是其他人看見自己真正的樣子，或是對我們的瞭解程度跟我們自己一樣，他們就會在心裡替我們扣分。這就是害怕被識破的心態，也就是擔心自己在別人眼中出糗。如果你沒這種問題，那你實在是個奇葩，建議你馬上把書闔起來，不必讀下去了。

向同儕說實話，則得冒著被識破的風險，但向上級報告風險更大，跟組織老大報告就更令人嚇破膽了。聯邦調查局是個階級分明的準軍事組織，成立的前五十年甚至是由胡佛局長一人統治，使得向上級報告的難度猶如登天。難的還不只如此，因為除了報告的人要克服怕被識破的心魔，主管自己也必須突破這層心理障礙，停止害怕自己表現不夠完美。

我努力在局裡鼓勵大家對我說真話，還做了一些看似很蠢，其實經過深思熟慮的事。一開始，我先鼓勵大家和我開例會的時候服飾盡量簡便，因為我發現，很多人和局長見面的時候都跟穿得跟參加喪禮一樣正式。我只要在局裡開會，就一定不會穿西裝外套，不過光是做到這點還不夠。當大家穿得西裝筆挺，思考迴路就會變得一板一眼，被限縮在框架裡，也使得討論和對話品質下降。若我想要調整服裝規定，勢必得採取更多行動才行。

我告訴二十多位資深男女幕僚，每天和我開晨會的時候都不准套西裝外套，除非他們開完晨會之後就要直接和外部的人開正式會議。命令宣布後的前三週，成效還算不錯，但三週過後大家又回到老習慣，穿著西裝外套來開會。我只好再宣布一次，這次效果維持了六週。我之後依然繼續堅持這項規定。

我另外努力在局裡建立一種信任的風氣，讓主管們願意分享關於個人的真實故事。

我開會時告訴資深主管，每個人都要說一件會讓大家嚇一跳的私事，我又立刻補充，最好不要是會危及自己公務員身份的事。語畢，全場就哄堂大笑。又過了一段時間，晨會的時候我要求每個人告訴我，他們小時候最喜歡哪款萬聖節糖果。到了十一月，我改問他們最愛什麼感恩節料理；十二月我就問他們最愛什麼聖誕節禮物。這些問題乍看之下很幼稚，很像小學老師在課堂上問的問題，但孩子們都習慣於使用令人驚奇的方式敞開心胸，彼此信任。我們的生活需要更多純真的表現，因為小孩就是比大人容易說實話。

二〇一六年希拉蕊和川普角逐總統大位時，聯邦調查局也被捲入選戰之中。出乎我意料的是，說真話和用心聆聽的風氣這時竟然派上用場了。

第十章
法律之前有人更平等？希拉蕊電郵案Ⅰ

站在馬路中央很危險，你會被兩方來車撞倒。

——英國首相柴契爾

我從來沒和希拉蕊見過面，但我曾經嘗試過。早在二〇〇二年一月，我當上紐約南區聯邦檢察官的時候，我就要助理替我安排和紐約州的資淺參議員會面。紐約州裡的聯邦檢察官共有四個人，我是其中之一。我覺得身為聯邦檢察官，和州裡的參議員打個招呼是必要的，而且不這樣做感覺很沒禮貌。更早之前，我已經和另外一位參議員查克．舒默（Chuck Schumer）在參議院任命聽證會上見過面了，但不知道為什麼，我卻沒碰到希拉蕊。我們這邊試著聯絡她好幾次，也向她的辦公室發了很多訊息，卻一直石沈大海，最後我們只好放棄。這件事沒造成什麼大礙，只是我覺得怪怪的。

一直到今天，我還是不明白我們當時為什麼無法碰面。我在想，可能是希拉蕊辦公室的行政太差，或者可能只是她太忙了。但我也猜這可能跟七年前的事有關——我曾經在參議院委員會裡服務了五個月，調查柯林頓夫婦涉入的一系列案件，統稱「白水案」。當年我在委員會裡只是個初級律師，一面在法律事務所裡工作，一面在參議院裡做時薪案件。我負責調查的部分，主要是前白宮法律顧問文森・福斯特（Vincent Foster）自殺的案件，以及他辦公室的文件。我在白水案委員會裡是個無名小卒，而且沒做多久就因為兒子柯林過世而離職了，當時是一九九五年八月。照這樣看來，參議員希拉蕊之所以不回我電話，應該跟這個案子沒什麼關係。

希拉蕊不回我訊息是二〇〇二年初的事，當時，我的辦公室正在調查希拉蕊參議員的先生在前一年準備自總統大位卸任之際，特赦了在逃的石油商馬克・瑞奇（Marc Rich）的案件。我想，這件事應該比較有關。一九八三年，瑞奇和同案的共同被告平克斯・格林（Pincus Green）被時任聯邦檢察官的魯迪・朱利安尼以六十五項罪名起訴，包括逃稅、電信詐欺、非法取財、與敵國交易等罪名（這裡的敵國是指扣留了不少美國人質的伊朗），這是當年美國史上最大宗的逃漏稅案件。瑞奇被起訴之後立刻逃往瑞士，還在當地獲得庇護——瑞士基於當地對稅務罪行的判斷，拒絕將瑞奇遣返美國。

二十年以後，柯林頓總統在即將卸任之際赦免了瑞奇，堪稱是個離奇的決定。這決定之所以離奇，一方面是因為獲得赦免的是逃犯，而且就我所知乃史無前例。另一方面則是因為這次赦免沒經過司法部的正常審核程序就完成了，裡頭疑點重重。經手這件特赦案的，只有當時的司法部副部長艾瑞克．霍德，他不但根本沒向熟知案情的檢察官或探員徵詢意見，還對白宮故弄玄虛，表示他的態度是「中立偏支持」。在《紐約時報》看來，這次特赦簡直是「聯邦政府驚天動地的濫權」。小道消息指出，柯林頓總統之所以赦免瑞奇，是因為瑞奇的前妻答應捐款贊助柯林頓總統圖書館。在我之前出任曼哈頓聯邦檢察官的瑪麗．喬．懷特（Mary Jo White）就針對這樁赦免案展開調查，蒐集當事人行賄的證據。等我二〇〇二年當上了聯邦檢察官，也繼續調查這個備受媒體關注的案子。

接下此案之前，我其實已經知道一點案情了。十年前，我還在當曼哈頓地區聯邦檢察官的時候，就追緝過馬克．瑞奇這個人。瑞奇當年聘了好幾個大牌律師替他辯護，其中包括「滑板車」利比律師——這是利比擔任副總統錢尼的幕僚長以前很久的事（參見第五章）。一九九二年，瑞奇的律師放出瑞奇願意認罪協商的消息，於是我和一群執法人員飛到蘇黎世展開協調。瑞奇的律師說，當事人只要確定起訴他的檢察官是光明磊落的人，他就會立刻自首。我跟聯邦檢察官奧圖．歐博邁爾（Otto Obermaier）——也是我的長官，一起到了蘇黎世湖湖畔的某家高級飯店，在飯店的總統套房裡終於見到瑞奇以及同案被告平克斯．格林，大家一起討論檢方如何安排他們赴紐約投案。也就是在這個當下，我們才發現瑞奇根本沒認罪的意思，除非我們答應他可以不必坐牢。瑞奇又扯了一堆他的慈善事業，說他做過不少功德：「我不想坐牢，半天都不想。」但歐博邁爾說：「這件事我們不會答應。」他接著表示，政府原則上不和逃犯討價還價，瑞奇如果想談條件，麻煩先到曼哈頓出庭再說。根據瑞士法律，我們在瑞士境內是沒有權力逮捕瑞奇的，所以我們只好先離開這個國家，等日後他也離境再想辦法抓他。

後來，追緝這個逃犯的任務，竟被柯林頓總統一紙命令給勾銷了。我當時已經是聯邦司法區檢察官，負責調查這紙命令是否涉及行賄，所以我可以想像，希拉蕊參議員一想到要見我應該會覺得尷尬萬分。總之，這案子最後因為起訴證據不足而結案了。那時我也在想，雙方之後大概不會再有任何交集。

II

二〇一五年七月六號，聯邦調查局來了一位訪客，這位訪客是透過督察長辦公室介紹來的（這是由國會所設立，負責檢視全美情報網是否存在風險和弱點的獨立機構）。這位訪客懷疑，國務卿希拉蕊．柯林頓曾經使用私人電郵系統存取機密郵件，可能構成不當行徑。四天以後，聯邦調查局針對此事展開刑事調查，而歐巴馬政府裡的司法部長蘿瑞塔・林奇同時指派其他檢察官支援調查。這起調查跟普通的調查沒什麼兩樣，都是離我很遙遠的基層人員負責的，一直到後來副局長向我做了案件報告，我才知道有這件事。

這起案件涉及的事實完全不複雜，就是希拉蕊在某台伺服器上設定了私人電郵位址，再透過這套私人郵件系統處理國務卿任內的公務。國務卿任期的前幾個月，她都是用自己的AT&T黑莓機電郵帳戶收信，之後她才架了這部伺服器，改用Clintonemail.com網域收信。她處理國務卿公務的時候，會和聯邦公務員透過電郵通信。而督察長辦公室發現，這些郵件的內容很多都包含了機密資訊。

針對希拉蕊電郵事件，聯邦調查局展開了鋪天蓋地的調查，但調查方向卻常常失焦。在這起刑事調查當中，重點完全不是放在希拉蕊國務卿決定使用私人電子郵件處理公務這件事上。她的辯護律師為了模糊焦點、淡化問題，經常舉前國務卿鮑威爾的例子，表示鮑威爾也會使用非公家電郵處理公務（只是他用的是AOL信箱）。光聽律師的說詞，鮑威爾的例子似乎跟調查很有關聯，但問題是，這個例子完全無法套到本案上。據我所知，鮑威爾根本不會用自己的AOL信箱討論機密資訊；但希拉蕊不一樣，她利用私人郵件談機密的例子多到數不清。

調查中我們必須釐清兩個問題。第一個問題是，所謂的討論機密資訊，究竟是希拉蕊把機密文件從機密檔案系統調出來，還是她在機密系統外討論了機密議題。確定第一個問題的答案之後，第二個問題則是當希拉蕊不當處理機密資訊時，她當時到底在想些什麼。

某項資訊是否應列為機密，要看它「被揭露後可能會對國家造成多大威脅」來決定。機密性較低的資訊，會被標記為「密」（Confidential），指的是公開後會對國安造成輕度威脅的資訊。機密性較高的資訊會被標記為「機密」（Secret），指的是可能會對國安造成「嚴重」威脅的內容。至於所謂的「最高機密」（Top Secret），則是公開後可能會導致「極其嚴重」國安威脅的資訊。凡是違反保密規定的人，都必須視違規情節接受相稱的行政處罰，包含喪失自己的安全人員資格，或是被開除。違規情節重大者，甚至可能遭刑事起訴。

許多保密法條規定，無論是竊取國安資訊，或對未經批准的人士揭露此類資訊，都屬於重罪的範疇。當某人被發現是間諜或對記者透露機密資訊時，政府就能動用相關法條辦案。最常動用的間諜法是針對「把機密資訊從適當機構或系統不當攜出」的行為，這算輕罪，最重可被判一年有期徒刑。不過，即使是辦這種輕罪的時候，司法部也要求辦案人員備妥有力證據，好讓那些公務員當事人明白，自己處理機密資訊的行為是錯的。

針對前述第一個問題，希拉蕊處理機密資訊的方式究竟妥不妥當？答案很明顯是

「不妥」。在她幾千筆電郵往返紀錄當中，有三十六筆的內容都屬於「機密」資訊；而在整整四年內，她和團隊成員透過電郵談過八次「最高機密」，談論的方式有時隱晦，有時毫不遮掩。他們雖然沒互傳機密文件，但這不是案件重點。的確，這些電郵的收件人都具備接收機密資訊的資格，也確實有必要取得這些資訊，可是他們既然具備安全人員的身分，就應該要知道，在非機密系統裡討論最高機密是違反機密文件法規的。就比例而言，這些內容在希拉蕊所有的郵件中不過是九牛一毛，然而不管怎麼看，用這種方式討論最高機密都不妥。換句話說，一旦信件往返內容對外公開了，將有三十六筆可能對國安造成「嚴重」威脅，而有八筆可能導致「極其嚴重」的國安威脅。

因此，本案的關鍵其實在第二個問題：希拉蕊用電郵討論這些機密的時候，心裡到底在想什麼？是一時疏忽嗎？是有意違規嗎？我們有辦法證明她知道自己的所做所為違規嗎？

知道一個人在想什麼，還要證明這個人真的這麼想，從來都不是件容易的事。從著手調查開始，我心裡不斷想著前中情局長大衛．裴卓斯（David Petraeus）的事件，這也是希拉蕊案前幾個月才結案的事件。二〇一一年的時候，裴卓斯把好幾本寫滿了各種最高機密的筆記本給了他的外遇對象，對方還是一名作家。這兩案不同之處在於，裴卓斯案當中，接收機敏資訊的作家並不具備相關資格，也欠缺取得機敏資訊的必要性。至於被揭露的資訊，則包括裴卓斯和歐巴馬總統針對最高機密計畫的討論紀錄。最讓人吐血的是裴卓斯自己就是中情局局長，是負責管理國家機密的人。他跟其他公務員一樣，都很清楚這樣的行為是錯的，但是，他居然還同意外遇對象拿相機拍下文件裡最關鍵的幾頁。

還有，裴卓斯明知自己的行為不對，又故意對聯邦調查局探員撒謊，企圖粉飾太平，最後這個案子的洩密證據昭然若揭，百口莫辯，裴卓斯的過失情節也比希拉蕊更重大。但是，但是，司法部雖見當事人公然說謊，竟然接受對方認罪協商，只以輕罪起訴。二〇一五年四月，裴卓斯認罪，同意支付四萬美元罰鍰，然後兩年緩刑結案。

就過去判例來看，以輕罪起訴裴卓斯不當處理機敏資料，可算合情合理，沒有與判例衝突。不過我當時強烈建議司法部長霍德以重罪起訴裴卓斯欺騙聯邦調查局的行徑。說到這，我心裡又想起了瑪莎·史都華案、雷奧尼達·楊恩案、「滑板車」利比的案子（皆見第五章），於是我又說，如果我們不對退休將領或中情局局長公然欺騙調查人員的行為究責，那我們要如何解釋先前幾千個人因為犯下同樣罪行而被關進大牢？我當時覺得，**司法部審理裴卓斯案的時候，其實是因為當事人的階級而採取了雙重標準**，我一直到今天都還是這麼想。換做是沒權力的無名小卒犯案——例如當年楊恩案中，住在小城市里奇蒙的年輕黑人浸信會牧師——就會被以重罪起訴並坐牢了。

保守派媒體瘋狂炒作希拉蕊案，有的拼命放大各種不當行徑，有的天天報導一些無關緊要的瑣事，但如果我們從「被違規洩漏資訊的數量」和「機密等級」這兩件事來看，裴卓斯案嚴重多了，希拉蕊案根本比不上。至少，大家一開始知道的是裴卓斯案比較嚴重。雖然希拉蕊是在非機密系統上面討論機密內容，但收件人都具備接收訊息的資格，而且也有必要取得這些訊息。那時我們也不想未審先判，不過大家心知肚明，負責希拉蕊案的司法部檢察官八成不會起訴。當然，要是我們真的搜出一刀斃命的證據，證明有公務員提醒國務卿希拉蕊不應該用這種方式討論機密資訊，或是我們能證明希拉蕊妨礙司法調查或像裴卓斯一樣在約談時撒謊，全案走向可能就會變了。要到這個時候，我們才能排除任何希拉蕊並未違規的合理懷疑。我們這樣的辦案原則，相較於電視名嘴或國會議員的亂講，可說是天差地遠。

華府基本上就是個部落聚集的都市，因此當歐巴馬政府開始調查希拉蕊案，不出所料，共和黨的指標人物馬上跳出來批評：希拉蕊是民主黨的總統候選人，又曾經替歐巴馬政府效力，所以歐巴馬政府做的調查根本不可信。親共和黨媒體上有很多號稱懂法律、懂調查的專家，在這些名嘴的煽動下，許多共和黨人見獵心喜，跟隨著錯誤或刻意誤導的新聞起舞，表示前國務卿所犯下的罪，堪稱自一九五〇年代羅森堡夫婦洩漏美國核武機密而遭處死以來，最嚴重的罪行了。在相反的陣營裡，民主黨打從一開始就覺得很不爽，他們認為檢調針對電郵內容採取的行動根本稱不上「調查」，應該稱為「審視」（或其他美化過頭的詞）才對。

先前《紐約時報》曾於二〇一五年七月二十三號報導，司法部考慮對希拉蕊不當使用電郵的行為展開刑事調查。這篇報導遭到了來自希拉蕊競選團隊的巨大壓力，時報編輯台只好屈服，針對早先的那篇報導刊登了兩篇勘誤文章：第一篇表示希拉蕊並非被調查的主要人物，隔天刊出的第二篇，則把督察長辦公室將案件轉介給聯邦調查局進行「刑事調查」這樣的說法，改為進行「國安調查」。

或許《紐時》覺得有必要替希拉蕊澄清一下，但事實上，最早的報導才最接近事實。督察長辦公室轉介案件給聯邦調查局的當下，的確沒提到「刑事」這兩個字，但新聞報導一登出來，我們也已針對國務卿的行為展開刑事調查了。不過，我們沒要求《紐時》更正用詞，也沒和希拉蕊的競選團隊唱反調，因為就局內慣例而言，在案件細節尚未明瞭之前，不能隨便對外界放話。儘管如此，我們很多同事心知肚明，這些人死命在用字遣詞上作文章，只是風暴來襲前的序曲而已。

II

「你應該知道自己死定了吧？」

二〇一五年夏天，聯邦調查局副局長馬克．朱利安諾（Mark Giuliano）問我。他是個直率、聰明、說話帶點黑色幽默的探員。

「當然知道啊，」我苦笑著說，「大家都會死得很難看。」

這種正面對決有權有勢者、可能惹怒對方的案子，對我來說這輩子已經不是第一次了。但我還真沒料到，原來我以前辦過的瑪莎．史都華案、利比案、「恆星風計畫」、中情局酷刑政策等前例，都埋下了眼前這場風暴的導火線。憑良心說，雖然我們在辦這些案件的時候受到極大的輿論壓力，但我們也竭力避免被輿論干擾，純粹講求法律和事實。今天再回頭看，我還是覺得我們沒做錯什麼事。

不管兩黨要把希拉蕊案稱做調查、審視還是轉介案，這樁案件都對即將到來的總統大選投下了震撼彈。副局長馬克想表達的意思，和我認知到的事實是一樣的：聯邦調查局怎樣都會弄得一身腥。他話裡的黑色幽默，其實指向了一條幽暗的死路。無論結局如何，調查局和我這個局長的威信都會打折，只是不知道會打折到什麼程度而已。雖然這樣說很怪，但「死定了」這個事實反而讓人解脫，因為你知道不管怎麼做都會被人砲轟，而且結果一出來，全國會有一半的人哀哀叫。這時候，你其實不必搭理那些名嘴，反正事實和法律會自己決定哪一邊的人會哀嚎。只不過，我當時完全沒想到，聯邦調查局的決策竟然會同時激怒兩邊的人。

針對此案，局裡的反情報部門召集了一支十二人團隊，其中包含探員、分析師、支援人員等相關專家。一般來說，部門會替案件取一個隱晦的名字，而這個專案名稱叫「年中專案」。針對年中專案，我不但會和局裡最資深的主管開會，也會和負責追蹤每日案情發展的監督探員及分析師開會，同時我請法務長辦公室裡三個不同層級的律師參與開會。一起開會的這十二人小組，我稱之為「年中專案團隊」。至於身處第一線的探員、分析師、支援人員，我雖然不會找他們來開會，但會對這些人的付出表達謝意。

接下來十八個月，我都是倚賴這支十二人團隊的協助，不過最後定奪的人依然是我。在這段期間，有些資深主管因為退休而離團，有新成員補進來，但整體來說，所有團隊成員都很優秀，也很有主見，彼此常像兄弟姊妹一樣吵架激辯，我覺得這樣很好。譬如有個初階律師，只要一聽見自己無法接受的說法，就會對發言者嗤之以鼻，而且不管發言者是誰，她都會猛然打斷對方。她的行為惹惱了很多人，但我真的很喜歡這樣的場面。我會找她加入團隊，就是因為我知道她不在意階級這件事，就算她的說法有錯，她有話直說的態度也對討論很有幫助。我就是想聽聽她有什麼觀點，因為我知道她是想到什麼說什麼的人，完全不怕打斷資深主管發言，再說，打斷發言其實能激發更多討論。

當然，每位團隊成員都有自己的政治立場和觀點，畢竟大家都是人，就連他們的伴侶、親友都有各自的觀點。不過，我對他們的政治觀點完全不熟，因為在我看來，從來沒有半個人會基於自己的政治立場選邊站，我也從來沒聽過誰的發言——一個人也沒有——帶有強烈政治色彩。我們會激辯、吵架、聆聽、反思、挑釁、故意唱反調，也會在終於吵出重大結論的時候一起放聲大笑。我要求團隊成員隨時把討論內容回報給我，我才能提供調查人員所有必要的資訊和防護措施，讓他們不被外界壓力左右。這時候，我才能執行自己肩上的重責大任，也就是做出各項重要決策。

第一項重大決策就是我們是否需要對外公開案情。按照往例，我們基本上不會公開本局正在調查什麼案子。不過到了二〇一五年九月底，也就是調查展開將近三個月之後，聯邦調查局如果還繼續「不予置評」，看起來就真的很蠢了。老實說，這個案子當初就是因為督察長辦公室公開轉介才成立的，而且不管是競選團隊還是國會兩黨，都在討論聯邦調查局究竟在忙些什麼。再說，局裡的探員會親自訪談涉案人士，也會跟可能洩漏案情給媒體的人接觸，有些人還真的對媒體爆料了。此外，國會眼見媒體大肆報導這個案子，也想確定我們真的在查案，於是便希望聯邦調查局發表公開聲明。

雖然司法部和聯邦調查局的慣例是對偵察中的案件不與置評，但凡是涉及巨大公眾利益的案件，或是當調查行動已經眾所周知了，我們還是會破例公開說明。我擔任局長期間，就曾經針對激進右派的「茶黨」組織疑似遭國稅局非法查稅案，以及密蘇里州佛格森市的黑人民權案發表過例外公開聲明，表示刑事調查案正在進行當中。只要碰上這些例外情形，就像我在執業生涯中碰過的類似狀況一樣，司法部都會認定我們是為了安定民心，讓大眾知道執法人員已經在調查爭議事件了。針對希拉蕊案，司法部長蘿瑞塔．林奇和我決定在十月初一起召開記者會，而且記者一定會追問，司法部開始調查是不是因為負責監督情報單位的督察長辦公室轉介了案子。

我當時認為，假設我們要對外說明調查，十月初應該是個不錯的時間點，所以九月底的時候，我找了司法部長一起討論是否召開記者會。這場會前會，是在司法部指揮中心內的會議室開的，除了部長和我之外，司法部和聯邦調查局的資深主管也列席參加了。我是在一九九〇年代早期認識蘿瑞塔．林奇的。那個時候，我們兩個人都在紐約當檢察官，而且剛好有曼哈頓毒販意圖謀殺布魯克林的聯邦法官，林奇又是布魯克林的聯邦助理檢察官，所以我們最後聯手偵辦了這起案件。她是位反應敏捷、很正直的律師，很願意聆聽他人的意見。我在司法部指揮中心開會的時候說，我感覺時機差不多了，可以在十月一日，也就是我每季召開的記者會上公開聲明：我們已經針對希拉蕊電郵案展開調查。除此之外，我不會透露進一步的案情。

林奇部長覺得我的判斷很合理，不過，她又馬上加了一句：「我們的調查，你要用『事情（matter）』來稱呼。」

「為什麼要這樣說？」我問。

「反正你叫它『事情』就對了。」她回答。

這一刻我突然想到，林奇指示我要使用特定字句，這樣的要求，跟希拉蕊競選團隊在當年七月間對《紐約時報》發動的攻勢簡直一模一樣。其實，從七月開始，希拉蕊競選團隊就絕口不提「調查」兩個字，改用各式各樣美化包裝的說法取代。司法部長言下之意，疑似是要我遷就希拉蕊團隊的作風，她那句「你這樣說就對了」的指示，顯然沒有法律或調查程序的依據，至少不是司法上的慣例或實務。要是真的有合理依據或慣例可循，我想部長早就直說了。

但是，聯邦調查局不處理「事情」的，因為這個詞對我們沒意義，還會讓人誤會。我後來覺得自己錯了，我當時應該多質疑她一下才對，只不過她的要求太微不足道，感覺沒什麼好吵的，而且如果我第一次跟新上司吵架就吵這個，實在有點無聊。我非常確定，媒體和輿論根本不會去管「事情」和「調查」差在哪，不過，部長自己可能也知道這件事。事後，我和一同與會的本局同事聊了一下，大家都認為部長的要求明顯太政治化了。而且連林奇部長底下的資深主管喬治．托斯卡斯（George Toscas）都這麼覺得。托斯卡斯是司法部國安部門的第三把交椅，我很喜歡他。那天，當聯邦調查局人員魚貫走出會議室時，他不但對我們笑了一下，還酸了一句：「哦，你們是從聯邦『事情』局來的啊。」

二〇一五年十月一號，我召開了每季例行記者會，同時遵照司法部長的指示。當記者問到我有關「調查」的事，我就回答我始終密切關注此事，也相信本局「有足夠資源、人力可以好好處理這件事情，就像我們平常的工作一樣。所以在這件事情上，我們能夠展現專業、快速、獨立自主的一面。」

老闆怎麼說，我就照著做，改說「事情」就對了。果不其然，媒體根本不在乎「事情」和「調查」的差異，就直接在報導裡說調查正式啟動了。既然如此，我也乾脆把我的用詞改回「調查」，對外界表示我們確實展開了「調查」，但我不多做評論。等到我非做評論不可，也是好幾個月以後的事了。

II

年終專案的調查人員整個冬天都忙著挖證據，拼命釐清希拉蕊架設私人電郵系統的時候到底在想什麼，以及系統究竟是什麼時候架起來的。他們不只逐一讀過蒐到的郵件，還鎖定了希拉蕊可能通過信的對象，在這些人的信箱裡搜尋相關郵件；另外，他們還追蹤了負責幫希拉蕊架設和維護系統、提供她行動裝置的人，還約談了國務院裡所有跟她共事過的人。辦案的調查員和分析師每兩週就跟我開一次會，向我報告團隊最新的調查進度，團隊成員大部分都負責調閱電子通聯記錄，這是非常折磨人的任務。舉例來說，有探員發現了一台退役不用的伺服器，是先前希拉蕊用來架設電郵網域的機器，不過，經過一輪伺服器汰換和例行系統清整之後，技術人員已經移除了裡頭的郵件軟體，使得數不清的郵件就這樣散落在系統深處。儘管如此，聯邦調查局團隊還是透過驚人的技術，使盡渾身解數把這片令人頭痛的拼圖拼回了一大塊。

調查進行到了二〇一六年初，我們漸漸覺得這個案子根本無法起訴。我們不但有越來越多事要做，還要約談希拉蕊——在這類案件當中，調查人員習慣把約談關鍵人士的程序押後，等到資訊都蒐集齊全了再說。但問題是，這個案子的證據顯然不夠，無法走到起訴的地步。我們很清楚，司法部不會起訴——也從來沒有起訴——缺乏強力證據可以證明嫌犯明知自己所為不當、且故意為之的案件。處理機密資訊時不慎犯錯、粗心隨興、極端疏失等行為，從來都沒被起訴過。從來沒有。要是現職公務員犯下極端疏失，雖然得付出很大的代價，例如喪失存取機密資訊的資格、被革職，但不會因此遭到刑事罪名起訴。

要是調查照這種模式進行下去，最需要面對的難題，恐怕就是如何在結案的時候，還能讓美國人民相信司法系統的誠信，司法系統不會受政治力干預。有些人光看新聞報導就恨希拉蕊入骨，這種人我們是不可能說服的。不過，還有很多人能持平思考，保持心胸開闊，我們可以試著說服這些人。

但二〇一六年初，我們維持司法誠信形象的努力，卻碰上了大麻煩——雖說直到今天，很多社會大眾都還不清楚這件事。我們當時發現，某批由政府保管的文件值得調查一番，而且這批文件剛好出自某個機密來源（到今天這批文件內容和來源依舊沒有解密）。要是日後這些未經調查的材料公諸於世，肯定會被政敵拿來大肆利用，質疑司法部長蘿瑞塔·林奇在希拉蕊調查案中並未獨立執法。

其實在我看來，林奇部長絕沒有做出任何干預調查的舉動。但老實說，自從上次她要我用「事情」來稱呼調查之後，我就再也沒跟她談過這樁案子了。她下的指令讓我有點怕，但後來我也沒看她和調查人員或檢察官在這個案子上有所來往。我真正煩惱的是幾十年後，有批機密資訊恐怕會公諸於世，成為用來質疑檢調單位公正性的武器，甚至連聯邦調查局的職權獨立性都會成為箭靶。

令人無奈的是，歐巴馬總統也跟著火上加油。二〇一五年十月十一號，他接受《六十分鐘》節目訪問的時候，居然表示希拉蕊處理私人電郵的行為只是個「瑕疵」，尚未造成國安威脅，但這種說法已經賠上了司法部的公信力。二〇一六年四月十號，他接受福斯新聞台訪問的時候又說，希拉蕊應該只是粗心大意，不是故意要動搖國安的，而且他還認為，這個案子顯示政府對文件的分類太細了。歐巴馬總統是個聰明人，對法律瞭若指掌，但是我至今還是不懂他為何要公開討論案情，在調查結果出爐前就替希拉蕊卸責。總統心裡如果已經有定見了，外人想必會懷疑，司法部除了聽總統的還能怎樣？但事實是——至少就我所知——總統知悉的事情，跟新聞上講的差不多，因為我們完全沒有向他報告過案件細節。結果被他這樣一講，假如我們最後沒起訴希拉蕊，就等著被各種酸言酸語砲轟了。

更早之前，我就發現案件證據不足，最後大概會以不起訴收場，於是我就建議司法部副部長莎莉・葉慈——我的直屬上司——不妨認真思考：如果調查最後以不起訴收場，我們會面臨什麼樣的局面。我認識莎莉這位位專業檢察官好多年了，她和我一個好友曾在亞特蘭大州同時出任聯邦檢察官，享有強悍、體貼、獨當一面的美名。從聯邦調查局局長的角度看，我覺得這些評價還滿準確的。有鑑於希拉蕊案非比尋常，而且二〇一六年也不是尋常的一年，我就對她表示，我們可能得破例公開案情，才能讓美國人民繼續對司法保持信心，同時捍衛司法人員的尊嚴。我說，我希望她能派人研究一下這個案子在法律上可能會怎麼發展，但她完全沒理我。

身為調查人員或檢察官，如果一件案子查了快一年，還搞不清案情，就表示自身能力不足。一般而言，檢察官都會在調查即將結束、結果大致明朗時著手撰寫起訴書，專業的檢察官還會去思考：要是調查可能會以不起訴收場，案子該怎麼收尾。雖然無論是哪一種情形，只要有新的關鍵事證出爐，檢察官都不會排斥思考別的結局，但夠專業的人都會先多想好幾步。

五月初某個週末，我擬定了一份聲明稿，明文列出本案截至目前的調查結果，認定調查差不多告一段落了。除非我們突然搜到能證明行為失當的郵件、能顯示希拉蕊洩密意圖的指令，或除非她在被調查局約談的時候撒謊，如果以上都沒發生，我會認為確實該結案了。面對詭譎多變的政局，我知道我們在對外發表結論前必須多想幾步才行，所以調查團隊擬的聲明稿改了又改，也套用過很多種表達方式，只為了界定希拉蕊的所做所為。基本上，我們覺得她處理電郵的方式不只是普通的粗心大意，根本是太過散漫，因此局裡一度在聲明稿裡使用「嚴重疏忽」（grossly negligent）這個詞，並且表示這四個字不能按照刑法中的用法來解釋。「嚴重疏忽」法條是在一百年前，也就是一九一七年制定的，內容規定，一旦行為人「因嚴重疏忽，而允許機密文件逕自被帶離適當存放處，或於違背行為人信任之情形下被交予任何人，或使文件遺失、遭竊取或銷毀」，就會被科處重罪。

如果我們探究當初立法者的本意，就會發現在一九一七年的時候，法條預期中的適用範圍只包括「明知故犯（willful）」的行為，也就是受惡意（bad intent）驅使的行為。

國會議員當年表決法案時，也非常仔細地拿捏適用範圍，避免對單純粗心的行為科處重罪。據說從一九一七年至今，被司法部以該法條起訴的人就只有一個——某個瀆職行徑遠比嚴重疏忽更要不得的聯邦調查局探員，而且從來沒人被這條定罪過。一想到這些，我就越來越覺得不能用這條來處理希拉蕊電郵案。如果再考慮舊法條的用字遣詞，聲明稿裡的「嚴重疏忽」這四個字更顯得格格不入，還容易被人誤解。於是，我要求調查團隊再找其他更精準的詞，來描述希拉蕊的所做所為。看過幾個版本的聲明稿之後，我決定用「極度大意」（extremely careless）這幾個字來表達。

我擬好聲明稿以後，請資深調查局人員幫忙過目，同時麻煩他們思考三件事：聲明稿裡列出的事實是否準確、是否有政策或其他限制導致我們無法發出此份聲明、如何以適當的方式發佈此份聲明。我覺得，我們最多只能做到這樣了。我對局裡的人說，我還沒做出最後的決定，但我們現在可以透過這份稿子討論決策方向：如果照法律走，可能會產生哪些局面？哪些做法才合理？如果我們決定發表公開聲明，要怎麼做才好？和司法部長共同發表嗎？還是寫成書面報告呈給國會？調查局獨自發表聲明？以上這些事，我想和大家一起討論。

對於這些問題，聯邦調查局的主管們想了又想，吵了又吵，又拼命在草稿上做筆記，連作夢都在想這件事。我很想聽聽其他人的意見，而且越多越好，但有個狀況絕對是例外：我不想讓司法部知道我們在忙什麼，因為我想維護本局的獨立。聯邦調查局如果想展現自身的獨立性，最激烈的手段是不理會司法部，自己單獨發表調查聲明就好了。我不確定這樣做合不合理，有時候，我也會覺得這樣很扯，但要是我們把局裡的想法告訴司法部的人，恐怕就不能玩沙盤推演了。他們可能還會下令要我停止想東想西，我可能也得聽令照辦，就像我當時配合部長指示，改使用「事情」這個詞一樣。所以，我們選擇只在局裡交流意見。於是我們一面討論，調查也一面進入了最終階段——約談希拉蕊。

就在這個時候，調查進度卻被耽擱了。國務院要求希拉蕊交出和業務相關的郵件，希拉蕊也在思考自己要交出哪些郵件。這件事不但大幅影響調查，更是輿論熱議的焦點之一。根據她個人的說法，國務院在二〇一四年底向她索取郵件時，她的私人伺服器上大概存了六千封電郵。她的私人律師看過每一封的內容之後，交出了差不多一半的郵件，剩下的全部刪了。面對這種自行篩汰文件的舉動，不管是我還是局裡相關成員，都覺得非進一步調查不可，否則整個調查案就會公信力盡失。他們可以拋出各種說詞，但我們不會隨便相信。我們需要知道他們的律師是根據哪些標準處理郵件的，我們也想看看他們用了哪些設備，這樣我們的專家才有跡可循，能撈回被刪除的郵件。

結果，司法部的律師緊張起來了。他們會這麼緊張，原因倒是不難理解，因為希拉蕊的律師用來瀏覽郵件內容的筆電，裡頭還存了其他客戶的資料。要是我們搜索了筆電內容，可能會侵犯律師和客戶之間的保密特權，也可能侵犯律師工作內容保護的權益。這時候，受影響的客戶不只是希拉蕊，還有其他和本案無關的客戶。希拉蕊的律師貝絲．威爾金森（Beth Wilkinson）和司法部交涉的時候態度非常強硬，她說她和其他律師不可能把跟客戶來往的細節拿出來談，也不可能把筆電交給聯邦調查局搜索。總之，威爾金森宣示了她會一路抵抗到底。

我知道聯邦調查局的法律總顧問吉姆．貝克（Jim Baker）認識威爾金森，所以我希望他能找她談一下，表示調查局非拿到筆電不可。貝克真的找威爾金森談了，對方也立刻知會司法部律師，告訴他們聯邦調查局的人瞞著司法部採取行動。就這樣，聯邦調查局和司法部裡面律師的關係就變僵了。

我們當時的處境真的是進退兩難。要是聯邦調查局沒有全力釐清希拉蕊的律師是怎麼篩選、刪除郵件的，我們實在不能告訴國人我們已經盡本分做完調查了。雖然這樣的調查方向會把律師扯進來，但我們一點都不在乎，因為在還沒查完筆電、還沒約談完這些律師之前，我是無法接受就這樣結案的，完全無法。希拉蕊想繼續被調查好幾年，那我就成全她。

我們的主張雖然有力，但好一陣子之後，筆電依然連個影子都沒有。我們這時發現，調查恐怕得拖到夏天，甚至拖到全國政黨代表大會結束，也就是政黨正式提名總統候選人的時候。

到了五月，我跟莎莉·葉慈說調查已經拖太久了。當時再過幾週就要召開政黨代表大會，也接近我推薦特別檢察官人選的日子。推薦特別檢察官是以前的聯邦調查局局長偶爾會做的事，最廣為人知的一次，就是前局長路易·弗利（Louis Freeh）用推薦函建議司法部長指派一位特別檢察官調查柯林頓總統的募款活動。我對葉慈表示，要是司法部再這樣拖下去，到時候一結案，人民對檢調的信任肯定會盪到谷底。因此，我們得指派一位不受政治勢力干涉的檢察官來查案才行。我說，我不知道我哪一天會正式做出推薦，但只要我們再拿不到筆電，這天就離我們不遠了。

這些話，葉慈聽進去了。我不知道她後來做了什麼，不過很快地，我們的年中專案團隊就感覺到司法部的律師們都活了過來，死都要把筆電弄到手才甘心。過了一兩週，條件就談成了——我們得到了我們要的筆電，我們也可以約談希拉蕊那邊使用這些筆電篩選郵件的律師。我不知道司法部是怎麼說服私人律師乖乖就範的，因為聯邦調查局完全沒插手。總之，我們要到了想要的東西，調查了一番之後發現，裡頭的內容對辦案方向沒什麼影響。話雖如此，我總算是放下了心中的大石，覺得調查功德圓滿了。

在和律師要筆電的同時，我整個六月都在思考怎麼替調查收尾。距離民主黨召開全國代表大會只剩六星期，我們要用什麼方式結案才最能提升人民信心，讓他們相信司法單位確實公正執法？後來發生了兩件事，又讓我想實行我之前的瘋狂計畫：我想乾脆不管司法部的指揮，親自向全國人民解釋平常不會公開的案情。

第一件事發生在六月中，俄國政府開始散佈一系列的郵件，都是他們從美國民主黨相關單位偷來的。首先採取散佈行動的，是名為DCleaks的網站和Guccifer 2.0的駭客，他們竊取資料的目的是攻擊希拉蕊和民主黨。這件事發生之後，不禁讓人擔心，前面提到與蘿瑞塔・林奇有關的機密文件恐怕隨時會曝光，不必等幾十年解密了。就像我前面說的，這種文件一旦曝光，不管內容是真是假，都會引起軒然大波，讓許多黨派人士認定希拉蕊競選團隊不斷透過林奇操控聯邦調查局的調查行動。

第二件事發生的時間，是六月二十七號星期一。當天前總統柯林頓和林奇部長私下見面，地點在鳳凰城機場停機坪的一架聯邦調查局所屬灣流五型商務噴射機內，會面時間大約二十分鐘。一開始我聽到他們兩人這次偶遇的時候，並不太在意，也不知道他們到底聊了什麼。許多人認為他們的碰面將影響調查方向，但我覺得不可能。假設柯林頓真的想影響司法部決策，其實沒必要大白天跑到人來人往的機場停機坪，走上登機梯，經過一大群聯邦調查局探員。再說，林奇也不負責調查。雖然這些基本的道理再清楚不過，有線電視台新聞上的名嘴還是大做文章。在媒體不斷炒作之下，我才比較用心關注這件事，看著名嘴們整天嘴砲全開，批評歐巴馬政府的司法部不可信，不可能徹查希拉蕊電郵案。

媒體拼命炒作話題，要求司法部長迴避此案的呼聲不斷，但林奇不肯採取迴避立場。她反而在一份聲明中採取了一種非常詭異的立場——她不迴避，但她將採納我或司法部專職檢察官針對此案提出的一切調查建議。換句話說，她既迴避，也不迴避。真的是超級詭異。

司法部長要迴避又不迴避的姿態，我看了難過死了，所以我打算建議「指派特別檢察官」。我之前提過，指派特別檢察官——獨立於一般的指揮體系之外，握有權力以確保其獨立性的人——是很罕見的舉動。但我左想右想，還是認為這樣做太偏頗了。這不是政治問題，而是跟組織價值觀息息相關的倫理問題。無論被調查的是誰，都有權接受公平的對待方式。世界頂尖的聯邦調查局團隊調查希拉蕊長達一年，但團隊成員個個都認為案情不構成起訴事由。要是指派了特別檢察官進行調查，反而會讓大家誤以為案件還有內情，讓調查再拖上好幾個月，甚至更久。這也相當於誤導人民，或是對大家撒謊一樣。

這些年來，我總是一直提到「信用水庫」的理論，因為這是讓聯邦調查局和司法部能夠走在正確道路上的基礎。不管我們去開庭，還是去野炊，只要我們一表明自己是從聯邦調查局或司法部來的，不認識我們的人都會相信我們說的每一句話，這就是信用水庫的威力。要是沒有這座水庫，我們不過就是眾多派系中的某一方而已。當我們向法官、陪審團或國會報告我們目睹、發現、聽說的事情，他們眼前站的人不是共和黨員或民主黨員，而是一個和社會日常生活保持距離的組織。聯邦調查局一定要把自己當成「外人」，否則就會迷失方向。

從以前到現在，我都是用水庫來比喻信用：一方面，水庫的體積很大；二方面，要是水壩破了個洞，水庫裡裝的東西很快就會流乾了。如果司法部長已經被政治力影響了，那身為下屬的我要怎樣才能阻止水庫流乾？聯邦調查局的職權是獨立的，不會受政治力干預，我們必須讓人民明白這點才行。

為了不讓信任水庫漏光，我想我非和林奇劃清界線不可，而且要做一件我以前從來沒想過的事：盡快讓聯邦調查局單獨發表聲明，對全國人民公開我對調查的建議和思路。我很清楚，這樣等於挖洞給自己跳。民主黨鐵定會說我愛刷存在感、失控、自大；共和黨大概會更努力批評司法部失職或貪污；此舉也會使我跟司法部高層就此決裂——但我當時相信，至今仍然相信，無論是對聯邦調查局或司法部來說，這樣做絕對是最好的。

社會大眾需要公開透明的資訊，這也是他們的權利。我想，我個人算是追求職權獨立的指標人物。為了不要讓信任水庫漏光，我站出來吸砲火，應該還說得過去。

最後，我預定在七月五號星期二早上，在調查局總部召開結案聲明。當然，要是希拉蕊在二〇一六年七月二號最後一輪的約談中說謊，就另當別論了。

II

很多名嘴質疑，希拉蕊明明是主要調查對象，為什麼聯邦調查局拖了這麼久才約談她。答案就是，正因為她是主要調查對象。有經驗的調查人員都知道，自己在對案情一知半解的情況下，切莫約談比自己更熟悉案情的主要調查對象。這種資訊不對稱會對調查人員不利，被調查的對象反而會佔優勢。特別是針對白領犯罪案件，調查人員在偵訊調查對象之前，通常會盡量掌握所有事證，負責約談的人員才能拋出精準的問題，再依據辦案需求拿出相關文件或其他證人的說法質詢對方。

這是聯邦調查局進行偵訊的標準程序，年中專案團隊偵訊希拉蕊的時候也是一樣。聯邦調查局的探員和分析師花了整整一年，蒐集了各種希拉蕊架設、使用私人電郵系統相關的資訊，準備差不多了之後，就可以進行深入偵訊，看看希拉蕊會不會說謊，或是試著證明她在說謊。根據以往調查白領犯罪的經驗，調查對象通常會在被約談的時候撒謊，企圖隱瞞自己犯下的惡行，這時候，就算我們剛開始查案的時候缺乏起訴事由，現在也有理由起訴了。雖說圓滑世故、身邊又有律師的涉案人，理論上不太會說出我們有辦法戳破的謊，但瑪莎・史都華和「滑板車」利比等案卻讓我們明白，這種事還是可能發生的。因此，在調查即將終結的時候約談希拉蕊，確實是極為重要的一件事。

司法部檢察官和希拉蕊的律師達成協議，準備在獨立紀念日週末三天連假的星期六早上偵訊希拉蕊，地點在華盛頓特區的聯邦調查局總部。

關於這次偵訊，各種錯誤訊息還真是滿天飛，所以還是討論偵訊過程比較有意義。當時，希拉蕊先被特勤局人員低調帶到聯邦調查局的地下車庫，接受來自聯邦調查局和司法部的五人小組偵訊。陪同偵訊的還有她的五位法律顧問，不過，這幾位律師並非本案調查的對象。這場約談總長超過三小時，地點是本局總部深處一個守衛森嚴的會議室，負責約談的是兩位參與本案的資深探員。

當天，希拉蕊除了獲准走秘密通道進入聯邦調查局之外，待遇跟一般偵訊對象相同。我自己沒參加偵訊，但很多不熟悉聯邦調查局辦案方式的人，會覺得這件事很奇怪。其實，局長本人不會參加這種偵訊，因為局長的任務是替調查拍板定案，不是自己跳下去做調查。我們找了專業調查人員來做偵訊，他們都熟知本案各種精細複雜的細節。根據程序規定，在偵訊對象未被逮捕的情況下，我們是不能錄音的。因此，我們只好找專家來做鉅細靡遺的筆記。當時聯邦調查局並沒有要希拉蕊發誓會據實回答，但這完全符合程序要求。事實上，如果當事人自願接受詢問，聯邦調查局不能要求對方發誓據實回答。不過，根據聯邦法規定，要是希拉蕊被證實在偵訊過程中撒謊，不管有沒有發過誓，都會被科處重罪。總之，媒體和國會雖然為了偵訊吵得沸沸揚揚，本局探員還是按照局裡的標準程序完成工作了。

偵訊當天下午，我跟年中專案團隊組長講了很久的電話，聽他報告希拉蕊究竟說了些什麼。顯然，對那些投入了一整年、花了幾千個小時調查前國務卿的郵件和其周圍人士的本局專家而言，希拉蕊的供詞沒什麼驚奇之處。從她的說法研判，她對科技跟資安一點都不熟，之所以會用私人帳戶收公務信件，只是因為想省掉同時管理私人和公務帳號的麻煩。另外，她依然不覺得那些郵件內容屬於機密資訊。想知道她對科技沒概念到什麼程度，只要看她的個人回憶錄《發生什麼事（What Happened）》就知道了。她在書中寫道，她覺得她在紐約查帕闊區架設的私人電郵伺服器很安全，因為主機是放在有特勤局看守的房子裡，不會被駭客入侵。但，駭客是靠網路犯案，不是靠打破玻璃窗入侵地下室主機的。她還在偵訊時表示，她覺得她和國務院的人都成功「避開」了敏感話題，因為國務院的基本溝通設備太差了，沒辦法保證她和資深部屬通信和通電時安全無虞，所以非得迴避敏感話題才行。某種程度上，這也是事實沒錯，但即使國務院的人覺得設備不足很困擾，涉及機密的資訊還是機密資訊。希拉蕊被約談的時候還說，她已經叫人負責檢查、刪除她的郵件了，她相信負責的人只是想刪除私人郵件，完全沒有要干預司法的意思。

聽完了她的答辯，又進行了詳細討論和分析之後，我們發現沒有任何一句話能當作她在說謊的證據。過程當中，調查人員都沒感覺到她在說謊。另外，她不但不承認自己做錯事，也沒說她知道自己處理郵件的方式是錯的。不管你相不相信她說的話，我們都沒掌握到充分證據證明她撒謊。到這裡，調查人員都明白，該做的調查工作差不多告一段落，可以結案了。這時候，我們必須讓全國人民知道，聯邦調查局究竟做出了哪些調查結果。

星期日和星期一一整天，我都和調查小組泡在一起擬聲明稿。我們決定要親自上陣發表聲明，而且要現場直播，讓人民一次接收到全部的資訊；同時，我們必須堅持用專業、中立的語調發言。基本上，我們的聲明會盡量簡短，不會開放現場提問，但該詳細、該公開的部分都會盡量做到。我們認為，讓大家瞭解調查過程和結果，是維護調查及聲明的公信力最好的方式。聲明稿寫好之後，調查局裡的法務團隊更是逐字逐句檢查，以確保所有細節都沒有違反法律或司法部的決策方針。

七月五號早上，我整個人非常緊張，緊張的原因還不少。一方面，我覺得這樣做似乎等於自毀前途。但我跟自己說：「不要怕，你已經五十五歲了，你戶頭裡不缺錢，還可以當十年的局長；你沒打算換工作，也沒打算升官。」另一方面，我擔心這樣做會惹到司法部長和副部長。其實我很喜歡她們兩個，但為了不讓外界認為我們的調查受到來自司法部的政治力介入，我寧願不和她們兩個討論聲明稿。我在上陣之前，覺得有必要通知她們一下，但我又不想透露聲明稿的內容。我好矛盾。

我打電話給副部長莎莉．葉慈，告訴她我要針對希拉蕊案發表公開聲明，而且我不會找司法部一起。她一聽，倒是沒問我半句話。我們兩個其實沒談過這件事，但我想，她心裡應該明白我在做什麼，也知道背後的原因，還同意我這樣做。林奇司法部長的反應有點不同，她只問我一句：「你的聲明裡會提出什麼意見？」

「不好意思，我無可奉告，」我回她，「我不能和司法部一起行動，我得這樣做才行。我希望有一天您會明白。」她聽了，就沒再多說半句話。

我掛掉電話之後，準備離開辦公室。跨出辦公室大門之前，我叫人替我向局裡所有人發一封電郵，讓大家先一步知道我的想法：

各位同仁：

我發這封信的時候，正準備要下樓開記者會，針對希拉蕊擔任國務卿時使用私人電郵的調查案發表聲明。附件是這次的聲明稿。大家應該會馬上注意到，我這次要公開的案情內容，比平常會公佈的都還詳細，其中包括我們呈給司法部的不起訴建議。我之所以決定這麼做，是因為我很重視全國人民對聯邦調查局的信任。我同時想讓他們瞭解，本次調查是在負責、誠信、獨立的原則之下進行的。

對於我們交出的成果，聯邦調查局外部的人不見得會認同，但我希望外界不要產生「調查受到政治力介入、不夠專業」的疑慮；我也希望外界能相信，我們「不起訴」結論是誠實的，是經過謹慎考慮的，是本局獨立獲致的。這次的聲明稿，我除了和一小群局內負責本案的主管討論、修改過之外，其他人一概不知情。除了調查局外，其他政府單位都不清楚我的聲明內容，這是比較好的處理方式。

上面雖然提到很多次「我」，但這次的調查工作和結果，是由非常多優秀的調查局同仁、探員、分析師、技術人員、律師以及其他人共同完成的。我只是密切關注調查行動，確定這群人需要資源的時候就有資源，而且工作不會被其他人干預。我很榮幸能代表他們以及整個調查局，呈現本次調查的成果。本次調查，完全沒有辜負全國人民的期待及需求。

我特意打了一條金色領帶上場，避開兩大政黨的象徵顏色（紅與藍），跟他們劃清界線。我本來打算把整份聲明稿背起來，但因為稿子到了我上陣前都還在修，我只好放棄背稿了。不過公關部人員非常優秀，想到了把稿子投影在會議室後方牆上這個方法，這麼一來，我就可以邊說話邊看稿了。

很多人，包括我親愛的家人，都批評我幹嘛走「西奎斯特路線」；意思是，我為什麼要用電視節目主持人萊恩．西奎斯特（Ryan Seacrest）那種「稍待片刻，我們先進廣告」的吊胃口方式做報告。我其實不是要吊人胃口，但他們的意思我懂。我那時候想的是，要是我劈頭就對記者表示我們不打算起訴希拉蕊，剩下的內容就沒人要聽了。但是，對全國人民來說，我要說出的理由才是重點，他們聽了之後，才會相信聯邦調查局依舊秉持盡責、誠信、獨立的辦案原則。

不出我所料，華府兩大政黨都對我很火大。共和黨氣到不行，覺得本案「很明顯該起訴」而我卻不起訴。但我說了，起訴這個案子完全沒道理。在反間諜圈子裡（一旦洩漏機密資訊，就會遭到調查甚至起訴的圈子）打滾過的正常人，都不會覺得司法部的專職檢察官有必要追打本案。總之，起訴本案是不可能的事。至於民主黨也氣到不行，因為我公開了希拉蕊的所做所為，還批評了一番，最後卻不起訴她，根本是在「詆毀」她的名聲。

另外，兩黨都有人罵我「違反」司法部政策。但是，司法部本來就會在符合公眾利益的適當情況下，公開未被起訴的調查對象究竟做過什麼事。二〇一五年春天，聯邦調查局辦完密蘇里州佛格森市的麥可・布朗命案之後，司法部不但公開了案情，還公佈了長達八十頁的完整調查紀錄。同年底，針對國稅局官員洛伊斯・勒納（Lois Lerner）的調查案，司法部又公開案情，包括調查國稅局是否故意惡整激進右翼「茶黨」組織時蒐集到的證據。司法部認為，勒納在事件當下「判斷不佳」，但「管理失當不構成犯罪行為」、「雖然事件導致人心惶惶，恐須實施糾正措施，但仍不構成刑事起訴事由」。既然希拉蕊案涉及公眾利益和人民信任感，按照往例，我們就必須公布調查結果，讓大家知道希拉蕊當初做了什麼。要是沒公開這些細節，調查結果的公信力和透明度會大跌，也會破壞全國人民對司法部和調查局的信賴。跟過去比起來，這次特別的地方是聯邦調查局長親自上陣發表聲明，並將司法部高層排除在外——以求維護這兩個司法單位的威信。決定一出爐，我就能預見自己會被各派政黨輪番砲轟，讓自己的仕途備受威脅。

事後檢討事前的決定，總是能讓人有所收穫。要是能從頭來過的話，我應該不會再犯「西奎斯特式」錯誤，亦即我應該在記者會一開頭就說我們建議不起訴希拉蕊。我原本擔心聽眾只會聽到一開頭的「不起訴」，但現在想一想，把結論壓到後面才講，問題更大。此外，我應該會換掉「極度大意」這個詞，改用更適當的說法描述希拉蕊的所做所為。共和黨一直抬出舊法條，認為處理機密資訊時犯下「嚴重疏忽」就應該科處重罪，當然，司法部是絕對不會用這條辦案的。可是對很多人來說，我所說的「極度大意」，聽起來跟法條裡的「嚴重疏忽」根本是同一件事，只有細心的律師才知道差別。為了這四個字，我花了好幾個小時回應國會質詢，結果，很多和聯邦調查局及司法部有仇的人，反倒抓著質詢內容來大肆批評。

無論如何，除了這兩件事，聲明稿其他的部分我都不會調整，就算我事後得承受各種政治炮火——就算有些人誤以為我後來是因為本案而被開除——我也不會更改。因為我始終相信，如果要維護司法部和聯邦調查局在社會大眾心中的信用水庫，這應該是最好的做法了。

九月的國會聽證會結束後，雖然批評聲浪不斷，但至少在我看來，本局總算可以擺脫這爛攤子了。我們做到了公開透明，讓全國人民看到我們盡忠職守、誠實可信、獨立自主的一面。這麼一來，總統大選總算可以如常進行。又過了幾個月，川普總統在二〇一七年一月二十七號的晚餐會上對我說，我那場記者會「救了希拉蕊一把」。事實上，我開記者會不是為了「救希拉蕊」，就像我後來做的事也不是為了「救川普」一樣。我的目的只是為了公開真相，展現我對司法單位的忠誠——一種層次更高的忠誠——罷了。

副局長馬克・朱利安諾說的沒錯，聯邦調查局真的死定了，而且跟當初預料的一樣，死得很慘。不過，雖然我們遭到政治勢力反撲，我也一如預期被釘得滿頭包，我反倒覺得如釋重負，因為聯邦調查局和我終於可以放下希拉蕊跟她的電郵不管了。

如果真的是這樣就好了。

第十一章

當人民不信任司法：希拉蕊電郵案II

能平衡「辦案熱忱」與「善良人性」，能「挖掘真相」而非「尋找受害者」，能「服事法律」而非「順從黨意」，能以謙遜態度辦案的檢察官，才能真正保障安全。

——最高法院大法官羅伯特·傑克遜（Robert H. Jackson）

那陣子，華府的政治圈都在關注希拉蕊電郵案，但聯邦調查局其實還有更重要的案子要忙。二〇一六年夏天，我們為了俄國的事忙得焦頭爛額，因為情報單位發現了某些有力證據，顯示俄國政府正打算由三方面介入美國總統大選。

俄國的起手式，是拉低民主的可信度——他們想弄髒我們的選戰，讓全世界對美國選舉制度幻滅。

俄國的第二招，則是要讓希拉蕊難看。普丁恨死希拉蕊，因為他覺得，二〇一一年十二月莫斯科的反普丁大遊行是國務卿希拉蕊煽動的。當年希拉蕊曾公開批評俄國，說俄國國會的表決程序有許多「陋習」。普丁認為，這就是她對俄國抗議人士發出的「訊號」。希拉蕊當時的說法是「俄國跟其他國家一樣，都應該重視人民的意見和選票」，但聽在普丁的耳朵裡，希拉蕊根本衝著他來，簡直不可原諒。

普丁的第三招是幫助川普勝選。川普說過很多俄國政府的好話，普丁也一向喜歡純談生意的大老闆，而不是滿口談理念的人。

俄國從美國民主黨人士及組織那裡，偷了很多可能對美國造成威脅的郵件，而他們干預大選的主要手段，就是公開這些郵件。跡象顯示，俄國政府似乎還入侵了美國各州的選民資料庫。聯邦調查局七月底發現，在川普競選團隊中擔任外交政策顧問的喬治・帕帕多普洛斯（George Papadopoulos），從幾個月前開始就對外放話，表示他手上握有從俄國政府取得的郵件，內容對希拉蕊不利。他放出消息之後，聯邦調查局就展開了調查，確認是否有美國人——包括任何川普競選團隊的相關人士——正和俄國串通，企圖干預美國總統大選。

這個案子開始後頭幾個月，很多記者和關注案情的外界人士不斷打電話到局裡來刺探案情，想知道是否已展開調查。不過就跟希拉蕊案的時候一樣，對於這類電話，本局一律拒接，因為那時候說什麼都太早，我們根本不確定調查能深入到什麼程度，也不想讓調查對象知道自己被盯上了。聯邦調查局和司法部一直都沒公開案情，要到二〇一七年三月，才簡單宣布調查已經展開了。

更麻煩的問題是，政府究竟要不要在選情激烈之際，對人民公開俄國企圖干預美國大選的手段。為了這件事，歐巴馬總統和國安團隊一直在開會。某次會中，談到是否該對大眾「打預防針」，意思是，先讓美國人民知道有人試圖惡意操弄選舉，說不定能減少負面衝擊。會中我說，每次爆發爭議事件都是我被推上火線——尤其七月五號那次發言之後我被叮到滿頭包，讓我很不想再跳火坑。不過，這次實在沒別條路可走了，所以我還是願意站出來發表聲明。我對總統直說，若我們想「打預防針」，反而可能使外界更不信任我們的選舉制度，這樣等於是幫了俄國一把。如果你告訴社會大眾：俄國人已經把手伸到我們的大選裡了，這不就讓人懷疑選舉結果不可信，或是剛好送給落選人一個敗選藉口嗎？這步棋左走右走，好像都不太對。

歐巴馬總統很清楚癥結在哪，他說，他絕對不會讓俄國稱心如意，打擊社會大眾對國家的信心。接著，執政團隊又繼續討論要不要打預防針，以及大概的施打方式。

過了幾天，歐巴馬總統又和執政團隊開會，討論怎麼透過「發表個人意見」的方式打預防針。開會前，我建議說我可以用個人名義投書報紙，麻煩團隊成員一起幫忙擬稿。我想利用這篇投書講清楚：俄國為何偷了一堆郵件又公開，同時提醒大家俄國可能駭進各州的選民資料庫，另外還要描述俄國從以前到現在都怎麼干預選舉，請美國人小心提防。

不過，總統和執政團隊卻遲遲沒結論，因為他們總是想面面俱到，所以開會速度非常慢。我在猜，他們開會討論的重點之一，應該是各家民調普遍顯示川普不會當選。總統後來又開了一次會，繼續討論俄國干預選情的事，我還記得他開會的時候說普丁「押錯寶了」，因為民調看壞川普。他的意思應該是，既然俄國有干預跟沒干預一樣，幹嘛冒險讓人民對選舉制度失去信心？幹嘛讓川普能藉機罵歐巴馬總統在嚇人民？反正無論如何，川普輸定了。

又過了一個月，到了十月初的時候，歐巴馬總統的執政團隊總算表示，政府應該發表個正式聲明比較好。雖然國家情報總監吉姆·克萊珀（Jim Clapper）和國土安全部長杰·強森（Jeh Johnson）都同意發表聲明了，但聯邦調查局和我卻覺得，此時沒必要。同一時間，媒體早就鋪天蓋地報導俄國操弄選情的事，還表示消息是許多政府官員提供的，卻不提是誰說的。這時，大牌議員紛紛發表聲明，向媒體表示他們都聽說俄國干預選舉的事了。總統候選人希拉蕊也說，俄國想扶持她的對手打贏選戰。大家都認為，遭竊郵件的內容，都出現在與俄國有關連的網站和社群媒體，例如維基解密網站代言人朱利安·阿桑奇（Julian Assange）的個人推特頁面。在這種情況下，大眾根本不會覺得政府的聲明有什麼新資訊，就算把聯邦調查局的簽名擺上去也一樣。再說，這跟本局希望自己在選舉前的行為舉止，也已背道而馳。

在大選前夕，聯邦調查局和司法部是否該進行調查，其實沒有標準作業程序。不過，有個大原則是我向來遵守的，也就是盡量避免在選舉前採取會影響投票結果的行動。對聯邦調查局來說，二〇一六年十月實在不適合跳出來談俄國和大選的事。既然美國人都知道俄國的手伸進來了，聯邦調查局不表態也是很合理的。

然而在十月間，希拉蕊電郵案竟然無預警又復活了。想想四個月前，我還跟記者說聯邦調查局已經查完了此案。而且這次狀況之麻煩，迫使我們必須針對「干預選舉事件」表態。

大概十月初的時候，聯邦調查局總部有人——我記得應該是副局長安德魯．麥凱比（Andrew McCabe）——告訴我，前眾議員安東尼．韋納（Anthony Weiner）手上有台筆電，可能和希拉蕊電郵案有關。我不太記得詳細的對話內容，應該是當時感覺只是隨口談到這件事；再說，我覺得韋納的電腦根本不可能跟年中專案團隊和希拉蕊扯上關係。

韋納是民主黨員，曾任紐約州眾議員，後來被人發現他曾把自己的裸照傳給很多女性，因此在二〇一一年辭職蒙羞下台。同時，他也是希拉蕊貼身幕僚之一胡瑪．阿貝丁（Huma Abedin）的前夫。在這之前，聯邦調查局已經取得韋納電腦裡的資料，調查韋納是否涉嫌與未成年女性不當接觸，而紐約調查人員也按程序拿到了搜索票，要檢查韋納筆電裡存的檔案。調查人員在檢查檔案的時候，突然發現某些檔案的檔名有玄機，不過，這些檔案跟裸照案沒有直接相關，不在搜索票規定的搜索範圍之內，所以調查人員不能看。但紐約調查人員看了這幾千封郵件的檔名，其中幾個感覺真的跟希拉蕊電郵案有關。

十月二十七日星期四——總統大選投票日前十二天，早上五點半，副局長麥凱比寄信告訴我，年中專案團隊想跟我開會。我不知道他們想討論什麼，但我當然還是吩咐幕僚趕快準備一下。當天上午稍後，我帶著笑容走進會議室，看見年中專案團隊的組長、律師、決策人員早就各就各位，每個人都坐在之前開電郵案會議時的老位子上。

「我們這票人又團圓了，」我輕鬆地走到老位子上：「現在是什麼狀況？」

他們一開始報告，我的笑容瞬間垮掉。下次要這樣笑著出場，不知要等到何年何月。

專案成員說，韋納的筆電裡疑似存了幾十萬封從希拉蕊私人郵件伺服器寄來的信，多到讓人嘆為觀止。二〇一四年，希拉蕊把接近三萬封郵件交給國務院，同時刪了三萬封左右的私人郵件。但相較於韋納電腦裡儲存的數量，這六萬封簡直小巫見大巫。不過讓專案團隊成員覺得不對勁的還有另一件事：先前調查電郵案的時候，希拉蕊任職國務卿前幾個月的郵件——也就是她用AT&T和黑莓機伺服器收發的郵件——全都不知去向。調查人員很想挖出這些郵件，因為，假設真的有包含決定性證據的郵件，能證明有人告訴過前國務卿不得使用私人郵件伺服器，或是她早就承認過自己處理機密資訊的方式不當，那大概就要鎖定希拉蕊剛當上國務卿那段時間，調查她用剛設定好的個人電郵帳號收發的郵件。然而，調查人員始終沒發現她用黑莓機收發的郵件。

結果，韋納筆電裡竟然存了希拉蕊用 AT&T 黑莓機收發的郵件，讓所有人都看傻眼了。調查團隊說，他們之前想搜卻搜不到的郵件，可能都包含在筆電檔案裡面。但是，韋納現在已經捲入司法醜聞裡，調查人員要徵得他的同意搜索其他檔案，恐怕比登天還難。

「我們想聲請搜索票，請局長裁示。」

我馬上說，當然好，快去聲請。

我又問他們：「你們看完檔案、做出調查報告，最快要多久？」

大家一致表示，大概要幾個星期，因為要調查的檔案實在太多，沒辦法再快了。這幾萬封郵件不但要一封一封看過，還得請熟悉來龍去脈的人來看才行，而且在這個節骨眼，更不可能動員局裡幾百名同事跳進來一起調查，他們根本不知道這些郵件在幹嘛，也不知道該查什麼。調查團隊說，距離十一月八號總統大選只剩不到兩週，絕對查不完。

「好吧，」我說，「盡力就好，但一定要用力查、查清楚，花多少時間都無所謂。」

開完會之後，調查團隊聯絡了司法部的律師，對方也覺得我們要立刻聲請搜索票，檢查韋納筆電裡存的希拉蕊郵件。但這樣又必須做個新的決定。

從七月起，我就一直對全國人民和國會表示，聯邦調查局始終秉持盡責、誠信、獨立的原則查案，而且該做的調查都做完了。換言之，我們已經結案了，人民可以完全信任調查結果。可是到了十月二十七號，聯邦調查局和司法部卻又打算聲請搜索票，準備徹查希拉蕊滿坑滿谷的郵件，裡頭很可能還包含會讓調查結果轉彎的資訊。再說，局裡的資深調查人員還跟我說，大選前郵件肯定查不完。所以本局到底該怎麼辦？

我先前說過，聯邦調查局一貫的作風是避免在大選期間輕舉妄動，免得影響選情。這樣的傳統和風氣，某方面跟我的作風不謀而合，正因如此，當初歐巴馬總統團隊打算針對俄國干預大選發表聲明的時候，我們才決定不參加連署。如果要調查的是全新案件的話，我們大可不必採取行動，不過，既然這次還是跟希拉蕊電郵案有關，我覺得我們就只有兩種選擇、兩條路可走，而且不管走哪條，都會需要採取行動。

第一條路叫做「誠實路」：我將誠實報告國會，聯邦調查局之前的結案聲明已經和新的事實不符了。走上這條路，就是一個慘字，因為聯邦調查局的言行動見觀瞻，影響選情。我光是用想的就覺得可怕，可怕到想吐。這條路能避開就避開。

第二條路，我稱作「隱瞞路」。聯邦調查局的工作績效，完全建立在人民對我們的信任之上，身為調查局長，我早在國會和全國人民面前宣誓過：電郵案已經偵結。問題是，現在才出爐的新證據卻打了我一巴掌。如果我閉上嘴不予置評，同時又聲請郵件調查搜索票，在幾千、幾萬封郵件裡尋找消失的希拉蕊郵件，就是刻意隱瞞。換句話說，走上此路，等於聯邦調查局長誤導了國會和人民——而且竟然繼續誤導。

誠實也好，隱瞞也罷，兩條路都很難走。不管是哪一條路，年中專案團隊的資深成員都吵了半天，不斷討論、插嘴、刺激思考、再討論。我們圍著會議桌坐成一圈，把能想到的狀況都想過一遍了。我的幕僚長吉姆．瑞比基（Jim Rybicki）坐在老位子上，剛好在橢圓會議桌我的正對面，所以可以默默盯著其他人，觀察大家的肢體語言；他有個任務就是確定每個人都有講到話，而且可以暢所欲言。他的情緒覺察力比一般人敏銳，只要他發現談話氣氛不對勁，譬如有人欲言又止，有人的發言被其他人忽視，他就會走到對方身邊講幾句話，再提醒我之後要記得徵詢對方意見。聯邦調查局的法律總顧問吉姆．貝克也會做類似的工作。

貝克是我的老朋友，也是個很有智慧、很可靠的人，每次只要有某些觀點或考量被忽略掉，他都會跳出來提詞。他常常私下來找我，故意跟我唱反調，因為他知道對我們來說，各種觀點、考量和主張都很重要。

我們永遠在唇槍舌戰，互相激辯，但就算觀點差異再大，重點都不脫一件事：維護司法單位的公信力最重要。假設不到兩週後，希拉蕊如外界預期當選了美國總統，結果大家選後才發現，她根本還在接受聯邦調查局調查，那麼聯邦調查局、司法部甚至這位新總統會有什麼下場？要是選舉結束後，又出現某些能證明她犯罪的事證，讓我們有辦法起訴她，情況又會如何發展？不過，無論冒出哪些新事證，一旦我們選擇走隱瞞路線，就會讓聯邦調查局和司法部的公信力崩壞。仔細想想，選「淒慘（誠實）」好還是「崩壞（隱瞞）」好？答案其實很清楚。看來，我們得誠實告訴國會調查結果已經變動。

我們的討論逐漸傾向誠實路線，這時團隊裡有位女律師提出了尖銳的質疑。她話不多，但頭腦非常好，我常請她發表意見。她問我：「您有沒有想過，要是採取這樣的行動，會不會剛好把川普拱上總統寶座？」

我一聽，立刻沉默了幾秒鐘。其實大家心裡都想問這個問題，只是沒說出來而已。

我先感謝她提問，接著切入重點：「妳問得好，但我不能去考慮這件事。因為要是這樣想，聯邦調查局就不再是職權獨立的政府機關。我們做決策的時候，如果還得考慮會不會影響到誰的官運，那我們就沒救了。」

換句話說，**如果聯邦調查局採取黨派本位思考**——去考慮怎樣才能幫到「自己人」、**自己的行動會影響到誰升官——那整個調查局就會失去公信力，更沒資格繼續要求大家信任自己**。這時候，信用水庫裡的水等於是漏光了。

我要調查團隊替我轉告司法部的資深主管，表示我覺得要把重啟調查的決定通知國會。我不會對國會透露太多，但聯邦調查局必須出來講話。我想對司法部說，關於這次的調查，我很樂意跟部長和副部長討論。我其實不知道為什麼七月的時候我不想和她們一國，但現在又邀她們加入，但我猜，一方面大概我想彌補一下，因為我七月沒找她們討論就逕自行動，結果被一堆人罵翻；另一方面，我總覺得對於這次的調查，她們的看法應該和我差不多，而且在此危急存亡之秋，她們應該也會挺我。畢竟七月的時候，司法部長自己都公開表示電郵案已偵結了，結果到現在，她手下的檢察官竟然還想聲請搜索票。我覺得對部長來說，隱瞞肯定等於說謊，還會把整個司法部推進萬劫不復的火坑。

結果大出我意料之外，林奇部長和葉慈副部長居然傳話給我，她們覺得對國會說實話很不妥，不建議我這樣做，不過最終決定權在我手上，所以我沒必要跟她們討論。她們並沒有下令叫我不可向國會報告，如果她們真的下了這樣的命令，我也只好遵辦。反正，不管是要誠實還是要隱瞞，她們都不想做決定就對了。

接到她們的回覆之後，我短暫考慮了一個做法：我回她們，那我不要去國會報告，本案結果由司法部自己扛。這樣的話不知她們會如何反應。但我又覺得，把球丟還司法部，那我就太傻又太孬了。總之，負責擋子彈的應該還是我。於是，我就叫年中專案團隊告訴司法部，我的國會聲明稿擬好了，歡迎幫忙看稿、提出改稿意見。司法部也真的幫我看稿了，雖然他們還是不建議我說實話，但也給了一些不錯的建議，叫我改用別的字眼，或是用簡單幾句話來描述案情就好。

十月二十八號星期五一大早——奇怪，我一直想到這天就是我小時候家裡被歹徒闖入的事件，亦即「蘭賽鎮強暴犯」作案的三十九週年——我把聲明稿寄給國會各委員會的主席和高級成員，也就是當初電郵案「結案」時聯邦調查局就立刻通知的同一批人。我也跟七月的時候一樣，又寄了一封信向局裡同事報告接下來會發生什麼狀況：

各位同仁：

今天早上我寄了一封信給國會，向他們報告希拉蕊電郵案的最新狀況。昨天，調查小組在報告進度的時候，建議我聲請搜索票，調查最近在另一件毫無相關的案子中發現的郵件，因為這些郵件看起來跟電郵案極為相關。有鑑於此，我認為我們的確該採取行動，檢視這些郵件。

沒錯，我們通常不會向國會透露目前的調查進度，但這次我覺得必須講清楚，因為過去幾個月當中，我對外的正式說法一直是調查已經結束。另外，我覺得我們如果不公開調查記錄，恐怕有誤導人民之虞。話說回來，由於我們還不能確定最近這批郵件對案情會有什麼影響，我也不想引起外界誤會。總之，我想把話講清楚又不造成誤會。

只不過，我給國會的聲明稿不長，現在又適逢大選，被誤解的機會應該很高。但我還是希望同仁們盡量直接聽我解釋。

十分鐘後，我發給國會的信就被媒體曝光——比我預期的晚了九分鐘。接下來，我的日子又要難過了。

上次於七月發表聲明的時候，有很多人支持或討厭我們，但這次兩邊人馬的立場完全顛倒過來！有些本來頭腦正常的人，因為擔心我的聲明會把川普拱上大位，反而惱羞成怒了起來。還有一堆人看到聲明就歇斯底里，狂罵聯邦調查局自作主張，違反司法部的規定和作風。當然，這種事哪有什麼規定，而且以往總統大選也沒發生過類似的狀況。我覺得，碰到這種事，只要是頭腦清楚的人，都會隱瞞調查重啟的事。但聯邦調查局可能行事風格太怪異，跑出來公開說話，才造成一堆人理智線斷裂。我很想問這些人：「今天換作是你們當局長，你們會怎麼做？理由是什麼？」只是，報紙專欄作家跟電視名嘴不會從這個角度討論。但我知道答案是什麼：這些人會想辦法做出圖利自己人的事。**問題是，聯邦調查局不能選邊站，因為我們就是蒙眼的正義女神，必須抽離政治圈，必須做對的事**。

十月三十號星期六晚上，我收到司法部長寄來的信。她問我，下星期一早上在調查局總部開完情資會議之後，有沒有空跟她私下碰個面。

「當然沒問題。」我回她。

那天情資會議快結束的時候，司法部長居然當著整間會議室的聯邦調查局員工問我，可不可以跟她碰面談一下。她這樣問有點怪，明明我早就回信答應她私下碰面了，她現在卻弄得人盡皆知。不過我猜，她就是故意要讓大家知道。於是，我們進了會議室旁邊的司法部長專用辦公室，我和她的幕僚都在外面等。

此刻還剩幾天就是總統大選，媒體上的批評聲浪如海潮，而罵最兇的，不意外，是挺希拉蕊的媒體。在這種情況下，我實在不知道林奇部長想找我聊什麼。她是想罵我？威脅我？警告我？還是想幫總統帶話給我？歐巴馬團隊全員應該快恨死我了，因為希拉蕊的選情被我這樣一亂，恐怕岌岌可危。照這樣看來，林奇部長十之八九也跟他們一鼻孔出氣。

我先走進那間辦公室，然後轉身面向司法部長，等她把門關上。她關好門之後，就低著頭轉過身，張開雙臂朝我走過來。這畫面怎麼看都尷尬，但最尷尬的部分，是我比她高了四十幾公分。她抱住我的時候，整個臉都埋進了我的丹田，我只能把手臂伸到她背上向內壓，超彆扭的。

「我在想，你應該需要一個擁抱。」她邊說邊鬆手。我覺得她這句話倒沒說錯，雖然我天生不太愛抱人，但那幾天快把我搞垮了，我整個人看起來大概也是一副要垮不垮的樣子。

接著，她在長椅上坐下，又叫我去坐她旁邊的扶手椅，一面問我：「你還好嗎？」聽她的語氣，我覺得她是真誠的關心我。

我說，我覺得這件事根本是惡夢一場。我還說我考慮過兩條路線，覺得選擇「隱瞞而崩壞」不佳，「誠實而淒慘」才是正路。然後，她又說了一句讓我大吃一驚的話。

「如果這些消息拖到十一月四號才曝光，大家會比較釋懷嗎？」她問。她指的是投票日之前的那個星期五。

「絕對會。」我回她。

我當初在思考要不要發言的時候，完全沒想到消息曝光的事，不過她說得很對。只要司法部一核准搜索票，外界遲早會發現調查早就重啟了，然後會覺得我們一臉做賊心虛。所以她是想說我做了正確的決定嗎？還是說，她其實是想感謝我幫忙擋子彈？但她終究沒對我說明白。

沒過多久，我們就覺得聊得差不多了。林奇起身準備去開門，但她走到一半，整個人突然定住不動，接著又幽幽轉過頭來，似笑非笑地對我說：「你就裝作被我罵過就好了。」原來，她已經跟別人說她是要來痛罵我的。這個局，還真深啊！

這場惡夢實在是讓我痛不欲生，痛到我有點無感了。即使是以前支持我的人，都覺得我的決定很莫名其妙，更不用說其他人罵得多難聽了。但我知道他們在氣什麼。我太太佩翠絲是支持希拉蕊的，她希望美國能選出史上第一位女總統，當她一看我又捲進電郵案裡，就擔心得要命。雖然她明白我的用意，但還是覺得很氣憤，為什麼跳出來擋子彈的又是我？「你根本就是用肉身替司法單位擋砲火，」她說：「我知道你在想什麼，但為什麼又是你在擋，是不能換別人一下嗎？」

眼看各種情緒狂轟濫炸，外界認為聯邦調查局也淪為走奧步挺川普的小人。可惜，我們實在沒辦法解釋我們跳出來發言的用意，也沒辦法對聲明稿作補充說明，更不用說開聽證會或記者會了。我們手上的東西還沒調查完，之後不知道又會冒出什麼新東西，如果再公開發言根本講不了什麼，還有可能混淆視聽，讓我們變得更黑而已。有鑑於此，我當初寫的聲明稿真的是字斟句酌：

最近，聯邦調查局在調查與電郵案無涉的案件時，發現了可能與電郵案相關的新郵件。我想利用這份聲明稿告訴各位，調查小組昨天通知我，表示他們發現了這批郵件，而我也同意對此展開適當調查程序，讓調查人員能詳閱這批郵件，判斷其中是否包含機密資訊，以及確認郵件是否將對調查造成影響。

雖然聯邦調查局暫時無法判斷這批郵件的重要程度，我個人也無法確定本次新增的調查將耗時多久，但有鑑於本局先前在國會所做的公開聲明，我想，現在有必要知會各位最新調查進度。

隔週過沒多久，調查人員已經著手調查韋納筆電裡的郵件了，我自己則到了白宮戰情室裡開會。我走過白宮的長廊的時候，瞬間有種變成布魯斯．威利正在演《靈異第六感》的感覺，尤其當我坐在戰情室裡，這種感覺更強烈。我就像是電影裡的布魯斯．威利——小心，以下劇透——自己明明已經死了，還渾然不覺。我人雖然坐在會議桌前，身體卻有一股涼意，感覺一呼氣就會吐出白煙。全場真正把我當人看的，只有國家情報總監吉姆．克萊珀和中情局局長約翰．布倫南（John Brennan），我在走廊上等開會的時候，他們兩個還跑過來把手放在我的手臂上，叫我要撐下去。至於其他人，根本連看我一眼都不想。

在所有政府官員裡頭，我最欣賞的是吉姆．克萊珀。這人一顆大光頭，說話聲音低沉，感覺很不耐煩，常常像是在碎碎念，但真正的他，卻是個剛柔並濟、不卑不亢，堪稱典範的人。身為聯邦調查局局長，也就是美國情報單位裡的一份子，我不但需要對司法部長報告，也要對克萊珀總監報告。我每一季都要到他辦公室開一次會，時間都是傍晚，我們坐在戒備森嚴的房間裡，彼此討論工作和日常瑣事。他老是說我們在做「晚禱」，到後來，我自己也享受起晚禱的過程了。我們的副手通常會一起參加晚禱，這時候，我都會來一杯葡萄酒，他則會邊喝伏特加馬丁尼加兩顆橄欖，邊和我分享他的領導經驗。他當領袖的時間跟我活的歲數差不多，他的分享總是讓我獲益良多，我還因此轉送他一條親戚送我的領帶，作為兩人友誼的象徵。那條領帶是全紅的，上面繡了很多小小的馬丁尼酒杯，由於我們都以正直誠實自居，我也坦白告訴他領帶是別人送的。每次只要我們做晚禱，克萊珀都會換上那條馬丁尼領帶。

大選倒數前一週，我每天都和年中專案團隊確認調查進度。他們忙個不停，手上有幾百封之前從沒看過的希拉蕊郵件要審視。不過，這已經算是天大的突破了，因為局裡的操作技術部摸索出一套新方法，可以透過程式幫忙排除內容重複的郵件，讓探員跟分析師不必把幾萬封信全都看過；想當初，大家都跟我說這招不可能成功，連想都別想。市售軟體不能用，但我們的客製化程式卻成功把郵件刪到剩幾千封。於是，調查團隊就天天熬夜加班，把這幾千封郵件讀完。十月二十七號的時候，調查人員還認為信太多讀不完，現在既然技術進步了，要在投票日前查完郵件似乎不是沒機會。

十一月五號，大選前的星期六，調查團隊告訴我隔天早上就能把郵件查完，到時候再和我開個會交流意見。星期天早上，也就是大選前兩天，我們開會討論了郵件的事。

結果，這幾千封郵件的確是希拉蕊用黑莓機發出去的，但時間跟案情完全沒重疊。有些郵件跟工作內容相關，是希拉蕊國務卿收到或發出去的。有些郵件包含機密資訊，但全都是我們早就掌握到的部分。總之，這些新挖出來的郵件絲毫不影響調查方向。我還拼命逼問調查人員，想確認他們沒有因為太累而胡言亂語。不過他們也拼命回嘴，表示他們是查得很累沒錯，但最後的結論絕對是正確的。

接著，我們開始討論下一步該做什麼。調查小組基本上認為，既然我十月二十八號已經發信通知國會了，現在應該親自再發一次信。不過，全場倒是有一個人反對，那就是聯邦調查局的國安部門主管。他認為，現在跳出來說第二次話已經太晚了。他沒給太多理由，只說這個時間點離大選太近，不適合發言。在我看來，他大概是想到我們因為第一封信搞得自己灰頭土臉，才會提出異議。我們聽完他的意見，又互相討論了一陣，最後還是決定再發一次信給國會。如果我們只有「誠實」和「隱瞞」兩條路可走，又希望讓本局的一舉一動公開透明，那就必須按照十月二十八號的做法，在十一月六號做一樣的事。老樣子，我們還是邀司法部替我看稿，對方也提供了一些建議。

十一月六號星期天，我們準備要發一封簡短的郵件給國會，表示希拉蕊電郵案已經處理完了，結果跟之前一樣沒變。我們認為，既然兩天後就要舉行總統大選，這次就不需要發表任何公開聲明。要是我又在鏡頭前現身，對記者表示調查局在安東尼・韋納的筆電裡查到哪些新事證，恐怕會讓案情顯得更撲朔迷離。另外，雖然我不清楚前因後果，不過調查人員還從筆電裡挖出了非常多和國務卿工作相關的郵件，是他們第一次發現的（明明希拉蕊更早之前表示，跟工作有關的所有個人郵件都交給國務院了）；還有，筆電裡還存了很多涉及機密資訊的郵件，但這些是我們早就看過的部分。調查人員也要再深入調查胡瑪．阿貝丁跟韋納這對夫婦，研究他們如何是取得機密郵件的。

最後，我們認為這封信的長度跟第一封一樣簡短就好，因為現在已經來不及發電郵給所有調查局同仁了，反正，不必等星期一早上開電腦收信，他們就會從新聞報導裡知道這件事。調查局希望開誠布公，將重要訊息告知國會及美國人民，團隊成員也竭盡心力徹查事證，順利在大選前結案了。對於年中專案團隊的付出，我已經當面對團隊表示感激，說他們是史上最傑出調查團隊，在我焦頭爛額之際幫了大忙。

當天晚上，佩翠絲、我和女兒到家附近一間德墨風味餐廳吃飯，這時各大媒體已經廣為報導聯邦調查局寄出第二封信的消息。餐廳裡有客人走過我這桌的時候，小小聲說「希拉蕊凍蒜」。我其實累到不想管選舉了，連投票都不想投，我完全不想再跟選舉扯上半點關係。雖然令人無奈的是，我根本沒辦法置身事外。我有點想喝東西，於是點了一杯美味的瑪格麗特加冰塊配鹽。但我明明只是喝個調酒，就被《華盛頓郵報》寫成新聞，說有人看到我點了「超大杯」瑪格麗特來喝。

II

我花了好長一段時間，仔細回顧我二〇一六年到底是怎麼過的。事後檢討不見得能面面俱到，但至少能提供獨一無二的視角以及深刻的省思。

我跟很多人一樣，都被川普當選的結果嚇到了，光看媒體民調數據，我本來還以為希拉蕊會贏。大選結果出爐之後，我一而再、再而三問自己當初是不是被民調洗腦了。其實我也不確定，但說完全沒影響也太假。我在想，大家都覺得希拉蕊會勝選，我也是在這種氛圍之下指揮調查的，大概就是因為這樣，我才會成天擔心要是隱瞞大家調查重啟的事，可能會讓希拉蕊當選無效。假設希拉蕊跟川普再更勢均力敵一點，或者各家民調都顯示川普領先，我應該就不會擔心到這種程度。但，我依然不確定自己有沒有被洗腦。

希拉蕊意外敗選，竟把一部分的氣出在我身上，她有好幾份書面文件裡都說是我害她輸掉。我知道她還在自己的書裡面說，她被我背刺了。其實，她在政治圈裡努力了很久，為了當上美國史上第一位女總統，結果還在一片看好之下意外敗給對手，可想而知這打擊多大。我在某個地方讀到她很氣我的事，我只能表示遺憾。很可惜，我沒機會把調查決策的來龍去脈解釋給她本人跟她的粉絲聽。我也知道我公開消息之後，很多民主黨員都覺得很傻眼，甚至氣到不行。

大選結束後，我出席了一場不對外公開的簡報會議，與會的人包括一群民主黨跟共和黨參議員。這場會跟希拉蕊電郵案毫無關聯，但會議快結束的時候，時任參議員的民主黨員艾爾．佛蘭肯（Al Franken）卻對我大表不滿，我猜他剛好說出了很多人的心聲。他當時說，他想討論一個「大家裝作沒看到的問題」，也就是我「對希拉蕊幹的好事」。於是，我就問參議院多數黨領袖米契．麥康諾（Mitch McConnell），可不可以給我一點時間回應對方。麥康諾一聽，就直接往椅背一靠，用幾乎是興奮的語調說：「當然可以，你想講多久都隨便你。」

我對在場的參議員說，我想請大家和我一起回顧事件的來龍去脈，試著站在我的立場，也就是聯邦調查局的立場來想。我說，「請大家先回到十月二十八號這一天。」就算我沒辦法讓他們改變立場支持我，至少我可以把我的想法說清楚，告訴大家我思考過哪些可能性，最後為何選擇「誠實」路線而不是「隱瞞」路線。我指揮調查的方式不是十全十美，但也是一拿到事證就盡力查。講完後，還好，至少有一個人被我說動了。參議員查克．舒默走過來找我，眼裡還含著淚。他用一隻手握住我的手掌，再伸出另一隻手不斷輕拍我的胸口，一邊說：「我懂你，我完全懂，你這位子根本不是人坐的。」

我真的很希望聯邦調查局採取的行動——或說我採取的行動——沒有改變了大選的

結果，因為我太太跟我女兒們都投給希拉蕊，二〇一七年川普就職隔天，她們還跑去參加華府的女性大遊行。我在聽證會上也說了，一想到我的決定可能會影響選情，就覺得很「噁心（nauseous）」——不過我有個女兒很重視文法，她告訴我「想吐」(nauseated)才是正確的說法。其實我想說的不是川普這個人和領袖缺點大到讓我想吐（雖然這人問題真的滿大的，因為我在聽證會上說，聯邦調查局會影響選情這件事讓我覺得「有點噁心」，結果他好像搞錯了我的意思），而是我這輩子之所以心甘情願為某些單位服務，完全是因為這些單位沒政治包袱，而且立場不會被選舉期間的激情左右。但二〇一六大選真的很不一樣，我孩子還把一則推特留言拿給我看，裡頭散發出濃濃的大選氛圍：「柯米根本是政治打手，真不曉得他是幫哪個黨的。」

我不喜歡人家批評我，但我不能不接受批評，畢竟人都有可能犯錯。不過，為了不讓自己被搞得疑神疑鬼、裹足不前，我的大原則是，如果是我認識的細心人給我的批評，我就會認真看待；如果匿名人士或狂熱政黨人士的批評看起來有條有理、有憑有據，又指出了我的盲點，那我也會稍微留意。至於其他的瘋狗，而且是滿街跑的瘋狗，我一律無視。

我最在意的評論，是有人認為我愛當正義使者，自以為很有情操。其實，我一直都很擔心我會不會自大過頭。我覺得自己願意做對的事很了不起、願意做到誠實透明很了不起，我也覺得自己比社會上滿坑滿谷的撒謊政客還有節操。但另一方面，自我感覺良好可能會讓我得意忘形，聽不進別人的中肯建言。

我在心裡回想了希拉蕊電郵案幾百遍，我覺得七月五號那天，我在電視台記者面前發表的聲明確實不夠完善，但除此之外，如果要我再發表一次聲明，同時考慮我的身分跟手上掌握的資訊，我一定還是會採取同樣的做法。但我想，頭腦清楚的人也有可能走不同的路就是了。

好比說，假設我今天是曾經入閣過的民主黨員，我就不敢說在七月五號發表聲明之前和司法部長保持距離是件好事。假設我今天有民主黨的背景，大家就會說我愛和黨內唱反調，這時候，我就算跟司法部長劃清界線、獨自代表司法單位發言，也不可能取信於人。當然，即使是出身民主黨、又沒跳出來單獨發表聲明的聯邦調查局局長，也免不了要通知國會全案已經在七月偵結了，因此到了十月，就得思考誠實比較好，還是繼續裝死隱瞞這個問題。

假設我沒在司法部服務這麼久，又沒在小布希任內擔任司法部副部長，我恐怕就不會覺得我必須要維護調查局以外的單位。要是我二〇〇五年在司法部副部長任內最後幾天，沒發現刑求案緩起訴會帶來極大的負面效應，我恐怕也不會大膽到和司法部長切割。我的演講經驗滿豐富的，所以我有辦法在直播記者會上發言。換做是不同經歷的局長，可能就會把案子丟給司法部處理，讓對方自己想辦法。

如果是別的調查局局長，一旦發現柯林頓總統跟司法部長在機艙內開過會，應該就會在六月底要求司法部任命特別檢察官查案。但我還是覺得，這招對希拉蕊不太公平，只是我可以想像別的局長寧願走這條路，也不想跟我一樣維護司法單位的公信力。

別的局長可能會選擇觀望一陣子，等調查人員聲請到搜索票、確定韋納電腦裡的希拉蕊郵件有何玄機再說。這條路有點冒險，因為年中專案團隊大選前不可能查完郵件，不過我可以想像，可能會有局長選擇在大選前一週偷偷調查，賭看看能查出什麼結果。

說到這，又要提到林奇部長在給了我一個彆扭的抱抱之後，所說的話。假設我一開始就選擇閉嘴，大選前一週消息曝光的機率會有多高？我覺得很高。雖然年中專案團隊口風很緊，調查了一整年都沒讓消息走漏，但聯邦調查局位於紐約的刑事調查部門還是知道希拉蕊要被調查了（幾個月前，案情也在紐約走漏過）。如果我們裝死隱瞞案情，消息卻又在選前走漏，恐怕會更難看，甚至難看到不堪設想的地步。話雖如此，頭腦清楚的人還是有可能選擇隱瞞，繼續裝死。

我問了自己不下一百遍，在十月初聽說韋納筆電的事之後，我是不是應該要逼調查團隊快馬加鞭，盡快出手查案。不過，我也是到十月二十七號才意識到這件事的重要性。我本來以為，如果這件事真的非同小可，調查團隊會自己來找我報告案情，所以我就暫時放手，跑去處理別的案件和事務了。要是我更早知道案情細節的話，我的反應應該也會跟十月二十七號一樣，要大家馬上動起來，把郵件弄到手。只是，如果問我調查人員是否應該早點向我報告案情，或者我是不是有辦法早點要到消息，我自己是答不出來的。

對聯邦調查局來說，二〇一六年總統大選實在是史無前例的一場選舉。但就算我知道大選結果，又坐時光機回到當初，應該還是會做同樣的決定。當然，我也可以想像換做其他心地善良、有原則的人來當局長，可能會有不同的決定。雖然我覺得，其他路線反而會對美國的司法體系造成更多傷害，但我不敢把話說死。對於這個問題，我衷心希望未來的局長可以不必再被逼著回答了。

II

選舉結束後的十一月底，我到白宮橢圓辦公室去開國安會議，與會人士有總統以及其他資深首長。我在演《靈異第六感》的感覺又回來了，尤其身在一群想要繼續當官、替新上任的民主黨總統效力的人眼中，我更容易被當空氣。還好歐巴馬總統沒那麼無情，他還是照老樣子跟我打了招呼，態度親切又不失專業。

會議結束後，總統叫我留下來跟他談一談。歐巴馬總統是觀察肢體語言的專家，我猜他之所以找我談，可能是因為注意到我整個人很緊繃，或者只是出於某些理由，覺得應該要跟我說幾句話才行。他同樣坐在背對壁爐的老位子上，我則坐在長椅上背對老爺鐘。白宮攝影師彼特．索沙（Pete Souza）本來想留在辦公室裡拍個歷史鏡頭，卻被總統趕了出去，房間裡就只剩我們兩個而已。

歐巴馬總統雙臂壓膝，身體向前微傾，開始和我聊天。他的開場白還真不是普通的長，不過大意是他沒有要跟我討論任何案件或調查狀況。

「我只是想跟你說一件事。」他說。

我知道歐巴馬總統有多想讓希拉蕊登上白宮大位，他賣力替心目中的接班人輔選的程度，過去的總統簡直無人能及。我知道他看到希拉蕊敗選有多難過，整個白宮上下也都差不多如此，但基本上，我還是很敬重他這位總統，所以不管他想說什麼，我都願意聽。

他說：「我當初看你人品端正、能力又強，才找你當聯邦調查局局長。」接著，他又說了一句讓我更佩服他的話。

「我希望讓你知道，去年一整年下來，不管發生過什麼事，我對你的評價始終沒變過。」

他找我聊天，不是為了告訴我他很支持我的決定。他想聊的也不是決定的內容，而是想告訴我，他很清楚這些決定背後的心路歷程。真是的，我之前想聽的就是這個啊。

我內心突然一陣悸動，差點就讓我飆淚。歐巴馬總統開這種會的時候，通常不會真情流露，但我一開口卻難得語帶感性。

「總統，聽您這樣說，我真是覺得很欣慰。我一想到去年就怒火中燒。我們完全不想和大選扯上關係，我只想用對的方法做事。」

「我懂，我懂。」他說。

我沉默了一會，然後又想多說幾句。我要說的，應該會是大部分美國人的心聲。

「總統先生，我要是沒趁現在向您道謝，說我會很懷念您，我太太一定會殺了我。」

歐巴馬參選的時候，我沒跳出來挺他，但這段時間以來，不管是他的人格還是領導能力，都讓我對他敬佩不已。到這時候我才驚覺，他確實馬上就要卸任了，未來感覺好沉重，不知道會出現什麼局面。

我忍不住又多說了幾句：「想到接下來這四年，我就擔心到不行，但我覺得再繼續聊下去，好像又讓我更有壓力。」

他一句話都沒回，沒透露半點對於新總統或國家未來發展的想法，雖然理論上，他絕對有一堆話想要講。他只拍了拍我的手臂，接著我們起身握手，握完手，我就離開了橢圓辦公室。再過不久，這間辦公室就要易主了，而且接班人的風格還跟現在截然不同。

第十二章

政權轉型：總統，與妓女撒尿

因為我們矢志追求真相，所以在追求真相的路途上，只要可能、甚至只是覺得有可能受到矇混，都讓我們深感不安。但這條路途一向如此。必然如此。

——中情局局長羅柏・蓋茲（Robert M. Gates）

一小股全副武裝的休旅車隊，載著中情局局長、國家安全局局長、聯邦調查局等國家情報首長，駛向一幢高聳在曼哈頓中央、閃閃發亮的金色大樓。二〇一七年一月六日，總統就職日兩週前的這個早晨，我們一行人形色匆匆，在紐約市警察局開道之下穿過路障，開進曼哈頓麥迪遜大道與第五街之間的小巷。我們四周圍繞著保鑣，一行人從小巷的入口走進川普大樓。

我們抵達時，不論是等在第五街的媒體，還是自發來到附近的抗議群眾，都看不見我們。進入了算是平靜的川普大樓大廳，場面依舊驚人——我們這群首長加隨扈，足以塞滿兩部電梯；情報頭子們手拿公事包，裡面鎖著國家機密。一位住戶女士從電梯中出來，準備去遛狗，她和小狗都穿著昂貴的大衣，以便抵禦寒冷的天氣。她擠過我們這群身著深色西裝的武裝大漢，禮貌地咕噥：「不好意思，讓我們過一下。」

我們簡直是在電視實境秀般的場景裡——求職者、名流在金光閃閃的第五街大樓一樓大廳穿梭。接著，我們這些情報機關的首長走進電梯，與總統當選人見面，稟明俄國採取了那些行動試圖助他當選。

這是情報單位首長第三次、也是最後一場簡報。這一系列簡報，是政府內部的情報體系（內行人稱之為IC，intelligence community）出面說明我們情報體系評估俄國在總統大選期間採取的行動，以及我們有什麼機密性的發現。

早先國家情報總監辦公室根據歐巴馬總統的指示，調度中情局、國家安全局、聯邦調查局的分析師，花了一個月的時間完整蒐集所有資訊，提供給政府官員，包括即將上任的川普，以理解俄國涉入二〇一六年總統大選程度的全貌。我們還準備了一份簡明的、非機密性的情報體系評估（內行人稱之為ICA）給社會大眾。但無論如何，內容都話題性十足，因為我們分享的是最敏感的資訊，非常詳細地闡明我們如何、從哪裡知道這些資訊，以及取得這些訊息的方法。我們也說明了為何我們罕見地、全體都相信俄國廣泛干預美國總統大選。

情報體系的評估結果既直接又讓人震驚：俄國總統普亭下令全面干預二〇一六年我國總統大選，手段包括網路活動、社群媒體、俄國官媒放話等，目標是動搖大眾對美國民主程序的信心，並詆毀希拉蕊，降低她當選的可能性，阻撓她成為總統，以便協助川普當選。

第一次簡報是昨天，即二〇一七年一月五日，我們在橢圓形辦公室，對現任高層匯報評估結果。由國家情報總監吉姆・克萊珀報告我們完成的工作、得到的結論、做出結論的依據，與會者則是歐巴馬總統、拜登副總統及他們的資深幕僚。總統和副總統都問了好幾個問題。

這種時刻我偶爾會看到個性迥異的歐巴馬和拜登之間，那種溫暖、情同手足，有時又讓人氣得跳腳的關係。他們相處的模式大致上都像這樣：歐巴馬總統不斷與我們互動，清楚明確地將對話帶往 A 方向。到某個時刻，拜登會插嘴說：「總統先生，我可以問個問題嗎？」歐巴馬會禮貌地同意，但他的表情透露出他其實完全知道在接下來的五到十分鐘內，我們全部都會被帶往 Z 方向。在耐心地聆聽、等待後，歐巴馬總統又會把對話導回正軌。

這次，我們倒是一直沒有離題。漫長討論後，總統問接下來幾場簡報的行程。克萊珀說，我們預計隔天上午與國會兩黨有關情報事務的最高階人員——綽號是八人幫——

碰面，隨後前往紐約市向總統當選人與其高層團隊簡報。

克萊珀告訴歐巴馬，我們會請川普先生特別注意一件不尋常的事情，就是一份後來通稱為「史蒂爾檔案」(the Steele dossier) 的情資，含有各種與川普相關的指控。這些情資的蒐集者，是友邦一位據信可靠的前情報官員，但這點未獲證實。情資裡有很多驚人內容，包含未獲證實的指控，宣稱總統當選人在二〇一三年前往莫斯科的旅途中，與俄國妓女發生不尋常的性活動，例如妓女們在麗池・卡登飯店的總統套房床上撒尿等情節——這是歐巴馬訪俄時睡過的床。另一項宣稱則說，這些活動已被俄國情報單位拍攝下來，可能以此要脅總統當選人。克萊珀總監說，情報單位相信媒體即將報導這些情資，因此有必要立刻向總統當選人提出警示。

歐巴馬好像對這一切無動於衷，至少在我們面前沒有表現出來。他用平板的聲音問：「你們準備怎麼進行那次簡報？」

克萊珀的眼神飛快瞥了我一下，深吸一口氣後說：「我們決定在做完情報體系評估的簡報之後，由聯邦調查局局長柯米與總統當選人單獨見面，說明這份情資。」

總統什麼都沒說，只把頭轉過來，定睛看著我，兩條眉毛往上挑又重重往下撇，然後頭又撇開了。我想，當對方的表情一片空白時，你要怎麼解讀都可以；但對我而言，歐巴馬這次諧星般的挑眉，既隱含幽默又表達擔憂，彷彿是在說：「祝你順利喔。」我開始覺得胃裡沉甸甸的。

會議即將結束時，我的眼睛盯著橢圓形辦公室咖啡桌上那盆蘋果。因為總統和歐巴馬夫人都很注重健康——第一夫人還曾發起學生多吃蔬果，少吃垃圾食物的運動——所以多年來蘋果都是橢圓形辦公室的標準配備。我不確定它們到底能不能吃，但我看過幕僚長丹尼斯·麥克唐諾（Denis McDonough）一次抓走兩個蘋果，想來他應該不會吃塑膠水果模型。很久以前，我的小女兒曾經要我替她拿一顆總統的蘋果。既然這回肯定是我最後一次進橢圓形辦公室，最後一次看到桌上的蘋果，現在不拿就沒機會了。在討論俄國干預的會議最後摸走一個蘋果？真沒水準。但父愛超過了水準，我抄起一個蘋果，沒人阻止我。我在車上拍了一張蘋果的照片發送給女兒，當晚送貨到家。她讓我嚐了一小片——不是塑膠。

II

當天稍晚，我接到國土安全部長杰·強生的電話。我們兩人從一九八〇年代在曼哈頓一起當聯邦檢察官時就是好朋友。強生當天早上也在橢圓形辦公室聽簡報。我不知道他這通電話，是不是因為歐巴馬總統的建議才打來的；我甚至不知道他們兩個有沒有討論過這件事。但他的來電，讓我在橢圓形辦公室看到的歐巴馬挑眉表情有了答案。

「吉姆，我很擔心你私底下向總統當選人匯報的計畫。」強生說。

「我也很擔心。」我回答。

「你見過川普嗎？」他問。

「沒有。」

「吉姆，你務必要小心，非常小心。事情可能不會很順利。」

我謝過傑伊的關心與來電。他的關心和來電並沒有讓我覺得好過一點。

我仍然找不出脫身之道。兩位參議員曾分別聯絡我，警告我這些情資的確實存在，華府許多人要嘛手上有資料，要嘛知道這些情資存在。CNN已經知會聯邦調查局的媒體聯絡室，他們最快明天就要報導相關新聞。不管這些情資是真是假，要阻止有心人士脅迫政府官員的重要方法，就是告訴官員，敵人可能在做什麼或說什麼。聯邦調查局稱這種方法為「防禦性簡報」。

跟那個人簡報俄國的行動，怎麼可能不告訴他有這些情資？但這些情資又猥褻到讓人尷尬，沒有理由當著一群人的面告訴他，尤其這群人還都是歐巴馬政府任命的情報官員，他們等川普上任後就必須離職。我的任期還沒到，且聯邦調查局知道這些資訊，我們非告訴那個人不可——因此，由我來做這件事完全合理。儘管如此，這件事仍然讓我極為不自在。

還不只是不自在而已。我很久以前就發現，人們經常會假設，如果你和他們的處境一樣，則你的行事和思考方式也會和他們一樣。就算你的世界觀與他們大不相同，人們還是會把自己的觀點投射到你身上。政治家、強硬的談判高手川普，很有可能會以為我是拿召妓這件事吸引他注意，讓他陷於險境，以此取得我自身的優勢。他也可能會覺得我在玩聯邦調查局老局長胡佛常做的把戲，因為如果胡佛處於我現在的境地，他確實會這麼做。

想到我會被他類比成胡佛，我就希望能有其他的資料，讓新總統安心。不論有沒有效，我都得準備一些說辭，讓氣氛不要太可怕。跟我的團隊討論很久之後，我決定，我可以向總統當選人保證說聯邦調查局目前沒有在調查他；其實這也是真的。局裡沒有建立他的反情報個案檔案，而且只要俄國人不要拿他的醜聞來要脅，我們其實也不在乎他在莫斯科有沒有召妓。

但聯邦調查局的法律總顧問吉姆．貝克強烈反對我告訴川普說我們現在沒有在調查他。他認為，我的保證雖然是真的，但範圍卻窄得有誤導之虞。隨著俄國介入大選案情的發展，我們可能會調查總統當選人——現在不查，以後也肯定會查。如果我們真的對他展開調查，聯邦調查局就有義務告訴川普總統他正受到調查，這點也讓人擔心。我理解這個立場的邏輯，然而我也理解新總統會帶來更大的危機——人人都知道新總統行事衝動、與聯邦調查局誓不兩立。而我已經下定決心，要在合宜的範圍內盡己所能，與新總統合作愉快。所以我婉拒了貝克睿智的建議，口袋裡揣著「我們沒有在調查你」的訊息，前往川普大樓，再次面對前所未見的情況。

二〇一七年初，在備受爭議的希拉蕊案落幕後，我成了辨識度相當高的公眾人物。雖然我不想太突出，但我超過兩百公分的身高使我很難不被人注意。當時的氛圍非常明顯：不管是共和黨還是希拉蕊，兩邊都相信我影響了選舉結果，使選情對川普有利。儘管希拉蕊擁護者很生我的氣，有些人甚至恨我，但在川普陣營裡，我算是名人——這點讓我在進入川普大樓時極為不自在；現場有這麼多克盡職責的情報首長，我不想被視為跟他們不一樣。

我們聚集在一間川普集團的小會議室裡，裝潢很普通，有一幅沉重的金色落地帷幕擋住玻璃牆，免得走廊上的人可以看到我們在開會。總統當選人準時進入房間，副總統當選人、即將接受他任命的未來白宮高階官員接續魚貫而入。

這是我第一次見到川普本人。和他站在台上與希拉蕊辯論時的樣子相比，他本人感覺起來比較矮。此外，我看著他的時候，訝異地發現他跟電視上的樣子一模一樣。這點讓我很驚訝，因為人在鏡頭裡面會不太一樣。他的西裝外套沒有扣上、領帶還是太長，臉色略呈橘黃，眼睛下面有明亮的白色半月形痕跡，我猜應該是小型日光浴防曬眼鏡的位置。亮金色的頭髮修飾得極為講究，仔細近看會覺得應該都是真的。我記得當時我還在想，他每天早上要花多久時間整理頭髮。當他伸出手時，我提醒自己要記住他的手有多大——他的手比我小。但這也還好。

川普把全部資深官員都帶進了小會議室。副總統當選人麥克・彭斯（Mike Pence）、幕僚長萊恩斯・蒲博思（Reince Priebus）、國家安全顧問麥可・弗林（Mike Flynn）、新聞秘書肖恩・史派瑟（Sean Spicer）都坐在橢圓形的會議桌旁，川普和彭斯相對而坐。眾人表情嚴肅，沒人說話。我和副總統當選人握手時，他多握了幾秒，慢條斯理地叫我的名字：「吉——姆——」。我略略吃驚，因為他叫我的方式有點怪，彷彿是在安慰或問候老朋友——但我不認為我們曾經見過面。話雖這麼說，我確實記得我們十四年前曾經通過電話。二〇〇三年我還是曼哈頓的聯邦檢察官，調查過一起網站名稱拼錯的案件：有個傢伙將熱門兒童網站常被拼錯的名字登記申請網域，所以當小朋友輸入「迪士尼樂園」或「建築師巴布」網站但打錯字時，就會被導引到色情網站。我的直覺反應是「這應該是違法的」，後來發現這種行為剛剛在幾個月前被列為聯邦重罪，於是我就想找出發起連署〈真實網域名稱法〉（Truth in Domain Name Act）的是哪位議員，好跟他聯絡、道謝。原來，負責法案的是印地安納州的國會議員麥克・彭斯，他在電話上告訴我，因為他自己的小孩也被這種病態手法導引到不當網站，所以他才極力推動立法。

克萊珀總監坐得離總統當選人最近，中情局長約翰・布倫南、國家安全局長麥克・羅傑斯（Mike Rogers）和我坐在克萊珀右手邊。在我後面，川普政府未來的中央情報局長邁克・蓬佩奧（Mike Pompeo）、接受任命擔任國土安全顧問的湯姆・博塞特（Tom Bossert）、國家安全副顧問麥克法蘭（K. T. McFarland）靠牆而坐。總統當選人的中情局情報簡報官——這位專職員工的任務就是向即將就任的總統進行情報簡報——也在會議室裡記筆記。

到目前為止，我已經跟兩任總統有尚稱密切的工作關係，也與許多政府首長合作。我很好奇，不知道川普這條典型的「離了水的魚」，在一個完全陌生的崗位上會如何表現。經營私人的家族企業和經營大型公共事業已經很不一樣，更不用提管理國家了。你必須應付各個不向你負責的團體，時時受到法律和規範的監督，而這些法規是一般企業執行長不會面對的。

有效領導的核心，就是要對自己充滿自信，從而能夠言談謙遜，且能充分表現自己、應付自如——這是我從其他領導者身上觀察到的。謙遜能開啟許多可能性，最重要的就是能虛心地問一個簡單的問題：「我有沒有漏掉什麼？」好的領導者總是擔心自己的視野有侷限，因此會運用判斷超越這些侷限。**判斷和情報是不一樣的**：情報是解決問題的能力，破解謎團、掌握事實；判斷是綜觀問題、事實的能力，以他人的角度進行審視，以不同的偏好、動機、背景為出發點加以觀察。判斷也是把事實帶入特定時間、空間的能力，或許是數月後、數年後的聆訊室或法庭，或是大型出版商的編輯室，或是競爭對手的董事會議室。情報的能力，讓人得以蒐集、呈報文件或證人說了什麼；判斷的能力，則讓人可以說出這些事實有什麼意義、對其他聽眾有什麼影響。

在與川普的第一次會面中，我觀察他，想要看出他如何在自信與謙遜間取得平衡，想要看出有無跡象顯示他具有明智的判斷力。我承認，我一開始其實是滿腹懷疑的。他在競選期間給我的印象，是一個極度沒有安全感的人，導致他不可能表現出謙遜，也不可能自信、謙虛到可以開口問出「我有沒有漏掉什麼？」這個對做出明智判斷至關重要的問題。但那天在川普大樓，我觀察到的不夠多，看不出這樣的評斷是否正確。當天他態度內斂、嚴肅，十分合宜。

克萊珀總監進行情報體系評估簡報，如同他在歐巴馬總統與八人幫面前簡報一樣。有人問了幾個問題、給了一些回應，坐在後排的湯姆．博塞特說得最多。在討論俄國干預大選的時候，我記得川普沒有插嘴，聽完後只問了一個問題——說是問題，其實更像陳述——「但你們認為對結果沒有影響，對吧？」克萊珀回答說，我們沒有做這種分析，因為這既不是我們的職責也不是我們的專長。我們能說的，就是沒有發現證據證明計票遭到竄改。

我覺得特別啟人疑竇的，是川普和他的團隊沒有問出口的問題。他們即將領導的國家遭到外敵攻擊，但他們卻完全不問俄國未來可能會造成什麼威脅，也沒有問我們可以做什麼準備以因應這些威脅。在我們四個人，包括兩位歐巴馬政府任命、即將卸任的官員面前，總統當選人與其團隊反而立即開始討論策略：如何說明俄國的事情、如何把我們剛剛告知的資訊講得天花亂墜。蒲博思開始描述為了這場會議而發的新聞稿是什麼樣子，川普團隊開始爭論這些發現要怎麼操作才能獲得最大的政治效益，好像我們不在房間裡一樣。先發言的是蒲博思，彭斯、史派瑟、川普都隨後加入討論。他們急著強調選舉沒有受到影響，也就是說川普不是俄國人選出來的。克萊珀插嘴，提醒他們他六十秒前才說過的事情：情報單位不分析美國政治，我們對此不表示意見。

前兩屆總統任內，我曾多次參與向總統簡報情報的會議，但從來沒見過歐巴馬總統或小布希總統在情報單位首長面前討論溝通或政治策略。**政治與情報，兩者間一直有道界線**：情報單位負責事實，白宮負責政治遊戲、舌燦蓮花，而且白宮自己決定要怎麼做就好。伊拉克戰爭中對於大規模毀滅性武器的錯誤情報，讓我們學到火辣辣的教訓，「永遠不要把政治和情報混在一起」。我看著眼前的景象，試著對自己說，或許是因為川普和他的團隊對這種事情缺乏經驗；川普當然沒有任何從政經驗。但很快地，政治和情報間的界線開始消逝。

我坐在那裡，眼前奇異的畫面充盈心中。因為實在太奇異、太戲劇性，我不斷想驅除這個畫面，但它糾纏不去。我想到的是一九八〇、九〇年代，我還在曼哈頓當聯邦檢察官時，紐約黑手黨的社交俱樂部：拉芬尼提、帕爾瑪男孩、花園咖啡……我無法驅散這個畫面。

先前已經說過，義大利黑手黨自稱為「我們的事」，而且會在不屬於家族的「你們的朋友」，和家族的正式成員「我們的朋友」之間劃清界線。我坐在那裡，心想，天老爺啊，他們想把我們每一個人都變成「我們的朋友」，讓我們變成跟他們同一國。雖然聽起來很瘋狂，但我突然覺得，一眨眼間，總統當選人就試著要把我們囊括進他的家族中，而川普團隊則把整件事變成了「我們的事」。在我整個職業生涯中，情報一直是我的事，而政治操作一直是你們的事。但川普團隊想改變這種局面。

我當時就應該出聲阻止的，畢竟在其他幾任政府首長面前，我從不怯於堅持自己的立場。我不確定如果當時我有開口，是否會造成什麼差異，但或許我應該告訴新團隊：政府的常規作法是什麼——這套規則經過好幾個世代一點一滴累積，力求讓情報不受政治影響，確保總統獲知最準確的事實，不管他愛聽還是不愛聽；也讓情報單位免於遭人非議，說它的結論都是政治操作的結果。如果有人認為情報單位首長樂於在公關策略討論中提供意見，商量如何支持總統與其政府，這種想法未免過於天真，也表示對我們的角色有所誤解；而認為即將卸任的歐巴馬政府官員願意參與其中，只能說是愚蠢。

但在那一刻，我說服自己相信出聲阻止簡直是發瘋。我跟這些人不熟，他們也跟我不熟。我們才剛端上「俄國人想讓您當選」這道大菜，要現在就教訓他們怎麼跟我們合作嗎？而且等下我就要跟總統當選人私下討論俄國妓女的事了。所以我什麼都沒說，其他人也什麼都沒說。川普團隊沒有一個人想到要問：「嘿，或許這些事應該以後再討論。」或是「總統當選人先生，我們是不是該繼續聽簡報？」

我記得叫停的其實是川普。他開口說溝通策略可以另找時間討論，結束了這段對話。未來的幕僚長萊恩斯·蒲博思問我們還有沒有其他事情要告訴他們。

換我了，我想。

克萊珀說：「嗯，其實，還有一些其他敏感情資，由柯米局長向您和少數幾位成員匯報比較好。我們會先離開，這樣他可以私下跟您討論。」

「OK，少數是多少？」總統當選人看著我問。

「先生，由您決定，」我說，「但我原本想的是就我們兩個。」

萊恩斯·蒲博思插嘴問：「我和副總統當選人也一起嗎？」

「也可以，先生。」我回答後，轉向總統當選人。「先生，這完全由您決定。我只是不想在太多人面前談這件事。」

我不曉得川普是否知道我接下來要說什麼。總之，他向蒲博思擺擺手，然後指著我：「就我們兩個。謝謝各位。」

一群人握手後魚貫離去。國土安全部長杰．強生的話在我腦中不斷迴盪。「吉姆，你務必要小心，非常小心。」

其他人離開房間時，我們沉默地等待。只剩下我們之後，總統當選人率先開口，滿嘴恭維。「你這一年真不容易，」他說，提到我以「高尚的情操」調查電郵案，獲得「極佳的聲譽」。他說的這些話充滿善意，聲音裡似乎真的飽含關切與感謝。我感激地點頭，緊張地微笑。他接著說，聯邦調查局的人都「很喜歡你」，並表示他希望我會繼續留任局長。

我回答：「先生，我也是這麼打算的。」

如果我對他這番話表示感謝，可能是討好總統當選人最省力的方法，但我沒有謝他，因為我已經在這個位子上坐得穩穩的，而且一坐就會是十年任期。我不想要表現出好像我還要申請續任一樣。事實上，聯邦調查局史上只發生過一次局長在任期未滿前就被開除的狀況，那是一九九三年威廉．塞申斯（William Sessions）因為被指控有嚴重的操守問題，遭柯林頓總統免職，完全沒有爭議。諷刺的是，柯林頓換上來的路易斯．佛里（Louis Freeh），成了柯林頓政府的眼中釘，因為他不遺餘力、步步緊逼嚴查政府不法。

川普花了一分多鐘的時間說完開場獨白後，輪到我解釋即將向他報告的情資是什麼性質，以及為什麼我們覺得，讓他知道有這些情資的存在，是很重要的事情。接著，我開始簡要說明「史蒂爾檔案」的指控，聲稱他二〇一三年在莫斯科一間旅館召妓，而且俄國人把這一切都拍攝了下來。我沒有提到其中一樁指控，就是他叫妓女互相在對方身上撒尿，就在歐巴馬總統和第一夫人曾經睡過的床上，把床弄得汙穢不堪。要讓他重視這些情資，我覺得這項細節本身並不是必要的；整件事已經夠怪了。我一邊說話，一邊有種靈魂出竅的體驗，彷彿我從上俯瞰自己在向新總統報告俄國妓女的事。我還沒說完，川普就以不屑的語氣狠狠打斷我，急著抗議說這些指控都不是真的。

我解釋，我不是說聯邦調查局相信這些指控是真的，只是覺得，讓他知道外面有這些情報在四處流竄，非常重要。

我還說，聯邦調查局的工作之一，就是保護總統不受任何形式的脅迫。不管指控是真是假，他必須知道俄國人可能會傳這些事，這點很重要。我強調不想要對他隱瞞資訊，尤其是在媒體即將披露該事的前夕。

他再次強力否認所有指控，問我——我覺得他是自問自答——他看起來像是那種需要妓女服務的人嗎?

然後他開始討論女人指控他性侵害的多起案子,但我根本沒提到這些事。他提到好幾位女性,而且他好像把她們的指控背得滾瓜爛熟。他一直在為自己辯解,我和他對話的方向眼看已經歪斜到無法收拾了,這時出於直覺,我亮出了口袋裡的法寶:「先生,我們沒有在調查你。」這句話似乎讓他平靜了下來。

任務完成!對話結束。我們握手後,我就離開了會議室。整段密談只花了大約五分鐘。我準備循著先前的路線從後門出去。其他情報首長已經先走了。走過大廳的時候,遇到兩個身穿大衣的男人,與我相對而來,其中一人看起來很眼熟,但我沒有停下腳步。他經過我身邊時叫道:「柯米局長?」我停下腳步轉身。傑瑞德・庫許納(Jared Kushner,川普女婿)向我自我介紹,我們互相握手,然後我繼續往前走。

我從側門出去,坐進裝甲車,駛向聯邦調查局在曼哈頓的辦公室,去做我愛做的事情:我到每一層樓、每一個辦公,感謝這些優秀的人每天努力工作。在剛剛經歷過一場讓人不自在的對話之後,這簡直像淋浴一樣舒適。

一月十日,我與川普密會的四天後,網路媒體 BuzzFeed 公開了我向川普簡報的「史蒂爾檔案」,三十五頁完整版。報導是這麼開頭的:

一份檔案對總統當選人唐納．川普做出爆炸性指控。這些未獲證實的指控說，俄國政府多年來一直在「培育、支持、協助」川普，並蒐集與川普有關的不法資訊。過去數週間，這份檔案在民代、情報人員與記者間廣為流傳。這份檔案彙整了數月的筆記資料，包括明確的、未獲證實的、可能無法證實的指控，說川普的幕僚和俄國特工有所接觸，還有俄國人紀錄的性行為影音資料。

總統當選人以推特還以顏色。**假新聞——完全是政治獵巫行動！**

第二天，一月十一日，我與未來的總統又談了一次話。在與歐巴馬總統共事的三年中，我從來沒有跟他講過電話，單獨面對面跟他談話也只發生過兩次。但我現在人在這兒、站在聯邦調查局總部辦公室窗前，還是歐巴馬政府的官員，卻準備跟川普進行五天內的第二次對話。當我把電話貼著耳朵，可以看到下方逐漸昏暗的賓夕法尼亞大道上車輛飛馳。對街的司法部大樓燈火通明，正忙得不可開交。我還記得，往右可以看到被夕陽照得閃閃發亮的華盛頓紀念碑，聳立在新的川普飯店之上。川普飯店才剛在賓夕法尼亞大道上開張，與白宮只有咫尺之遙。

總統當選人川普是從紐約打來的。電話一接通，他再度先以讚美開場，但現在聽起來像是對話的心機，而不是真誠的贊許。他還說：「我真心希望你會留任。」我再度向他保證，我會留在聯邦調查局。

他接著開始討論這通電話的目的，說他非常擔心俄國「檔案」的「外洩」，以及怎麼會發生這種事情。我不確定他是否在影射聯邦單位洩漏檔案，我只好解釋說，這份檔案不是政府文件。它是由私人單位蒐集的，然後分發給許多人，包括國會與媒體。檔案不是聯邦調查局建置的，也沒有付錢找人建置檔案。它既不是機密也不是政府文件，因此說它被「洩漏」出去，其實不甚準確。

然後他說，他一直在想我在川普大樓私下跟他做的簡報，也去問了與他一起去莫斯科參加二〇一三年環球小姐選美活動的人談過。他現在想起來了，他根本沒有在莫斯科過夜。他宣稱，他從紐約出發，去旅館只換了衣服，然後當天晚上就又飛回家了。接下來他讓我大吃一驚，因為他提起那樁我刻意避免與他討論的指控。

「你知道這不是真的，還有另一個原因：我有潔癖。我不可能讓別人在我旁邊，往對方身上噓噓。不可能。」

我還真的笑出聲了，決定不要告訴他，其實他被指控的那些行為，似乎不需要過夜、甚至也不需要與妓女有近距離的接觸。我想像中莫斯科的麗池飯店總統套房，應該大到足夠讓有潔癖的人與所發生的活動保持安全距離。這些我全都想到了，但我什麼都沒說。

我反而盯著紀念碑想著：我、這個國家到底發生了什麼事，讓聯邦調查局局長要跟即將上任的總統討論這種事情。川普針對這個主題——這個我不在乎的主題——再次發表完他的抗辯後，就掛斷了電話。我馬上去找我的幕僚長吉姆·瑞比基，告訴他這個世界真的瘋了，而我被卡在這個瘋狂世界裡。

瘋狂仍在持續。

第十三章

當上司獨約見我：忠誠的考驗

友誼、人際關係、家人情感、信任、忠誠、順從……就是這些東西讓我們緊緊相連。

——黑手黨大佬約瑟夫·博南諾（Joseph Bonanno）自傳《榮譽之人（Man of Honor）》

唐納·川普於二〇一七年一月二十日，在群眾面前就職成為美國第四十五任總統。群眾的人數立刻成為各方爭辯的熱門話題。新總統決意證明，出席就職典禮的民眾，數量遠超過二〇〇九年歐巴馬就職時的現場觀禮人數——完全沒有。不管是照片或其他證據，都無法使總統改變他這個錯得離譜的看法；整個社會裡面好像也只有總統的媒體團隊與他的看法一致。就職典禮只不過是短短的一瞬間，但這片刻的事情卻讓我們這些以「追求真相」為業的人心裡很不安。我們每天都在調查犯罪，或是評估敵人有什麼盤算與意圖。**生命中有許多事情是模糊的、可以詮釋的，但也有些事情是從客觀上可以毫不含糊地辨明是對是錯**。總統宣稱，現身就職典禮的觀禮人數是史上最多，或是人數比歐巴馬的就職典禮多，根本就不是事實。採用這種說法，不是提供建議、觀點、視角，而是說謊。

兩天後，一月二十二日星期六傍晚，我前往白宮參加酒會。這場活動邀請的對象，是在就職活動上提供維安、支援的各執法單位首長。聯邦調查局的反恐、情報、SWAT特戰人力當天都與特勤局整合部署，如同歷任總統的就職典禮一樣。有人告訴我，川普總統想要藉這場活動感謝各單位的努力，讓我相當驚訝，也感受到總統的善意。儘管如此，出於幾項原因，我個人仍然不是很情願出席。

第一，如果相機或攝影機照到、拍到我和新總統閒聊，對聯邦調查局很不好。外面已經有這麼多人覺得是我助他當選的，如果我、我代表的聯邦調查局，看起來好像跟他很親近，無異於支持這種錯誤的印象。第二，電視上正在直播國家美式足球聯會的冠軍賽，所以這場傍晚五點的雞尾酒會，會害我看不到綠灣包裝工隊與亞特蘭大獵鷹的對決結果，也會錯過匹茲堡鋼人對戰新英格蘭愛國者的開場。新總統不也是美式足球的球迷嗎？

但我的幕僚說我非去不可。我身為聯邦調查局局長，最好不要因為缺席酒會而得罪新政府及首長。我也告訴自己，是我多慮了；反正這是團體酒會，意味著媒體不可能拍到我和總統單獨在一起的畫面。還有，我決定要把比賽錄下來，而且絕對不和人討論分數。所以我去了白宮。

場面如同我期望的，一開始是跟市內、州立、聯邦執法單位的首長愉快地閒聊，一共約三十人，包括美國國會警察、華盛頓哥倫比亞特區首都警察、美國公園警察。這些單位都是聯邦調查局長期的工作夥伴，我們多數人也因此認識。我們聚集在白宮官邸寬敞、橢圓形的藍廳，白宮工作人員已經在房間的四周擺了小桌，放置小點心與無酒精飲料。我在廳內四處遊走，與人握手，感謝他們與聯邦調查局合作。

為了要與川普保持安全距離，所以我先猜總統會從哪邊走進來，接著我就往相反的方向一路找人聊過去，最後落腳在窗戶前，從這裡可以俯視南草坪到華盛頓紀念碑。除非我爬出窗外，不然這裡已是最偏僻的角落了。

我在廳內遠遠的一角，覺得很安全，就在這裡和特勤局長喬・克蘭西（Joe Clancy）閒聊。克蘭西曾擔任總統護衛組組長，退休之後又因歐巴馬總統之邀重出江湖，領導問題叢生的特勤局。他的太太還住在費城，因此我問候了夫人和女兒；我以前在慶祝特勤局成立一百五十周年的典禮上，見過他女兒高歌。我一直開玩笑說，聯邦調查局只有一百歲，所以特勤局是老大哥，聯邦調查局第一代的探員就是特勤局訓練的。

克蘭西人很好，溫暖、踏實。我們聊天時，雙開門打開了，白宮工作人員拿著高高的強力弧光燈進入廳內，把燈架起來，照亮大門邊——離我最遠的區域。我果然猜對了，總統會從那裡進來。但我又擔心，有明亮的光線，意味著會有相機與記者。這樣其實不太尋常，我也很意外，因為這個活動的目的，是要感謝那些低調執法的官員。過了一會兒，總統與副總統進來，大批攝影師和電視攝影機也湧入，層層包圍兩人。

總統開始講話，眼睛掃過四散在房間裡的單位首長。他的視線掠過我，但沒有停下來——感謝老天——反而落在喬．克蘭西身上。他點了喬的名字，示意喬走過去到他與副總統旁邊。喬從不追求鎂光燈，但他還是聽命走進亮到要把人照瞎的鎂光燈中。總統擁抱他，姿態有點尷尬，又叫他和總統、副總統站在一起，好像展示品一樣。

川普接著講話，視線往左離我越來越遠。我簡直不敢相信運氣有這麼好——他沒看見我！怎麼可能？我突然發現，我正站在一幀厚重的藍色窗簾前。我身上的藍色西裝雖然跟窗簾顏色沒有完全相配，但也很接近了。它是我的保護色，簡直太棒了！我心想，真走運，酒會是辦在這個廳，假如是在綠廳或紅廳，我就沒有可以融入環境的西裝了。既然窗簾能拯救我，我就往它靠得更近，整個背都壓在窗簾上，絕望地想把自己從總統的視野中消除。我簡直就是黏在藍色窗簾上，滿心希望可以避免跟美國的新總統在電視上來個極不明智、尷尬至極的擁抱。

窗簾這招奏效了。

可惜，保護效期很短。

川普還在以他一貫的意識流風格，東拉西扯地滔滔不絕時，他的眼睛又掃回來了，從左看到右，看向我和我的救命窗簾。這次我可沒那麼走運了。帶著白色陰影的小眼睛停在我身上。

「吉姆！」川普喊道，示意我上前。「這個人比我還有名。」好極了。

我十九歲那年，就認識我太太佩翠絲。這個時候，她正在家裡看電視，看到無數電視台播出我走過藍廳那一幕，她當時指著螢幕說：「吉姆擺出了『結屎面』耶。」沒錯，正是。我在現場，心裡尖叫：「他怎麼會叫我？他才是電視紅人啊。災難，徹頭徹尾的災難。我等下千萬不要和他擁抱。」

政治上，聯邦調查局及其局長絕不會選邊站。調查希拉蕊電郵案的這場惡夢，本旨是要保護聯邦調查局和司法部的完整與獨立，保障信任與名譽的基礎。川普在就職總統的第二天，表現出公開感謝我的姿態，只會威脅這項基礎。

在這漫長的距離快要走到盡頭時，我向川普總統伸出右手，只握手，純握手。總統抓住我的手，把我的手往前、往下拉——來了，他要在全國電視上擁抱我。我繃緊右邊身體的肌肉——我練了多年的側身棒式與啞鈴划船。除非他比外表看起來的更壯，否則他不可能抱到我——他沒抱到，因為我阻擋了擁抱。不幸的是，我得到另一個更糟的東西：總統傾身向前，嘴巴挨近我的右耳說：「我非常期待和你共事。」

因為電視攝影機位置太好，所以世上許多人，包括我的孩子，都以為他們看見川普吻我。全世界都「看見」唐納．川普親吻這個有些人認為助他當選的人——不可能有比這個更糟的了。

川普總統接著示意，彷彿要邀我跟他、副總統、喬．克蘭西站在一起。我退開，以微笑回絕邀請，試著用表情說：「我配不上。」然後在心裡說：「我才不要自殺。」這次遭遇戰，算我一敗塗地，沮喪地退回房間遠遠的另一邊。

媒體被請出藍廳，警政首長、局長開始排隊要與總統照相，隊伍非常安靜。我裝作要排到隊伍最後面，然後從側門溜出去，穿過綠廳，進入穿堂，走下樓梯。路上我聽到有人在大聲討論包裝工對獵鷹的比分。倒楣透頂的一夜。

我對川普一貫的作戲伎倆可能解讀過頭，但這次經驗讓我十分擔心。川普總統的行事風格與他的前任完全不同；我無法想像歐巴馬或小布希要求某人走上台。川普很像是要執法單位、國家保安單位的首長走上前來，親吻他這個偉人的戒指，表現他們的順服與忠誠——這才是真正讓人擔心的事。這些首長「不」做這些事，或甚至避免被看見、表現出想要做這些事的樣子，是極其重要的。儘管我接下來好幾週，試著要讓總統及其團隊瞭解這一點（後果很慘），但川普與幕僚要嘛不知道，要嘛不在意。

II

二〇一七年一月二十二日星期五，在與唐納・川普交往二十一天之後，我再度來到白宮。那天中午，我一如往常在我辦公室裡吃午餐，助理接了一通電話進來，是一位女性從白宮打來的。她請我稍待，等總統來講電話。總統接進來，問我當天晚上「是否想過來共進晚餐」。這種情況很不尋常，但我覺得別無選擇，所以回答：「當然好，總統先生。」他問我六點還是六點半好，我說：「您方便就好，總統先生。」他選了六點半。我掛掉電話，然後打給佩翠絲，說我們約好晚餐去泰式餐廳的計畫沒了。

當天下午，我在一場聯邦調查局的活動上，見到最近退休的國家情報總監吉姆・克萊珀。這場活動是要頒發「榮譽探員」的殊榮給他。我們站著等上台時，我告訴他晚餐邀約的事情，說這件事讓我很不安。克萊珀說，他猜想這應該會是團體的宴會，也說他聽過其他人受邀去白宮晚餐。我聽了稍微放鬆了一點。

總統絕不可能單獨與聯邦調查局局長吃飯。白宮一定有人告訴過他，這是史無前例的，至少尼克森、胡佛之後就沒發生過。我想起在我被提名之前，歐巴馬總統邀請我去白宮討論各種事情。他解釋：「一旦你成為局長，我們就沒辦法像這樣對話了。」意思是說他不能再跟我辯論各種哲學議題。聯邦調查局局長不能與美國總統私下會面閒聊，尤其是經過二〇一六年這種大選，更不適合。光是這個主意就會讓聯邦調查局好不容易建立的獨立性大打折扣，而我害怕川普要的正是這種局面。

我抵達白宮的西行政大道，位於通往白宮的地下室入口和舊行政辦公大樓之間。聯邦調查局維安團隊在有雨棚的入口攔下我的車，我以前也是從這個入口去戰情室的。我走進去告訴當值的特勤官，我是來與總統共進晚餐的。他看起來有點困惑，但還是請我先坐一下。然後，很快就有一位年輕女性陪我穿過西廂長長的走道，沿著玫瑰花園進入白宮官邸的地面層。她帶我走上一段我從沒見過、空蕩蕩的樓梯，緊鄰主樓層的綠廳。

在走廊上等待時，我一邊跟兩名海軍侍應生閒聊，一邊小心打量環境，尋找其他要一起跟總統晚餐的賓客。兩名侍應生是非裔美籍男性，與我年紀相仿，已在白宮服務將近十年。兩人身高都超過一百八十公分，都是潛艦部隊出身，所以對話很自然地轉到潛水艇內的空間。一位侍應生說，艇內床位長度是一百九十公分，正好等於他的身高。我們咯咯笑著，一致同意潛水艇不適合我。當我們站在綠廳的入口邊等邊聊時，我看到了一張毫無疑問是兩人用餐的桌子，其中一邊的擺盤有一張用花體字寫著「柯米局長」的名牌，另一頭想當然是總統的位置。我心亂如麻，部分原因是我不想第三度討論俄國妓女的事了。

總統在晚上六點半抵達，恭維也隨之而至。看到我已經站在門口，他說：「我喜歡這樣。我喜歡守時的人。我認為領導者應該要守時。」

他穿著平常的深藍色西裝、白襯衫、太長的紅領帶，完全沒有跟侍應生講話。他打手勢要我過去桌邊。桌子擺設在這個長方形房間的正中央，頭上就是華麗的吊燈，我們兩個之間的距離只有大約一百多公分。

綠廳這個空間名實相符，牆上覆蓋著綠色的絲綢。我後來才讀到，第二任總統約翰·亞當斯把綠廳當作臥室，第三任總統湯瑪斯·傑佛遜把它改成餐廳，而後來的總統都把它當成起居室。當天晚上，傢俱都移開了，好容納我們的小餐桌。在總統的右肩上方，我可以看到站在壁爐兩側雕像中的一座。雪白的大理石壁爐架就壓在雕像的頭上，讓雕像看起來十分痛苦。

盤子上有一張淡黃色的大卡片，用草書體寫著全套四道菜的菜單，有沙拉、螯蝦、帕馬森起司雞肉義大利麵、香草冰淇淋。總統也開始欣賞他自己的菜單。他把菜單舉起來讚嘆道：「他們把這些東西一樣一樣寫出來，手寫耶。」他指的是白宮的工作人員。

「好一個書法家，」我點頭回應。

他看起來像在探究什麼。「真的是用手寫的耶。」他又重複一次。

晚餐開始沒多久，大概是海軍侍應生端上螯蝦時，川普直白地問：「那，你想做什麼？」這個問題十分古怪，我一開始沒有完全聽懂。但總統沒有等我回答，而是逕自一個人開始滔滔不絕，也順帶把他的意思表達得非常清楚：他在問我想不想保住我的工作。

他說，很多人想當聯邦調查局局長，但他很看重我；他聽過很多關於我的好評，也知道聯邦調查局的人很敬重我。他還說，儘管如此，如果我因為曾經歷過的事情而想要「脫身」，他可以理解；不過，他強調，這樣對我個人是有害的，因為看起來會好像是我犯了錯一樣。最後他說，他知道如果他想的話，可以「讓聯邦調查局改頭換面」，但他想知道我的想法。

現在，我終於搞懂到底發生了什麼事情。這場鴻門宴的陷阱、私人晚餐的空間安排、川普假裝沒有在好幾個場合問過我是否願意留任，都使我相信，這是他想把我收為門客的手段。可能有人告訴過他，或是他突然想到：這個工作可是他「免費提供」給我的，他必須要取得回報——這種念頭只讓這次經驗更怪異：美國總統邀我共進晚餐，決定我是否能保住飯碗一事也是菜色之一。

我回答說，沒錯，只要他想要，隨時可以開除聯邦調查局局長。但我想要繼續做這份我喜愛的工作，而且我自認做得不錯。我說，我沒想到會重回公部門，但我覺得這份工作非常有意義，想要做滿任期。我感覺到他想要的不只這樣，於是又說，他可以相信我在某一方面是絕對「可靠的」——不是政壇上常說的「可靠的」鐵票那種可靠。我說，他可以相信，我永遠會告訴他事實。

我告訴他，我不耍小手段，也不洩漏情資。但是，我在政治上不會選邊站，也不必想要叫我去政治操作；不過，我解釋，這樣對總統才是最有利的，因為聯邦調查局和司法部的調查對象經常牽扯到總統執政團隊的高層官員，就像我們在小布希政府時期調查總統顧問卡爾．羅夫，和副總統幕僚長「滑板車」利比一樣。正因為聯邦調查局不是、也沒有被視為是總統的工具，所以才可以不受質疑地進行這些工作。如果司法部與聯邦調查局的地位與聲譽不佳，則一個總統將無法解決「自己的執政團隊正在接受調查」這個問題。除非指派特別檢察官。

這種論述顯然不能安撫他。他表情嚴肅地說：「我需要忠誠。我期望忠誠。」

接下來一陣沉默。我沒有動、沒有說話、沒有改變表情，全身一點都沒動。美國總統剛剛要求聯邦調查局局長效忠，真是太超現實了。那些想為川普護航的人，不妨想像一下，如果歐巴馬總統在他的執政團隊資深官員受到調查期間，打電話約聯邦調查局局長吃雙人晚餐，然後討論局長飯碗的問題，然後說他期望忠誠——毫無疑問，一定會有人在政論節目上大聲疾呼立刻彈劾歐巴馬。我當然完全無法想像歐巴馬或小布希會做這種事情。在我看來，這種要求就像黑手黨入會儀式：川普是家族老大，問我是否夠格成為「好漢」。我現在不夠格，以後也永遠不會夠格。

我決定不要給總統任何「我同意」的誤解，所以保持沉默。我們對視了彷彿有永恆那麼長的時間，實際上可能只有兩秒。我緊盯著他藍色眼睛下方柔軟、白色的眼袋。我記得當時在想，總統不瞭解聯邦調查局在美國生活的角色，也不在乎聯邦調查局的員工花了四十年的時間想要建立的是什麼。完全不瞭解。

在職業生涯更早的時期，或是比較年輕的時候，我可能沒膽維持這種身體姿勢。我可能會點頭或咕噥幾個字以示同意，打破這種冰冷的對視。現在我已經五十六歲，算得上身經百戰，當局長也已三年多了，我和總統坐得這麼近，直接與他面對面大眼瞪小眼，仍不免在心裡不斷提醒自己：「別做任何事，別動。」

川普打破這場尷尬的對峙。他低頭看盤子，換了一個話題。我冷淡的回應似乎沒有讓他太在意——如果他有在意的話。晚餐繼續，氣氛還算愉快。

我們繼續「發言」——我不說它是「對談」，因為幾乎從頭到尾都是同一個人在講話，稱不上是「對談」。我再度試圖幫助川普總統理解：將聯邦調查局和白宮各自獨立，對總統有什麼好處。但要插話實在困難，因為這頓飯接下來的時間內，除了偶爾停下來吃東西，總統都在口若懸河、滔滔不絕地說就職典禮有多少人觀禮、競選期間他製造多少免費的媒體報導、選戰有多激烈等等。他提出對希拉蕊電郵案調查的意見，把這個案子分成三階段；在敘述的時候，以我的名字替每個階段命名。他說，在「柯米第一集」

中，我「拯救了她」，因為我七月五日的聲明說，沒有足以起訴她的案件；雖然，他附帶一句，我這個結論是錯的。在「柯米第二集」中，我盡我的職責通知國會，說明已經重啟調查。「柯米第三集」是我寫給國會的最後一封信，再度將此事結案；他說我因此又救了希拉蕊一次，但她「根本就打得一手爛牌」。他聽起來像是在複誦自己最愛的電視劇情節。

他提到入主白宮的各種好處，大意是「這是奢侈，而我很懂奢侈。」我還記得我的視線看向他的肩膀後方，再度盯著那尊頭上壓著壁爐架的可憐雕像，心想這話有理。

他接著開始解釋其他事情，其中許多我都在電視上看過。他說他沒有取笑那個身障記者；他說他沒有不當對待女性——他報出一串女性的名字，一個一個詳細回顧，就像我們前次的對話一樣。他堅持，在飛機上，他不可能對坐在旁邊的女性毛手毛腳。他說他「抓住色情豔星、付錢給她要她來他房間」的指控，簡直是荒謬。他說話的方式就像一場聲音的拼圖比賽，旁邊有計時器。他以連珠炮的節奏，拿起一片拼圖、放下去，拿起另一片不相干的拼圖、放下去，再回去拿之前那片拼圖，不斷持續。但拿起、放下拼圖的人，永遠都是他。這種行為沒有任何一部分，是領導者可以、或應該用來與下屬建立關係的。

多年來，我從一個職位換到另一個職位之際，佩翠絲常提醒我一個大家都努力想要明白的道理：「親愛的，這與你無關。」派翠斯會這樣說。她常常必須提醒我，不管其他人感覺到的是快樂、悲傷、驚恐、困惑或其他感受，都不太可能與我有關。他們可能收到禮物、失去朋友、收到健康檢查結果，或不知道為什麼他們愛的人不回電。一切都關乎於他們的人生、他們的困難、他們的希望與夢想，不是我的。人類存在的本質，讓我們，或至少我，很難理解這一點。畢竟，我只能透過自己來體驗世界，導致我們容易相信我們所想、所聽、所見的一切，都跟我們自己有關。我認為所有人都會這樣。

領導者必須不斷地訓練自己，不以這種方式思考。這是領導者不可或缺的洞察力，在兩方面特別重要：第一，這種能力讓你可以比較放鬆，因為知道自己沒有那麼重要而覺得安心；第二，知道人們並不會總是把注意力放在你身上，應該會驅使你去試著想像他們注意的是什麼。我認為有能力想像另一個「我」的感受與觀點，是情緒智商的核心。有些人似乎天生在情緒智商上就有比較游刃有餘，但其實每個人都可以透過練習發展這種能力——呃，多數人都可以。我總覺得沒人教過唐納．川普這件事情。

他很少問出能引起討論的問題。相反地，他不停提出自己的主張，讓我不禁想：我一直不講話，這樣是否導致他誤會我同意他的意見（他說這是「每個人」的意見），認為他就職典禮的觀禮人數是史上最多、他的就職演說精采絕倫、他從沒有不當對待女性，等等。他口中槍林彈雨般掃射而出的字句，簡直就像是要防止真誠的雙邊對話發生似的。

長篇大論中還有莫名其妙、毫無必要的謊言。例如，總統一度告訴我，幕僚長萊恩斯・蒲博思不知道這場會面。這聽起來不可思議，幕僚長應該要知道總統和聯邦調查局局長什麼時候私下單獨吃飯。然後，晚餐稍晚的時候，總統又不經意地說：「萊恩斯知道我們會面。」

對話又來了個急轉彎。他突如其來提起他所謂的「黃色雨事件」，把他之前的大部分說詞又跟我重複了一次，還說就算他的太太梅蘭妮亞只有「百分之一的可能性」相信這件召妓事真的發生過，也會使他非常困擾。他的說法讓我微微分心，因為我立刻開始思索，為什麼他的太太會有任何可能性，就算是很小的可能性，會認為他曾經在莫斯科與妓女廝混、往彼此身上撒尿。盡管我滿身缺點，但如果有人指控說我在莫斯科召妓、尿在彼此身上，佩翠絲會相信的可能性是零，明確具體的零，她會對這種說法一笑置之。什麼樣的婚姻、什麼樣的男人，會讓伴侶覺得：老公只有百分之九十九的可能性沒有幹過這種事情？

我幾乎可以肯定，總統不熟悉「惡人雖無人追趕也逃跑」這句格言，因為他自顧自的長篇大論解釋為什麼這件事絕不可能是真的。最後他說，他正在考慮，要叫我去調查這項指控，證明它是謊言。我說，這由他決定，但同時也表達了我的顧慮：這種事情會形成輿論，說聯邦調查局正在調查總統的私人事務；還有，要證明某件事情沒有發生過，是非常困難的。他說，我可能是對的，但仍不斷地要求我考慮一下，還說他也會考慮。

他為數不多的問題中，其中一個是似乎突然心血來潮地問我，對前幾任司法部長艾瑞克·霍德與蘿瑞塔·林奇有什麼評價。我解釋說，霍德與歐巴馬總統走得很近，這樣有好處也有壞處。我也趁機再次解釋為什麼聯邦調查局、司法部獨立於白宮之外是如此重要。我說，這是一種兩難：歷史上，有些總統認為，因為「問題」源自司法權，所以他們應該試著拉攏司法部；但抹去行政與司法間的界線，結果會讓情況更糟糕，因為會使大眾對司法機構及其工作失去信心。我不覺得他對我說的話有絲毫的認知或興趣。

這場晚宴還讓我見識到另一件事，非常有參考價值：我不記得有看到他笑，完全沒有。會面前閒聊的時候沒有，對話的時候沒有，在這一場表面上很輕鬆的晚宴上也沒有。「他沒有笑容」這一點，讓我很久以後都還無法忘記。我在想，不知道其他人有沒有發現這件事，不曉得在上千小時的影音資料中，他是否曾經笑過。不論是以商業鉅子的身分發展精心策畫的職業生涯，還是在電視上當實境秀明星，他幾十年來真的都是在攝影機前度過的。因此，出於好奇，我用google搜尋，也看遍了Youtube的影片。在我搜尋到的所有材料中，有一支影片算是有「唐納·川普展露笑容」的片段，但笑的時機挺刻薄的。影片時間是二〇一六年一月，他在新罕布夏州問一名觀眾，背景裡聽起來像狗吠的噪音是哪來的，有人叫道：「希拉蕊。」我也換個角度猜想，很可能他私底下會逗得太太、小孩、親近的員工樂不可支，或是我錯過了他多次在公開場合的笑容；但我沒見過有哪位選舉出身的領導者，在公開場合不展現自己的笑容可掬。我懷疑他明顯缺乏這種能力，是源自深刻的不安全感。他無法示弱，無法冒險對他人的幽默感表示欣賞。仔細想想，這樣的領導者頗為可悲，這樣的總統讓人有點害怕。

晚餐快要結束的時候，他問了另一個問題，也是第一個實際上想要瞭解客人的問題：他想知道我怎麼當上聯邦調查局的局長。回答的時候，我告訴他歐巴馬總統對這個職務的想法跟我一樣，讓我很驚喜。他期待局長要稱職、獨立運作，一方面不希望聯邦調查局涉入政治，一方面又希望晚上睡覺的時候知道聯邦調查局運作良好，我也追敘了我們在橢圓形辦公室裡的首次討論（我發現，那次討論與今晚餐敘有天壤之別）。川普總統回應時說他很高興我想要留任，因為他聽到很多人，包括他自己挑選的國防部長和司法部長，都對我讚譽有加。

然後，他回到忠誠的議題上，又說了一次：「我需要忠誠。」

我頓住，又一次。「您從我這裡聽到的，永遠都會是真話。」我說。

他停住。「這就是我要的，真實的忠誠。」他說。這種說法顯然讓他頗為滿意，像是某種雙贏的「協議」。

我頓住，然後說：「這就是您會從我這裡得到的。」我絕望地想結束我們之間古怪的僵局，告訴自己，我已經盡可能地表明清楚自己的立場了。

我在那一刻忽然發現另一件事：這位「自由世界的領導者」、自稱是商業大亨的人，不懂如何領導。**道德高尚的領導者絕不會要求忠誠；以恐懼領導的人，例如黑手黨家族的老大，才要求個人的忠誠。道德高尚的領導者由衷關懷被領導的人，以禮相待；道德高尚的領導者真誠信實、守住承諾，並為被領導的人自我犧牲。他們的自信會帶來謙卑；他們瞭解自己的才能；他們害怕因為自己的不足而無法去理解、去推論；害怕因自己的不足而使得他們用自己的眼光看世界，卻沒有看到世界真實的樣子。他們說真話，也知道唯有仰賴別人告訴他們真話，他們才能做出明智的決定。**為了要聽到真話，他們會創造一個高標準、深刻關切的環境——用「愛」來形容也不為過——足以建立長久的情誼，並達到非凡的成就。道德高尚的領導者絕不會想到要求他人忠誠。

甜點吃完後（一人兩球冰淇淋），我回家寫下關於這頓晚餐的備忘綠。寫備忘錄很快就成為每當我和川普總統單獨談話之後的習慣。之前與其他總統對話的時候，我從沒有做這種事情，也不曾以聯邦調查局局長的身分記錄我與其他任何人的會面。但是面對這位總統，有好幾項因素讓我覺得寫備忘錄似乎才是明智的。

首先，我們談的話題，與聯邦調查局的責任、總統的私人事務有關；而且我談話的對象，在看過他競選總統與當選之後的表現，我覺得是一個品行大有問題的人。我必須自保，也要保護聯邦調查局，因為我不相信這個人在轉述我們的對話時會實話實說。寫下的備忘錄，我多印了兩份，這也成了我的習慣。一份會與聯邦調查局資深領導團隊分享，然後由我的幕僚長收在他的檔案中。另一份我鎖在家裡，原因有二：我認為這些紀錄是私人財產，跟日記一樣。我也認為與這位總統的對話，如果有詳實的記錄，有一天說不定會變得很重要。可悲的是，後來果真如此。

第十四章

當上司叫我幫他抹白：通往開除之路

如果榮譽可以當飯吃，人人都會有高尚情操。

——湯瑪斯·摩爾

二〇一七年二月八日，幕僚長萊恩斯·蒲博思邀請我到他在白宮的辦公室會面。他的辦公室很大，有會議桌、壁爐，可以看到宏偉的艾森豪行政辦公大樓。十三年前，我就是在這個房間聽當時的副總統迪克·錢尼說，如果司法部對於「什麼是合法電子監聽」的定義不願打個折，將導致上千人喪命。之後，當週某天接近午夜時分，在司法部長阿什克羅夫的病床前對峙後，我待的也是這個房間（見第六章）。

現在我在這個房間，是因為蒲博思想要理解、我也想要說明，聯邦調查局和白宮之間應該要維持怎樣的關係才算恰當，算是與川普總統單獨晚餐之後附帶的會談。蒲博思雖然不曾在總統行政團隊中效力，但他似乎很真誠地想讓兩者維持合適的關係。

到目前為止，我已經與兩任白宮幕僚長交手過了。印象最深刻、最受爭議的互動，就是在小布希政府時期，要搶在安德魯・卡德之前先趕到醫院，守在阿什克羅夫的病床前。在歐巴馬總統時期，我擔任聯邦調查局局長，所以跟他的幕僚長丹尼斯・麥克唐諾最熟。麥克唐諾是一個極為正直、思慮周全，同時又強硬的人。因為每個人都不一樣，所以每任幕僚長在個性、領導風格上也都大不相同。但他們的共通點，就是長期睡眠不足：因為他們要管理白宮有效運作，並在就算是最佳狀態時都一團混亂的組織中維持秩序。當然，美國史上沒有哪位總統能媲美唐納・川普，入主白宮時帶進來的除了他自己的技巧和挑戰，還有製造混亂的獨門絕活。

我跟蒲博思不熟。他常常看起來既困惑又暴躁，原因很容易理解。就算是經驗老道的管理者，要管理川普入主的白宮也是難事一樁，何況是沒有經驗的蒲博思。蒲博思先前當過共和黨全國委員會主席，更之前是在威斯康辛州當律師，從來沒有在聯邦政府工作過。像這樣的人，或不管是誰，怎麼會有辦法管理唐納・川普？我完全不知道。但蒲博思似乎正在嘗試。

我們的會面大概有二十分鐘，氣氛愉快，談到各項機密議題，也討論了聯邦調查局和司法部應該如何與白宮互動。會談準備結束時，他問我想不想與總統見面。很諷刺地，這項請求完美地摧毀了我們剛剛整場會面的初衷。我才剛告訴他，白宮如果想要跟聯邦調查局溝通，謹慎有度地透過司法部進行是非常重要的；唯一的例外是當聯邦調查局是事件中的關鍵要角時，例如事關國家安全的緊急狀態，或是國家安全會議要討論通訊加密等相關政策。我和蒲博思的對話主題，是聯邦調查局應該要與白宮保持適當距離。蒲博思才剛說他明白，但立刻又想把我拉近他們的圈子。

上回已經和總統單獨餐敘了，所以再次會晤川普並不是我的當務之急。我拒絕蒲博思：「謝謝，但是不了。而且總統這麼忙。」他又問了一次，我又婉拒了一次。

然後他說：「坐著吧，我知道總統一定很願意見你。我去看看他在不在橢圓形辦公室。」他穿過大廳，走過到橢圓形辦公室的短短幾步，然後很快就回來了，面帶微笑地說：「他想見你。」

我面不帶微笑地回答：「太好了。」

我們兩人走進橢圓形辦公室時，總統正在跟白宮新聞秘書肖恩．史派瑟談話。史派瑟在我們進來後不久就離開了，只留下我、蒲博思和總統。

雖然這不是我第一次見新總統，卻是我第一次在他的新辦公室見到他。他看起來並不自在：他穿著西裝外套坐著，緊靠著大名鼎鼎的木質「堅毅桌」，左右兩手的前臂都放在桌上。因此，他跟和他講話的人都離得遠遠的，中間隔著一塊大木頭。

在這個空間中，我與小布希總統、歐巴馬總統見面過數十次。我不記得有看過他們在辦公桌後面坐著不動；他們通常不坐辦公桌，而是坐在壁爐旁的扶手椅上，以比較開放、隨興的方式開會。我覺得這樣比較合理。雖然要讓人們對總統敞開心胸是很困難的，但坐在起居區時，比較可能成功，因為我們可以假裝是朋友，正一起坐在咖啡桌旁。這樣子，總統可以試著融入團體，讓其他人願意暢所欲言，告訴他真話。但當總統坐在寶座上，有一大塊木製障礙物保護他——我和川普互動時總是這樣——橢圓形辦公室的禮節形式因此被放大，聽到真話的機會一落千丈。

我也注意到窗簾被川普換成金黃色的。後來我才知道，這些窗簾是柯林頓時期的窗簾——考慮到川普對柯林頓夫婦的公開評價，窗簾的選擇似乎是個古怪的轉折（據媒體說，後來川普把窗簾換成了他自己選擇的金色）。

總統招呼我時，我坐在一張小小的木頭椅上，膝蓋碰到他的辦公桌。蒲博思想把對話引導到我們討論過好多次的俄國檔案上。我不知道他為什麼要這樣，但總統立刻表現出他對這個話題沒興趣。他坐在甘迺迪、雷根等多位總統用過的辦公桌後面，開始以意識流風格滔滔不絕地獨白。這回的重點是幾天前他在福斯新聞台，接受政論節目主持人比爾·歐萊利（Bill O' Reilly）的電視訪問。訪問播出時間是超級盃的賽前節目，我沒有看，但之後看到了不少相關評論。

歐萊利在訪問中，逼問川普總統是否「尊敬」俄國總統普丁。

「我確實尊敬他，」川普說，「但我尊敬的人很多。尊敬他，不代表我跟他處得來。」

「但他是個殺人兇手，」歐萊利說，「普丁是殺人兇手。」

「殺人兇手多著呢，我們有一大堆殺人兇手。」川普回答，「不然你認為呢？我們的國家非常純潔嗎？」

川普這樣回答，似乎將普丁惡棍般的政權，與美國的民主政權劃上等號，引起各方大加撻伐。這對川普和俄國政府太過親近的言論也起了推波助瀾的效果；川普竟然鼓勵這種言論，著實古怪。我時常在想，川普有許多機會可以譴責俄國政府侵略鄰國，壓迫、甚至謀殺自己的國民，但不知道為什麼，他都不肯直言陳述這些明擺著的事實。或許這是反向思考，或許是更複雜的東西，才能解釋為什麼他對普丁表現出曖昧不清的立場，經常為他辯解。但我仍然覺得這很古怪。或許不公開譴責其他國家的內政問題，有充分的地緣政治理由。但四週前在川普大樓，情報單位首長在向總統簡報時，一致說明俄國干預、傷害我國的民主，並試圖操弄我國選舉。就算是在閉門會議中，他對俄國的行為也沒表現出反感，也不好奇敵人接下來會有什麼行動。我們知道普丁以空前的方式干預我們大選，川普競選成功至少有一部分要歸功於俄國。川普對主持人的回應，只更進一步說明為什麼普丁希望他當選。

歐萊利以自己劇力萬鈞的氣勢，不斷追問總統明顯親近普丁一事；川普則一再表現出他不願意批評俄國政府。

現在，訪問已經過了三天，那些批評似乎讓總統覺得芒刺在背，或至少心事重重，使他仍帶著火氣替自己辯護。

「不然要我怎麼做？」川普問，沒有特定對誰。「又要跟這個大國維持關係，又要我說我不尊敬它的領導者？」

一開始，蒲博思和我都沒有說話，就算我們想也說不了，因為川普向來不留給別人開口的餘地。他告訴我們，歐萊利的問題很難回答。「所以我給了一個好答案。」他看著我們說，完全沒想到其實還有其他合理的觀點。「真的，這個答案很好，我答得非常好。」

川普繼續講話時，我看得出來他在用這個說法說服自己，顯然也認為他在說服我們。當然，我不認為歐萊利的問題很難回答，也不認為川普的答案很好，但反正他也沒有在問我意見。

其實到現在，我跟總統的互動，已經足夠讓我看出他的招數。他那些「大家都這麼認為」和「這很明顯是真的」之類的斷言會淹沒你，他不會受到挑戰，因為他從不閉嘴（我和他晚餐那次就是這樣）。因此，川普會把所有在場人士都拉進一個無聲默認的圈子中。我看得出來，他飛快的語速、完全不停下來讓人加入對話的作法，很輕易地讓房間裡每個人都成為共犯，強化他偏好的某些事實和幻想。但是，馬丁．路德說得好：「你不只要為自己說出口的言論負責，還要為自己沒有說出口的言論負責。」

我坐在那裡，看著總統用言詞編織出一個另類事實的繭，要把我們都包進繭裡。我一定相信他的就職典禮觀禮人數是史上最多——因為當他在我們先前的會面中如此斷言時，我沒有挑戰他；我一定贊同他在歐萊利的訪問中表現很好、應答巧妙——因為我就只是坐著，沒有抗議……

但是，如果我又允許他在我身上重施故技，那就是我的錯了。這時他突然給了我一個機會，他看著我說：「你也覺得這個答案很好，對吧？」然後準備轉移話題。

我搶在他之前，做了一件我年輕時可能絕不敢做的事情，更不用說是當著美國總統的面了。在我與川普有限的幾次互動中，我也從沒看過有人在川普面前做這件事。我不記得是在句子中間，還是在他短暫停頓、準備發射另一波我們都理當贊同的斷言時，我打斷了他的獨白。

「您的答案前半段沒有問題，總統先生。」我說。他吸了一口氣，面無表情地看著我。「但後半段有問題。我們並不是像普丁那樣的殺人兇手。」

聽到這句評論，川普完全不再說話。在燈光明亮的房間裡，金色的窗簾閃閃發亮，他的臉上卻似乎有陰影快速飛掠。我可以看到他的眼中好像有東西在變化，某種堅硬、黑暗的東西。轉瞬間，他瞇起眼睛，下巴緊繃，看起來並不習慣被身邊的人挑戰或糾正。掌控大局的人應該是他才對。我短短一句評論，就像是潑了一記由批評和現實混合的冷水，反駁他無恥地將普丁手下的惡棍和我國政府官員在道德上相提並論。掠過他臉上的暴怒來得快，去得也快，彷彿我從沒開過口，彷彿我從不曾出現在這世上一樣。會議就此結束。

總統感謝我過來。全程都沒有開口的蒲博思陪我走出房間，到我離去之前，我們都沒有再說話。

我回到聯邦調查局總部，告訴同僚，因為這件事情，所以我跟總統在私交上應該沒救了。兩週前我才拒絕他的請求，不願承諾效忠，現在我又撕開他的繭，批評這個坐在辦公桌後面的男人。我和小布希總統、歐巴馬總統之間的友好關係，在這個總統身上就不用奢望了。這也不見得是壞事，畢竟聯邦調查局長不應該與現任總統或行政團隊太親近；我那天也是為了要說明這件事情才去白宮的。

但這場會面仍然讓我餘悸猶存。我從沒有在橢圓形辦公室看過類似的場面。當我發現我自己被捲入川普的圈子時，再度想起我年輕當檢察官對抗幫派的日子：無聲默認的圈子、掌控全局的老大、效忠的誓言、「有我無敵人」的世界觀、事情不論大小都滿嘴謊言、行事作風依據某種忠誠準則，使組織高於道德、高於真相。

II

之後不到一週內，我再度回到相同的場景，膝蓋又一次抵在「堅毅桌」前。二月十四日，我去橢圓形辦公室，參加為川普總統排定的反恐簡報。他一樣坐在辦公桌後面，我們一群人坐在六把椅子上呈半圓形。除了我，還有副總統彭斯、中情局副局長、國家反恐中心總監、國土安全部長，和我的新老闆，新任司法部長傑夫·塞申斯（Jeff Sessions），當時上任還不到一週。我對新部長的第一印象，是覺得他與小布希時期的白宮顧問岡薩雷斯像到詭異，都被這個職位壓得難以招架、力不從心。但塞申斯還缺乏岡薩雷斯散發的和藹可親。

總統對機密簡報似乎很不感興趣，頻頻走神。我報告的內容是當前美國境內的恐怖威脅，說明了重要、值得關切的事項，但沒有引起什麼反應。在氣氛低迷的會報結束後，他示意簡報到此為止。「謝謝各位，」他大聲說，然後指著我，加了一句：「我還想跟吉姆談談。謝謝各位。」

又來了。

我不知道他想談什麼，但這項要求太不尋常了，讓我覺得我又要寫備忘錄了。為了這個目的，我必須努力記住他講的每個字，一字不漏。

我別無選擇，只能留在原地，看著其他與會者離開橢圓形辦公室。然而，司法部長在我的椅子旁徘徊不去；身為我在司法部的上司，他毫無疑問、理所當然地認為應該留下來參與對話。「謝謝你，傑夫，」總統以一種遣退的態度說，「但我想跟吉姆談談。」

這時候，總統女婿傑瑞德．庫許納上場了。他一直就在我後面，跟其他白宮幕僚一起坐在咖啡桌旁的沙發或椅子上。他可能是房間內最瞭解他岳父的人，而他似乎也有意進行類似的介入。當其他人步出房間時，庫許納跟我聊天，說到希拉蕊電郵案的調查以及案情想必十分困難等等——他可能以為川普會忘記剛剛要全部人都離開，包括他。

結果不是這樣。

「好了，謝謝你，傑瑞德。」川普說。他的女婿看起來似乎和塞申斯一樣不情願，但也離開了。

老爺鐘旁邊的門關上，只剩我們兩人。總統盯著我。

「我想談談麥可．弗林。」他說。弗林是他的國家安全顧問，前一天才被迫辭職。我跟弗林不熟，不過二〇一四年時曾經跟當時是國防情報局長的弗林一起作證過，覺得他蠻討人喜歡的。

弗林是美國陸軍退役將領，二〇一六年十二月時曾多次與俄國駐美大使談話，尋求俄國協助打消聯合國的決議，該決議譴責以色列在占領地擴張屯墾區（歐巴馬政府不打算使用否決權來處理這項決議）。弗林也敦促俄國駐美大使，面對歐巴馬政府因為俄國干預二〇一六總統大選而施加的制裁，不要升高回應。次年一月初，媒體報出關於制裁的對話後，引起各方深切關注，副總統當選人彭斯還得上電視否認弗林曾與俄國討論過制裁的事情。彭斯說他會知道這件事，是因為他跟弗林談過。一月二十四號，隨著俄國干預事件調查持續進行，我派了兩名探員到白宮與弗林面談，問他與俄國人的談話內容。他對探員說謊，否認他曾與俄國大使詳細討論這些他自己說過的議題。

一開始，總統說弗林將軍跟俄國人談話並沒有什麼錯，但他必須讓將軍辭職，因為將軍誤導了副總統。他還說，他對弗林有其他顧慮，但沒有說明是什麼顧慮。

然後總統針對機密資訊外洩，發表了長篇大論——我可以理解他的憂慮。那些可以取得機密資訊的人，一轉頭就跑去跟記者爆料，讓他很挫折。歷任總統也是如此。我解釋，這個問題由來已久，也讓前任總統們十分頭痛，不過洩密很難成案，因為這代表我們必須時不時與媒體進行調查性的接觸（例如，用傳票調出通聯紀錄）。但我也告訴他，如果能找到一個案子，逮到一個洩漏機密資訊的人就地正法，會有很大的威嚇作用。雖然我沒有指明或建議要從媒體下手，但總統提到我們以前曾經把記者關進監獄、逼他們吐露實情。他指的是二〇〇五年調查「滑板車」利比時，紐約時報的記者因為拒絕服從法院命令、說明自己與利比的對話內容，所以被判藐視法庭，入獄三個月。總統接著要我跟司法部長塞申斯談談，看有沒有更強烈的方式針對洩漏機密資訊的人立案調查。我告訴他會轉達這個訊息。

關於洩密的問題，總統說了幾分鐘後，蒲博思從老爺鐘旁的門探身進來。我看到有一群人，包括副總統，都等在後面。總統揮揮手要他關上門，說他很快就好。門關上了。

然後，總統回到麥可．弗林的話題上，說：「他是個好人，歷經了大風大浪。」他重複說弗林在與俄國人來往上沒有做錯任何事情，但他誤導了副總統。

然後他說：「我希望你同意讓這件事到此結束，放弗林一馬，他是個好人。我希望你放手。」

這時我才瞭解，總統要我們停止調查任何「弗林針對他與俄國大使的對話內容，提出不實說詞」的事情。我不知道總統是泛稱所有與俄國有關的調查，還是可能與其競選活動有關的部分。無論如何，因為聯邦調查局是獨立的調查機構，所以他的要求讓人極為不安。想像一下如果希拉蕊總統要求與聯邦調查局局長單獨談話，叫局長放手不要再調查她的國家安全顧問，會引起什麼反應。

我沒有打斷總統，沒有抗議他的要求很不恰當。或許我應該要這麼做的。但如果他不知道這種要求不恰當，他為什麼要摒退房中其他人，包括我的上司和副總統，好單獨跟我談話？

我沒有打斷總統，反而只同意說「他是個好人」，或說從我對他的認識中，他似乎是個好人。我沒有說會「放手」。

總統對我的回答沒有反應，而是又很快回到了洩密的問題上。對話結束，我起身，從老爺鐘旁邊的門出去，走過門外的一大群人，包括蒲博思、副總統、新任衛生與公共服務部長湯姆・普萊斯（Tom Price）。沒有人跟我搭話。

我在車上發 email 給同僚，說他們努力替我準備的反恐簡報進行得很順利，但「現在我又得寫一份備忘錄了」。意思是說，我又和總統進行了一次必須記錄下來的對話。我準備了一份非機密備忘錄，內容是這次關於弗林的對話，跟聯邦調查局資深領導團隊討論這件事，包括副局長麥凱比、幕僚長瑞比基、總法律顧問吉姆・貝克。

只不過一個月多一點，我就已經寫了好幾份備忘錄，關於我和總統的會面。我知道我必須記住這些對話，不僅是為了對話的內容，同時也是因為我知道我面對的是一個對於談話內容可能會說謊的國家元首。為了保護聯邦調查局和我自己，我需要同步進行紀錄。

聯邦調查局各部門主管都同意，不能因為總統的要求而擾亂調查團隊觀察弗林，或更廣義地說，調查俄國涉入二〇一六年大選期間川普競選活動的事。這點很重要。我們並不打算遵循總統的要求。我們還得到一個結論：因為這是一對一的談話，我的發言沒有佐證，因此並沒有必要向司法部長塞申斯呈報。就算塞申斯知道了，我們也預期他很有可能會自請迴避，不涉入與俄國相關的調查（兩週後他也確實這麼做了）。當時的副部長，是一位美國檢察官以代理副部長的身分擔任，不會長久待在這個職位上。我們決定且戰且走，一邊繼續調查，一邊看該拿總統的要求怎麼辦，以及總統的要求會對調查造成什麼影響。

二月十四日與總統會面後，我指示幕僚長安排我與司法部長會面，時間訂在隔天早上，做完週三例行威脅簡報之後。例行會議結束後，所有人都離開房間，只剩下司法部長、我、我們各自的幕僚長。在司法部這間保安會議室中，塞申斯隔著桌子坐在我對面。以前林奇部長就是在同一個地方、甚至可能是坐在同一把椅子上，告訴我要把希拉蕊的電郵案調查稱為「事件」。

無關人士都出去後，我實現了我對總統的承諾，向司法部長轉達總統對洩密的顧慮，以及總統要我們更努力調查的期待。我樂觀地相信司法部長應該能在某種程度上控制川普，因此藉機拜託他以後別再讓總統與我一對一談話。「這種事情不能發生，」我說，「你是我的上司，不能被摒除在房間外，好讓他可以跟我單獨談話。你必須在我和總統之間。」他沒有問我是不是發生了什麼讓我困擾的事情；出於上述的原因，我也沒有說。

他反而做了一件我越來越熟悉的事情：他的眼睛盯著桌子，目光快速來回滑動，從一邊到另一邊。我記得他什麼都沒說。目光飄忽了一會兒之後，把兩隻手都放在桌上，起身感謝我跑這一趟。從他的姿勢和臉色，我看得出來他也無能為力。

我離開後，對於司法部長沉默的目光飄移，實在難以理解，所以我要幕僚長打電話給塞申斯的幕僚長，確定部長瞭解我的顧慮，以及他身為司法部長，站在我和總統中間有多重要。他的幕僚長說他們瞭解。

但他們不瞭解，或不能瞭解。

II

我又跟川普總統纏鬥了三個月。三月一日，我正要搭上直升機飛去里奇蒙市參加一場類鴉片藥物的高峰會，助理打手機告知我總統想跟我談話。我完全不知道他想談什麼主題，但我假設一定是很重要的事，但我搭乘的聯邦調查局裝甲休旅車已經開到直升機停機坪了，我只好在車裡等，緝毒局首長、我的老朋友查克・羅森堡則在直升機上等我。

幾分鐘後，手機響了，白宮接線生宣布總統來電。他接過電話，說打來「只是問候一下」。我回答說一切都好，挺忙的。為了讓對話進行下去，我告訴他司法部長關於暴力犯罪的演講好像很成功。他說：「那是他的事情。」這段尷尬的對話持續了不到一分鐘，卻讓我驚覺這又是拉攏我的技倆，確定我是「我們的朋友」。不然理應日理萬機的美國總統，怎麼會打電話給聯邦調查局長，只為了「問候一下」？我走下車，坐到緝毒局首長旁邊，道歉說因為總統只是想問「最近好嗎？」而耽擱了時間。

三月三十日，川普打電話到聯邦調查局找我，說俄國事件的調查是「一片疑雲」，有損他身為元首行使職權的能力。他說，他跟俄國沒有任何關係，跟俄國的妓女沒有任何來往，在俄國的時候也相信自己的舉動一定都在監控下。他辯解說——應該是第四度向我辯解吧——「黃色雨事件」是假的，然後再問一次：「你能想像嗎？我耶，妓女？」他還說他有個漂亮老婆，整件事讓她十分難過，顯然是想博取我的同情。

他問，我們能不能做什麼來「撥雲見日」。我回答，我們已經在盡快調查，如果我們什麼都找不到，那很棒，代表我們工作做得很好。他同意我的說法，但再度強調這件事情對他造成的困擾。

然後，總統問，為什麼前一週有一場與俄國相關的國會聽證會。我根據司法部的指示，在聽證會中證實聯邦調查局正在調查俄國與川普競選活動是否可能有關聯。我解釋說，國會兩黨高層都要求得知更多資訊，參議院司法委員會的主席、愛荷華州參議員查爾斯．葛拉斯里（Charles Grassley）甚至暫緩司法部副部長的任命，直到我們向他詳細簡報調查案情。我也解釋，已經向國會高層簡報我們調查的是哪些特定人士，也說明我們沒有調查川普總統個人。他不斷告訴我：「我們得把這個事實說出來。」聯邦調查局和司法部不願意發表公開聲明說現在沒有針對總統立案調查，背後有好幾個原因，主要是因為一旦發表聲明後，如果這個狀態改變，我們就有責任修正聲明。但我知道他大概不會想聽這件事，所以我沒有說。

總統繼續說，如果他手下有某些親近如「衛星」般的人士犯錯，能查出來的話一定很好。他不斷說他沒有做任何錯事，希望我可以想辦法將我們沒有在調查他的事情公諸於世。

他話鋒突轉，將對話轉向聯邦調查局副局長安德魯．麥凱比。他說，他沒有講過「麥凱比的事情」，是因為我曾說麥凱比品格高尚，但其實，維吉尼亞州州長泰瑞．麥考利夫（Terry McAuliffe）跟柯林頓家族很親近，還曾經資助他競選。我知道他指的是什麼。麥凱比的妻子吉兒是內科醫師，在維吉尼亞州北部執業。二〇一五年的時候，麥凱比主管聯邦調查局華盛頓地區辦公室，同年他太太吉兒被麥考利夫州長徵召參選維吉尼亞州議會席次，不幸落選，但競選經費多數來自州長控制的政治行動委員會。川普不斷指控，因為麥凱比的妻子與維吉尼亞州州長有往來，而州長是柯林頓家族的老朋友，所以聯邦調查局在總統大選期間對希拉蕊心慈手軟。川普在還是總統候選人時，也錯誤地聲稱希拉蕊本人曾資助麥凱比的妻子吉兒。

不管怎麼講，這種斷言都是胡說八道。原因很多，包括聯邦調查局並不是柯林頓擁護者集結而成的地下社團。雖然特務的訓練要求他們維持政治中立，但政治上他們都比較偏向右派，麥凱比也一向自認為是共和黨的。而且，聯邦調查局花了多年時間調查各項與柯林頓相關的案件，包括柯林頓在總統任內的聯邦調查局局長、探員出身的路易斯·佛里，他因為將柯林頓總統列為刑案調查對象，因此主動交出自己的白宮通行證，以求劃清界限，從此聲名大噪。但川普在任期剛開始的時候就問過我兩次：「麥凱比是不是因為我批評他太太，而對我有意見？」我的回答都是，副局長是百分之百的專業人士，絕對會把這些事情放在一邊的。

我不知道總統為什麼這時又在電話上提起這件事。很可能是想利益交換，或是威脅說他要開始攻擊副局長。我再次重複，麥凱比品格高尚，不會被政治左右。

川普總統最後又強調，「這片疑雲」已經妨礙他替國家謀福的能力，說他希望我可以想辦法將他沒有受到調查的事情公諸於世。我告訴他，我們會看看能怎麼辦，也會在最短的時間內，把調查工作做好。

對話結束後，我立刻致電司法部代理副部長達納·博恩特（Dana Boente，因為當時塞申斯已自請迴避俄國相關事件），向他報告說，總統要求澄清俄國調查的種種疑雲，然後說我等他進一步指示該採取的行動。但在兩週後總統再度致電給我之前，我都沒收到代理副部長的回應。

四月十一日日早晨，總統打電話來問我，對於他要求我將他個人沒有受到調查這件事「公諸於世」，進行得怎麼樣。與我們先前多數的互動相比，他這次一反常態地沒有各種恭維，沒有愉快地問候我最近在忙什麼，反而像是被我惹惱了。

我回答說，已經把他的要求轉達給司法部代理副部長，還沒收到回應。他說，「這片疑雲」真的讓他沒辦法做事，或許他要讓他底下的人去跟代理副部長談談。我立刻回答，這才是正確處理他交辦事情的方式——循正式的管道，由白宮法律顧問聯絡司法部的領導階層、提出要求。

他說，他會這麼做。然後又說：「因為我對你非常忠誠，非常忠誠。我們有過那個的，你知道。」

我沒有回應，也沒有問他所謂的「那個」是什麼——似乎是某種企圖激發雙方互相宣示效忠的意圖。他很努力想要表示忠誠之意，因為他想起我其實抗拒向他宣誓效忠。我們有過的「那個」，在綠廳裡私下共進晚餐時，他只獲得我保證會「忠誠地提供事實給他」。無論如何，對於他古怪、企圖激起忠誠之心的說詞，我只回答說，他交辦的事情，正確的處理方式就是由白宮法律顧問致電代理副部長。他說，他會這麼做的，然後通話就結束了。

這是我與川普總統最後一次談話。我們向代理副部長呈報這通電話時，顯然自三月三十日以來啥事都沒做的代理副部長竟然說：「噢，天哪，我原本希望這件事會不了了之的。」

它不會。

II

事情的結局，出現在一陣如暴風雪般的惡事當中。二〇一七年五月九日，我在洛杉磯參加「多元管道探員招募活動」。我們先前已經在華盛頓、休士頓辦過類似活動，邀請才華洋溢、年輕的有色族裔律師、工程師、商學院畢業生前來參加，向他們報告為什麼他們應該接受較低的薪水，成為聯邦調查局的探員。我很愛這種活動，因為與我們追求「廣納少數族裔探員」的方向一致，而且目前辦理的兩個場次都大為成功。讓聯邦調查局更多元，是我們維持效能的關鍵。如同我先前說過，許多潛力無窮的非裔、拉丁裔男女，都覺得聯邦調查局是「老大哥」——誰會想替「老大哥」工作啊？我喜愛這些活動，因為我和其他聯邦調查局主管可以藉此機會，讓這些有才華的年輕人看到更多聯邦調查局的「老大哥」和大姐到底是什麼樣子。

年輕人都渴望影響社會。我們可以讓他們看看，服務、犧牲、做出長久非凡貢獻的生涯是什麼樣子。一旦嘗過特勤生涯的滋味後，幾乎沒有人會離開聯邦調查局。我的任務是挑戰這些年輕人，要他們加入這種生涯。華盛頓和休士頓的活動成效好得驚人。我這次去洛杉磯，將要對五百多位可能成為新探員的聽眾演講。我知道觀眾席上坐著許多未來的探員，而我迫不急待想要認識他們。

雖然招募活動在傍晚，但我提早抵達，有充足的時間看看聯邦調查局在洛杉磯的辦公室。我願意走訪聯邦調查局全國各地的辦公室，每一層樓、每一個辦公小間，與每位員工見面、握每個人的手。花這番力氣絕對值得，因為我看得出來，有局長親自道謝，對員工而言意義非凡。在聯邦調查局這樣辦公室遍布各國、全球的大型組織中，我的親訪可以提醒大家：局長感謝他們努力工作，對他們的關心不僅止於工作表現，還包括他們個人與家人。每次我出差，都會留很多時間造訪地區辦公室，與辦公室裡優異的員工見面。

我見到十幾位洛杉磯辦公室的員工，站在自己的辦公桌後面。另外，洛杉磯辦公室的主管很貼心地召集了一些沒有辦公桌的員工，例如清潔人員和通訊室職員，請他們坐在一間大型控制中心的桌子旁和我會面。我在洛杉磯時間下午兩點、約華盛頓下午五點時，開始對他們演講。我說明，我們修改了聯邦調查局的使命宣言，變得更短、更能表達我們肩負的沉重責任。新的使命是「保護美國人民，捍衛美國憲法」。我說，我希望每個人都能熟知它，與它產生連結，把它分享給鄰居、尤其是年輕人；我希望大家都理解……

然後，我停了下來，半個句子還沒講完。

房間後面的牆上有一排電視螢幕，我可以看到上面有「柯米辭職」的大字。雖然螢幕在聽眾背後，但他們注意到我分心了，也開始在座位上往後轉。我笑了笑，說：「蠻有趣嘛，不知道誰這麼用力開玩笑。」接著我繼續解釋我的想法：「聯邦調查局沒有次要的員工，我期待……」

螢幕上的字樣開始變化。三個螢幕上顯示三家不同的新聞台，打出相同的字樣：**柯米被開除**。這下我笑不出來了。聽眾開始竊竊私語。我告訴他們：「各位，我會弄清楚到底怎麼回事，但不管這是真的還是假的，我的訊息不曾改變，所以請讓我說完，然後與你們握手。」

於是我繼續說：「我期待在座各位都要盡自己的一份責任，保護美國人民，捍衛美國憲法。我們的角色不同，但使命是一樣的。感謝各位恪盡職守。」然後我走到員工之中，與每個人握手，然後去了一間辦公室，想找出發生了什麼事。

聯邦調查局長出差時一定會帶著通訊團隊，好讓司法部或白宮幾秒內就可以找到他，不論白天晚上。但沒人打電話來，司法部長沒有，副部長也沒有，誰都沒有。事實上，我昨天才見過司法部長。更早幾天，新上任的副部長還請我和他單獨見面，因為他想問我如何做好這份工作——二〇〇三年起我當過兩年的司法部副部長。十月下旬，就在大選前不久，這位新的副部長還在巴爾的摩擔任美國檢察官時，就邀請我去對員工演講，談談領導精神，以及我在希拉蕊電郵案中的決策過程，當時他還讚美我是個能啟發他人的領導者。現在，他不僅沒有打電話給我，還寫了一份備忘錄，說明開除我的正當性，形容我在二〇一六年的行為是糟糕、讓人無法接受的。對照我們最近的互動，這種說詞簡直莫名其妙。

所以我僅有的訊息，就是媒體報出來的內容。一陣兵荒馬亂後我們得知，有個白宮職員試著要把一封總統給我的信，送達到華盛頓賓夕法尼亞大道的辦公室。我接到一通太太打來的電話，說她和孩子們在電視上看到新聞了。我回答說，我不知道消息是不是真的，我們正試著要查明發生了什麼事。多年老友派崔克．費茲傑洛也打了電話來，我告訴了他同樣的事情。

我還接到當時的國土安全部長約翰．凱利將軍（John Kelly）一通很情緒的電話。他說，我被開除的消息讓他作嘔，他準備辭職以示抗議；他還說竟然有人這樣對待我，他不想替這種可恥的傢伙工作。我請求凱利不要衝動，這個國家的總統身邊必須有良臣協助。

我萬能的助理艾希雅．詹姆斯（Althea James），在賓夕法尼亞大道辦公室的門口，從那個白宮信差手中收下信件。她掃描信件後用email寄給我。我被開除了，命令立即生效。不斷讚美我、請我留任的總統，根據司法部副部長提出、司法部長贊同的建議，炒了我魷魚。然而，副部長以前還稱讚我是傑出的領袖，而司法部長不僅自請迴避俄國相關事件，也對我讚譽有加（根據川普在那次白宮雙人晚餐當中所言）。開除我的原因都是謊言，但開除信是真的。我覺得胃裡一陣翻騰，有點迷惘。

我走出那間辦公室，外面已經聚集了一大群聯邦調查局洛杉磯辦公室的員工，很多人都在掉淚。我簡短告訴他們說，聯邦調查局的價值，遠比我們任何一個單獨的個人更偉大、更堅強。我說，要離開他們讓我萬分不捨，但他們應該要明白，正是他們身而為人所具備的誠實、稱職、獨立等特質，才會讓這樣的分離如此痛苦。我走去聯邦調查局洛杉磯主管迪爾德麗．費克（Deirdre Fike）的辦公室；她是我任命的地區首長，我相信她的判斷。我和她當下立即的直覺都認為，不論怎樣，我應該以平民的身分，繼續參加多元管道招募活動。這是我很重視的事情，即使我現在已非聯邦調查局的成員了，我仍然可以鼓勵有天分的年輕人加入聯邦調查局。

但最後我們又討論了一下，覺得我在場會讓活動失焦，因為蜂擁而至的媒體會毀了這場活動。我對活動的害處比益處大，所以我回家比較好。

這下問題來了：我要怎麼回家？我把這個問題留給幾分鐘前才成為聯邦調查局代理局長的安德魯．麥凱比，我的副手。他看到這條新聞時，大為吃驚的程度不亞於我。現在臨時換他當家做主，他和團隊要決定怎麼做才合法、合宜。

我自己在震驚不已的那個當下，曾短暫考慮過租一輛敞篷車，一路開完這兩千七百英哩回到華府。但接著我想到，我有家人，也沒有發瘋。最後代理局長決定，既然聯邦調查局仍然有責任繼續保障我的安全，最好的辦法就是用把我載來的那架飛機送我回去，反正無論如何維安人員和機組人員都得回華盛頓。於是我們上車，駛向機場。

新聞直升機一路從聯邦調查局洛杉磯辦公室跟到機場。我們慢慢塞在洛杉磯的車陣裡，我看向右邊——旁邊車上的男人一邊開車，一邊在行動裝置上看關於我們的空拍新聞報導。他轉頭，從開著的窗戶裡對我微笑，豎起大拇指。我不知道他怎麼抓方向盤的。

車子和往常一樣，在警車的護送下開上機場停機坪，停在聯邦調查局飛機前。我通常會去感謝護送我們的警官，但這次我心神不寧，差點忘記要做這件事情。我的特別助理賈許．坎貝爾（Josh Campbell）一向細心，他輕推了我一下，叫我去謝謝警官們。我照做了，跟他們每個人握手，然後跳上登機樓梯。我不敢看飛行員們或維安人員，怕自己會變得太情緒化。他們都沒講話。直升機接著轉播我們的飛機滑行、起飛，新聞裡都是這些影像。

川普總統在白宮顯然看了不少電視轉播，也看到我感謝警官、起飛的畫面，他因此大發雷霆。第二天一早，他就打電話給代理局長麥凱比，說他要調查我怎麼可以搭乘聯邦調查局的飛機從加州飛回來。

麥凱比回答說，他當然可以去查查我為何會被允許飛回華盛頓，但沒有這個必要——他就是批准這件事的人。麥凱比告訴總統。飛機反正必須飛回華府，維安人員也必須回到華府，而且聯邦調查局有義務把我安全送回來。

總統暴跳如雷，下令不准讓我再回到聯邦調查局的土地上，永遠不准。我的前員工幫我打包私人物品，送到我家，彷彿我死了一樣。我與聯邦調查局的人非常親近，但這道命令讓我無法與他們見面，以任何方式道別。

川普在競選期間多次對麥凱比和他曾經競選公職的太太叫囂，從那時候起他就緊咬他們不放，現在川普對麥凱比的氣還沒消，他在電話裡問麥凱比：「你太太在維吉尼亞州沒選上，對吧？」

「沒錯，」安迪回答。

這時，美利堅合眾國的總統，對代理局長說：「問問她成了落水狗的滋味如何，」

然後就掛斷了電話。

II

從加州飛回華府的航程中我一個人坐著，試著集中思緒；我還做了一件違規的事——如果我還是聯邦調查局員工的話。我從行李箱中拿出一瓶我從加州帶回來的黑皮諾，用紙杯喝紅酒，盯著窗外這個我熱愛的國家大地上的燈光。接近華盛頓時，我問飛行員我能不能到前面去和他們坐在一起；雖然我已經搭了聯邦調查局的飛機好幾百次，但我從沒有體驗過坐在駕駛艙看飛機降落在雷根機場。我坐在機師正後方的空位，戴著耳機，看著兩名才華洋溢的探員兼飛行員把飛機落地，完成我最後一趟當乘客的航程。他們曾經帶我飛遍全國、全球，現在道別時緊握著我的手不放。我們都熱淚盈眶。

從加州飛回家的那天晚上，我一邊啜飲紅酒，一邊想著之後會發生什麼事。除了花點時間想清楚餘生要做什麼，我沒有其他打算。接下來幾天裡，朋友們主動與媒體分享我曾告訴他們的事情，包括我掙扎著要在聯邦調查局和川普的白宮間建立適當的界線、我在雙人晚餐時努力抗拒對川普總統表態效忠。但我與總統之間的黑暗故事，還有很多媒體尚未獲悉的。

聽起來或許奇怪，但在唐納・川普手下工作的五個月中，我一直希望他能當一個成功的總統。這不是政治偏見。如果希拉蕊・柯林頓當選，我也會希望她能當一個成功的總統。我覺得所謂愛國就是這樣，我們需要一個成功的總統。我與川普總統的互動讓我覺得悲傷，而非憤怒。我不熟悉他的為人或生活，但他似乎沒有機會學到溫和且堅定的領導風格（像我小時候在超市打工的店經理哈利・豪威爾那樣）；他也不曾在自信且謙遜的人手下做事（像我以前在維吉尼亞州當檢察官時的上司海倫・費伊），並領悟到這種風格會帶來何等不同的效果。雖然他肯定也曾經歷人生的苦難、遭遇個人的損失，但我從沒有看到任何證據顯示這些經驗影響了他，如同佩翠絲和我失去愛子柯林、如同數百萬其他曾因失去所愛而悲痛的人一樣，化悲痛為同理心，更能關懷別人。

我年輕時曾霸凌他人，又曾謊稱自己是籃球隊員，這些事讓我學到痛徹心扉的教訓：「滿嘴謊言」可能會變成習慣。我沒有看到任何證據顯示說謊會讓川普痛苦，或是他曾在造成別人痛苦時歇手。這樣讓人覺得既悲哀又可怕。川普若缺乏這些東西——若無法以仁慈來軟化強硬；若沒有恰到好處的自信與謙遜，沒有同理心，沒有對真相的尊重——那麼他幾乎沒有機會將歷任總統最需要的人才吸引過來，留在身邊。總統需要這些人才，以便做出智慧的決定。我因此為他感到悲哀，也為我們的國家感到憂心。

五月十二日星期五，川普總統在推特發了一則警告給我，也給他三千九百萬名追蹤者看。「詹姆斯·柯米在開始對媒體洩密前，最好希望我們的對話沒有『錄音』。」這則古怪的推文讓我嚇了一跳。他是在威脅我嗎？我沒有打算跟媒體談話或洩漏機密資訊，我唯一想做的只有把川普這個人拋諸腦後。所以我沒有花時間思索這則貼文是什麼意思，反而留在家裡睡覺、運動、避開聚集在我家車道尾端的大批媒體。

五月十六號星期二，佩翠絲和我打算從媒體的眼皮底下溜走，出城待幾天。那天早上，某個想法讓我在凌晨兩點驚醒——總統的那則推文改變了我對二月十四日那次會面的看法（當天會面時他表示「希望」我可以停止調查他的前國安顧問麥可·弗林）。關於那次對話，我雖然寫了非機密的備忘錄，但聯邦調查局高層和我都一籌莫展，因為這樣就等於是我和總統各說各話。我們非但沒有放棄，還決定繼續調查下去，而且沒讓調查團隊知道這件事，以免他們受總統影響。等部長自請迴避、司法部決定要怎麼監督關於川普政府與俄國的調查後，我們再來好好想這件事。我躺在床上想：這則關於錄音的推文改變了一切。如果我跟川普總統的對話有錄音，就有證據證實他曾說要我停止弗林的調查。這就不會是我和總統各說各話。如果有錄音，世人就會聽到美國總統在橢圓形辦公室對我說：「我希望你能放手。」

我躺在床上，反覆思索這個遲來的啟示。我可以放手不管，希望聯邦調查局高層能從川普的推文中，看到我想到的、關於錄音的疑點，開始施壓司法部以取得錄音。或許聯邦調查局甚至會敦促司法體系指派一位獨立的檢察官追查此事，或許我可以相信政府體系仍然有效。可是，多年前我面對中情局酷刑案件的時候，也曾相信過政府，相信司法部長會將我們司法部對於酷刑虐囚的憂慮傳達給白宮，傳達給某個我被排除在外的會議。結果，什麼事都沒發生。

這一次，我不會再犯同樣的錯了。這次，我可以、也會採取行動，因為很諷刺地，多虧了川普總統，我現在是平民了。

我相信聯邦調查局，但我不相信現任司法部長、副部長為首的司法部高層會做出正確的事情。需要有契機強迫他們做正確的事情。既然我現在是平民，我就可以成為那個契機。我決定發布一則媒體新聞，揭露總統二月十四號給我的指示，希望我放棄調查弗林。這樣或許能迫使司法部指派一名特別檢察官，讓檢察官去取得川普推文中指涉的錄音。另外，雖然我被禁止涉足聯邦調查局的財產或土地，但在家裡，我還有一份收藏得很好的非機密備忘錄複本，記錄了他的要求。

第二天早上天亮後，我聯絡好友丹·里奇曼（Dan Richman）。丹以前是檢察官，現在是哥倫比亞法學院教授，自從我被開除後就一直提供我法律上的建議。我告訴他，我要寄一份非機密性的備忘錄給他，請他分享備忘錄的內容——不是備忘錄本身——給記者。我覺得如果我自己做這件事，會在媒體間引發一陣狂潮，我家外面會被媒體擠爆，媒體會逼著我進一步回應。如果媒體問我不是也參與其中，我一定會說出真相，我確實參與其中，別無選擇。

我在此先說明：不管政客、名嘴、總統如何不斷說我「洩漏機密資訊」，這絕不是洩密。普通平民可以合法地將自己與總統對話時的非機密細節告訴媒體，或將這些資訊寫在書中。我相信媒體的力量，也知道開國先賢湯瑪斯・傑佛遜寫下的這句話是對的：「我們的自由奠基於新聞自由，限縮新聞自由必有所失。」

我不知道在揭露二月十四號的「放手」對話後引發的媒體風暴，是否促使了司法部高層指派特別顧問；在看到川普關於錄音的推文後，聯邦調查局可能已經在對司法部施壓了。我只知道司法部在新聞爆出後不久，授權前任聯邦調查局長穆勒調查所有俄國政府與川普競選活動的往來，與任何相關事項。

我撰寫本書時，也不知道未來是否會發現總統或其他人尚未被定罪的不法行為。我設想，穆勒團隊要調查的重要問題之一，就是總統要求我撤銷聯邦調查局對其國安顧問的調查、開除我，是否有妨礙司法的企圖——妨礙司法是聯邦重罪。這當然是有可能的，至少有情境證據可以支持這個論點，而穆勒的團隊可能會蒐集到更多證據。我起訴、監督過許多涉及妨礙司法的案件，但我在本案中不是檢察官，而是證人。我對我看見的行為有自己的觀點：這些行為雖然妨礙、違背領導者的基本道德常規，但尚難稱為非法。

要確認是否構成妨礙司法，必須舉證川普總統的意圖：是否有足夠的證據，證明他意圖採取某些行為，讓犯罪調查偏離常道，達成不軌目的？因為我不知道所有的證據，所以我無法肯定地回答這個問題。我確實知道的是，在寫這本書的時候，特別顧問穆勒及其團隊正努力克盡職守，社會大眾也可以放心，除非他們的調查受到某種阻礙，否則他們一定會讓真相大白，不論真相是什麼。

II

二〇一七年六月八號，我在參議院情報特別委員會公開作證；委員會想聽聽我和川普總統的互動。不管是什麼原因，反正總統已經成功地讓社會大眾對我的觀點更感興趣。我決定寫下我與他對應時的說詞，事先把書面內容交給參院委員會，這樣我作證開場時就不用講太長，也讓參議員有機會消化我寫的內容，好問後續的問題。

我想利用簡短的開場聲明達成一個目的：向聯邦調查局的人道別，因為川普總統沒有足夠的慈悲或愛心讓我做這件事。開場聲明也可以讓我代表自己與聯邦調查局全員，否認行政團隊說聯邦調查局雜亂無章的謊言。我知道調查局的人員都會看這場聽證會，而我可以直接對他們說話。

我在佩翠絲和女兒面前練習我想講的內容。我不打算帶稿上台，這樣讓她們很擔心。但我解釋說，這段聲明必須發自內心，如果我帶稿，最後我就只會盯著稿子。雖然在數百萬人面前不帶稿演講，壓力奇大，但唯有這樣，對聯邦調查局的人而言，意義才會最為重大。佩翠絲還擔心，因為我這麼緊張，可能會笑得像哭，或皺眉皺到好像有人死了一樣。她要我在這兩種表情間取得平衡。

到了參議院，正等待進入聽證的會議室時，我開始擔心自己不帶稿到底對不對。如果我現場嚇傻了怎麼辦？如果我口齒不清怎麼辦？我在公開場合通常不會緊張，但這次太瘋狂了。

一切都太遲了。我跟著委員會的參議員走過講台後方長長的秘密走廊，左轉，踏入某種超現實的情境中。我這輩子看過許多攝影機，聽過無數按快門的聲響，但眼前的可怕景象卻是我一輩子沒見過的。

我在暴風眼中，登上了證人席，腦中一直聽到佩翠絲的聲音：「想著聯邦調查局的人，你的眼睛就會發光。」我照做了。我講得有點不順，結尾談到聯邦調查局的人時，差點控制不住情緒，但字字句句發自肺腑：

我在二〇一三獲派擔任聯邦調查局長時，已經瞭解我乃是依照總統的意願而服務。雖然國會為了強調聯邦調查局獨立、政治中立的重要性，而賦予局長十年任期，但我仍然理解，我可能會被總統以任何理由，或沒有理由而開除。

五月九日，當我知道我被開除時，立即返家成為一介平民。但是相關的解釋——相關的解釋不斷變化，讓我十分困惑，也更加擔心。我困惑，是因為不論在就職前或就職後，川普總統都和我就我的工作進行過多次對話，一再地告訴我：我工作表現很好，希望我繼續留在崗位上。我也一再向他保證，我確實有意留下，做完任期剩下的六年。

他不斷告訴我，他與許多人提到我，包括我們現在的司法部長，得知我工作表現優異，而且廣受聯邦調查局員工愛戴。

所以，不論是在電視上看到總統說，他開除我其實是因為俄國案調查；或是從媒體上得知，總統私下告訴其他人，開除我減輕了俄國案調查的龐大壓力時，都讓我大惑不解。一開始的公開解釋，說我被開除是因為大選當年我所做的決定，同樣也讓我難以理解。我覺得這個解釋完全不合理，有好幾個原因，包括時機；而且從我做出電郵案的困難決策，到我被開除之間，已經發生了許多事情。在我看來，這完全不合理。

雖然開除聯邦調查局長在法律上不需要任何理由，執政團隊仍然選擇詆毀我。更重要的是，他們還詆毀聯邦調查局，說聯邦調查局內部一團混亂、領導不彰，員工對局長失去了信心。

這些都是謊話，就這麼簡單。若聯邦調查局員工聽到這些話，若全國人民被告知這些話，都會讓我覺得痛心疾首。我每天都在聯邦調查局工作，幫助這個偉大的組織變得更好。我說「幫助」，是因為在聯邦調查局，我隻身無以成事。這裡沒有不可取代的人；這個組織的偉大之處，在於它的價值與能力既深且廣。沒有我，聯邦調查局也會運作得很好。聯邦調查局的使命——亦即保護美國人民、捍衛美國憲法——將由全體員工繼續努力完成。

我會深深懷念身為聯邦調查局的一員。聯邦調查局這個組織以及其使命，將長遠流傳，比我、比任何政府都更久。

在我對聯邦調查局的前同事告別前，我想先傳達一個訊息。我想讓全國人民知道一個真相：聯邦調查局是誠實的，聯邦調查局是健全的，而且聯邦調查局現在是、以後也會是獨立的。

現在，容我對我的前同事說幾句話：沒有機會好好地向你們告別，讓我非常遺憾。能成為聯邦調查局大家庭的一份子，與各位並肩為國服務，是我畢生的驕傲。這是一段我一輩子都會懷念的經歷。感謝大家堅守崗位、守護人民，感謝各位為這個國家貢獻良多。請盡你們的所能，繼續報效國家。

現在，各位參議員，我準備接受大家的提問。

結語

撰寫本書時，這個國家正處在極大的憂慮中。我理解這種憂慮的來源，但我相信我們一定會安然度過。我相信在面對危機的同時，也能看到機會。

唐納．川普成為總統，威脅了這個國家裡許多的美好之處。二〇一六年大選，選民必須面對大錯特錯的候選人，我們每個人都難辭其咎，國家也為此付出慘痛代價。這個總統不道德、不受真相與組織價值的規範。他的領導風格是交易式的、自我為中心的、只關心個人對他忠心與否。很幸運的是，有幾位道德高尚的領導者，選擇留在政府高層效力，但他們無法防範川普當選總統這股森林大火帶來的所有傷害；他們只能試著防止大火延燒。

我看到許多所謂的保守派評論家，包括宗教領袖，把重點放在他們喜歡的政策上，以及他們喜歡的官位人選上，並因此而接受了國家正在受到的傷害，同時卻輕忽了這個總統對於基本常規與道德帶來的衝擊。這其中的偽善與道德謬誤，讓我極為驚訝。要看出其中的偽善，很簡單，只要把川普總統的名字換掉，想像「希拉蕊．柯林頓總統」就任之後，行事作風如果和川普類似，會掀起什麼批評。我在先前的章節已經提及，但值得再強調一次：請各位閉上眼睛，想像如果希拉蕊．柯林頓總統對聯邦調查局局長說同樣的話：「我希望你可以放手」不調查資深幕僚；或是每天張口就說出可以輕易被揭穿的謊話，還要我們都相信這是真話。這種偽善的色彩如此濃厚，簡直就像某種黑色幽默。我以上的觀點，出自我這個幾乎一輩子都在執法部門工作、為兩黨總統都效力過的人。現在發生的事是不正常的。這不是假新聞。這樣不ＯＫ。

不管各位的政治傾向是什麼，掩面不看「政府運作常規與傳統正在遭受的傷害」，這樣是不對的。數十年來，總統一職、我國的公共生活，甚至這個國家成立以來的許多面向，都是以這些常規和傳統為基礎。袖手旁觀同樣也是不對的，而如果你知道有更好的做法卻沉默不語，這就更糟糕了。與此同時，總統正明目張膽地想要破壞大眾對執法機構的信心；這些執法機構當初就是為了制衡總統的行政權而成立的。每個組織都會有缺點，職業檢察官、司法部與聯邦調查局的探員之所以存在，是有原因的：他們必須超越黨派，為國家行正道，不為個人政治偏好左右。沒有這些機制去制衡領導者、沒有這些機構積極抵禦權力的濫用，我們就無法成為一個功能健全的民主國家。我知道在國會中，兩黨都有富有良知的成員能理解這一點，但挺身發言的人數還不夠多。他們必須自問：他們應該對什麼東西、對誰，懷抱更高層次的忠誠？是對政黨利益，還是民主制度？他們內心深處想必也知道，只要選擇保持沉默，就是共謀。

政治來了又去，最高法院的大法官來了又去，但我們國家的核心，是我們承諾要恪守國父喬治．華盛頓揭櫫的共同價值：克制、正直、平衡、透明、真實。如果我們把握不住這些，那只有傻子會因為減稅或新的移民政策而感到安慰。

但我選擇保持樂觀。是的，現在這個總統，短期內會造成嚴重的傷害，重要的常規與傳統彷彿是被火焚燒。但森林大火雖然痛苦，也會帶來生機。火災前，林中的老樹會擠掉新生植物的空間，因此沒有火焰就無法刺激新一代的成長。在這場大火中，我已經看到了新生——年輕人以前所未見的熱誠參與社會，不管是媒體、法院、學術界、非營利組織，還有公民社會所有其他的部門，都有了欣欣向榮的新氣象。

這把火也讓我們有機會，重整政府的三權分立平衡，讓它更接近開國先賢原本的規劃。我們有理由相信，這把火會削弱總統的行政權，國會立法權和法院司法權將因而壯大，就如同水門事件引發的大火一樣。這樣的發展大有好處。

有遠見的人，已經開始關注無所不在、根深蒂固的惡質政黨互鬥。川普擔任總統，並沒有創造出「謊言能被廣為接受」的新常規，反而引發大眾對真相、道德的重視。父母教導孩子要說實話，要尊重別人，要拒絕偏見與仇恨。學校與宗教機構都在討論以永恆價值來支撐領導精神。

不論下一任總統是哪個政黨的，肯定都會以多年來歷任美國領導者不曾需要的力道，重新強調價值的重要：真實、正直、尊重、包容。這把火會讓好東西長出來。

我撰寫本書，是希望這本書對那些身在火焰中、正在思索接下來會發生什麼的人有所幫助。我也希望在火焰被撲滅很久之後，這本書還能對那時候的讀者有幫助，鼓舞他們選擇一種更高層次的忠誠，在謊言中找到真相，追求道德崇高的領導風格。

本書主要人物譯名對照表

中文譯名（英文）	首度出現章節	職稱
胡瑪·阿貝丁（Huma Abedin）	11	希拉蕊貼身保鏢
大衛·阿丁頓（David Addington）	6	副總統顧問
阿米塔吉（Richard Armitage）	5	副國務卿
約翰·阿什克羅夫特（John Ashcroft）	5	司法部長
朱利安·阿桑奇（Julian Assange）	11	維基解密網站代言人
大衛·阿耶斯（David Ayres）	6	司法部長幕僚長
	10	聯邦調查局法律總顧問
吉姆·貝克（Jim Baker）	10	聯邦調查局法律總顧問
達納·博恩特（Dana Boente）	14	司法部代理副部長
湯姆·博塞特（Tom Bossert）	12	國土安全顧問
約翰·布倫南（John Brennan）	11	中情局長
彤恩·伯頓（Dawn Burton）	6	聯邦調查局副參謀長
	6	白宮幕僚長
安德魯·卡德（Andrew Card）	6	白宮幕僚長
理查·凱斯（Richard L. Cates）	2	威斯康辛州律師
喬·克蘭西（Joe Clancy）	13	特勤局長
吉姆·克萊珀（Jim Clapper）	11	國家情報總監
保羅·克萊門（Paul Clement）	6	聯邦總律師長的副手

	14	聯邦調查局洛杉磯辦公室主管
海倫・費伊（Helen Fahey）	4	維吉尼亞州聯邦檢察官
迪爾德麗・費克（Deirdre Fike）	14	聯邦調查局洛杉磯辦公室主管
派崔克 費茲傑洛（Patrick Fitzgerald）	1	聯邦檢察官
麥可・弗林（Mike Flynn）	12	國家安全顧問
艾爾・佛蘭肯（Al Franken）	11	民主黨參議員
路易斯・佛里（Louis Freeh）	12	聯邦調查局長
	10	聯邦調查局副局長
魯迪・朱利安尼（Rudy Giuliani）	2	紐約聯邦檢察官
馬克・朱利安諾（Mark Giuliano）	10	聯邦調查局副局長
傑克・戈德史密斯（Jack Goldsmith）	6	司法部法律顧問辦公室主任
岡薩雷斯（Alberto Gonzales）	5	白宮顧問
查爾斯・葛拉斯里（Charles Grassley）	14	參議員
沙瓦托雷 葛瓦諾（Salvatore “Sammy the Bull” Gravano）	1	黑手黨成員
	8	司法部部長
海登（Michael Hayden）	6	國安局長
艾瑞克・霍德（Eric Holder）	8	司法部部長
約翰・艾德加・胡佛（J. Edgar Hoover）	8	聯邦調查局長
哈利・豪威爾（Harry Howell）	3	超市經理
杰・強森（Jeh Johnson）	11	國土安全部長
尚恩・喬伊斯（Sean Joyce）	8	聯邦調查局副局長

	12	川普女婿
約翰・凱利（John Kelly）	14	國土安全部長
大衛・凱利（David Kelley）	5	檢察官
傑瑞德・庫許納（Jared Kushner）	12	川普女婿
	8	司法部長
丹尼爾・萊文（Dan Levin）	7	司法部法律顧問室主任
路易斯・利比（Lewis “Scooter” Libby）	5	副總統幕僚長
蘿瑞塔・林奇（Loretta Lynch）	8	司法部長
	11	參議院多數黨領袖
泰瑞・麥考利夫（Terry McAuliffe）	14	維吉尼亞州長
安德魯・麥凱比（Andrew McCabe）	11	聯邦調查局副局長
肯尼・麥卡比（Kenny McCabe）	2	紐約檢察署調查員
米契・麥康諾（Mitch McConnell）	11	參議院多數黨領袖
丹尼斯・麥克唐諾（Denis McDonough）	12	白宮幕僚長
麥克法蘭（K. T. McFarland）	12	國家安全副顧問
穆勒（Bob Mueller）	5	聯邦調查局長
奧圖・歐博邁爾（Otto Obermaier）	10	聯邦檢察官
泰德 奧森（Ted Olson）	6	聯邦總律師長
比爾・歐萊利（Bill O’ Reilly）	14	政論節目主持人
	6	司法部法律顧問辦公室律師
喬治・帕帕多普洛斯（George Papadopoulos）	11	川普外交顧問
麥克・彭斯（Mike Pence）	12	副總統
大衛・裴卓斯（David Petraeus）	10	前中情局長

菲爾賓（Patrick Philbin）	6	司法部法律顧問辦公室律師
邁克・蓬佩奧（Mike Pompeo）	12	中情局長
科林・鮑威爾（Collin Powell）	5	國務卿
湯姆・普萊斯（Tom Price）	14	衛生與公共服務部長
萊恩斯・蒲博思（Reince Priebus）	12	白宮幕僚長
	5	國家廣播公司華府分部主管
康朵麗莎・萊斯（Condoleezza Rice）	5	國家安全顧問
馬克・瑞奇（Marc Rich）	10	在逃的石油商
湯姆 里奇（Tom Ridge）	5	國土安全部長
麥克・羅傑斯（Mike Rogers）	12	國家安全局長
查克・羅森堡（Chuck Rosenberg）	6	司法部副部長幕僚長
卡爾・羅夫（Karl Rove）	5	總統高級顧問
凱瑟琳・魯姆勒（Kathy Ruemmler）	8	白宮法律顧問
唐納德・倫斯斐（Donald Rumsfeld）	5	國防部長
提姆・拉瑟特（Tim Russert）	5	國家廣播公司華府分部主管
吉姆・瑞比基（Jim Rybicki）	11	聯邦調查局長幕僚長
	10	司法部高階主管
查克・舒默（Chuck Schumer）	10	參議員
傑夫・塞申斯（Jeff Sessions）	14	司法部長
威廉・塞申斯（William Sessions）	12	聯邦調查局長
凱倫・西摩（Karen Seymour）	5	曼哈頓刑事檢察官
愛德華・史諾頓（Edward Snowden）	9	洩密者
肖恩・史派瑟（Sean Spicer）	12	白宮新聞秘書
瑪莎・史都華（Martha Stewart）	5	時尚名人

喬治・托斯卡斯（George Toscas）	10	司法部高階主管
弗蘭・湯森（Fran Townsend）	6	國安顧問的副手
羅伯特・特羅諾（Bob Trono）	5	檢察官
山姆・華碩爾（SamWaksal）	5	英克隆公司老闆
安東尼・韋納（Anthony Weiner）	11	前眾議員
瑪麗・喬・懷特（Mary Jo White）	10	曼哈頓聯邦檢察官
貝絲・威爾金森（Beth Wilkinson）	10	希拉蕊的律師
莎莉・葉慈（Sally Yates）	8	司法部副部長
雷奧尼達・楊恩（Leonidas B. Young）	5	里奇蒙市長

國家圖書館出版品預行編目資料

向誰效忠：關於一種更高層次的忠誠，以及這種忠誠的考驗 / 詹姆斯.柯米(James Comey)著；陳佳瑜，柯宗祐，范明瑛譯. -- 初版. -- 臺北市：遠流, 2018.12
面；　公分
譯自 :A Higher Loyalty: Truth, Lies and Leadership
ISBN 978-957-32-8402-4(平裝)

1.政治倫理 2.領導統御 3.美國

198.57　　　107019025

向誰效忠：關於一種更高層次的忠誠，以及這種忠誠的考驗

A HIGHER LOYALTY: Truth, Lies and Leadership

作　　者 詹姆斯．柯米（James Comey）
譯　　者 陳佳瑜、柯宗佑、范明瑛
責任編輯 陳希林
行銷企畫 許凱鈞
封面設計 陳文德
內文構成 6 宅貓

發行人 王榮文
出版發行 遠流出版事業股份有限公司
地址 臺北市南昌路 2 段 81 號 6 樓
客服電話 02-2392-6899
傳真 02-2392-6658
郵撥 0189456-1
著作權顧問 蕭雄淋律師

2018 年 12 月 01 日 初版一刷
定價 平裝新台幣 420 元（如有缺頁或破損，請寄回更換）

ISBN 978-957-32-8402-4
YLib 遠流博識網 http://www.ylib.com E-mail: ylib@ylib.com